Siglind Bruhn

Alban Bergs sinfonische Werke

Alban Bergs sinfonische Werke: Thematik, Struktur, Semantik

Siglind Bruhn

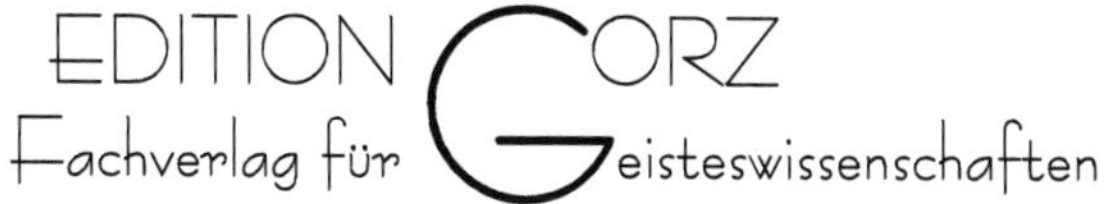

Bruhn, Siglind.
Alban Bergs sinfonische Werke: Thematik, Struktur, Semantik.
Waldkirch: Edition Gorz, 2024. [Alban Berg Trilogie Band II]
kontakt@edition-gorz.de http://edition-gorz.de

Umschlaggestaltung mit Digiart von Meinolf Wewel

ISBN 978-3-938095-33-1

© Siglind Bruhn 2024. Alle Rechte vorbehalten

Das Werk einschließlich aller seiner Teile ist urheberrechtlich geschützt. Jede Verwertung außerhalb der engen Grenzen des Urheberrechtsgesetzes ist ohne Zustimmung des Verlages unzulässig und strafbar. Das gilt insbesondere für Vervielfältigungen und Übersetzungen.

Bibliografische Information der Deutschen Bibliothek: Die Deutsche Bibliothek verzeichnet diese Publikation in der Deutschen Nationalbibliografie; detaillierte bibliografische Daten sind im Internet abrufbar über http://dnb.ddb.de.

Printed in Germany by rombach digitale manufaktur, Freiburg

Inhalt

Vorwort

Alban Berg wandte sich erst nach seiner 1910 beendeten Studienzeit bei Arnold Schönberg dem sinfonischen Genre zu. In seinen ersten Jahren als freiberuflicher Komponist verdiente er sich ein Zubrot damit, Klavierauszüge für einige bei der Universal Edition Wien verlegte Orchesterwerke zu erstellen, so 1911/12 zu Schönbergs *Gurreliedern* und Franz Schrekers Oper *Der ferne Klang*; 1918 folgte die (ungedruckt gebliebene) Transkription von Schönbergs *Kammersymphonie* op. 9 für Klavier zu vier Händen. Hinzu kamen bald darauf seine anspruchsvollen Analysen einiger Kompositionen von Schönberg, die heute als Musterbeispiele für Werkeinführungen gelten.[1] Beides vermittelte ihm eine gute Kenntnis der Orchestrierung und der Genres mit umfangreicheren Satzstrukturen.

Als Sohn einer kulturell aufgeschlossenen Wiener Familie hatte Berg sich schon in seiner Schulzeit gleichermaßen für die Musik und die Lyrik sowohl der vorausgegangenen Jahrhunderte als auch seiner Zeitgenossen begeistert. Daher lag ihm zunächst die Vokalmusik nahe, insbesondere die Komposition von Liedern mit Klavierbegleitung. Doch ermutigt durch seine Vertrautheit mit den großen Werken Schönbergs und den Sinfonien Mahlers, die er eifrig studierte, hatte er 1912 in seinen *Fünf Orchesterliedern nach Ansichtskartentexten von Peter Altenberg* erstmals eine Partitur mit großem Orchester geschaffen. In Form und Umfang huldigte jedoch auch dieses als Opus 4 geführte Werk noch der aphoristischen Kürze, die er selbst (ebenso wie Anton Webern, sein Mitstudent bei Schönberg) als Konsequenz der strengen Vorgaben des Lehrers entwickelt hatte, zumal er dessen literarisches Pendant bei seinem Freund Peter Altenberg vorfand.

Zu seiner Bestürzung hatte Schönberg jedoch die Knappheit dieser Orchesterlieder ausdrücklich gerügt. In Reaktion auf diese Rüge sowie eine andere verwunderte Bemerkung Schönbergs, dass bei Berg selbst die Ergebnisse seiner Kompositionsaufgaben für Klavier oder instrumentale

[1]Siehe dazu insbesondere *Arnold Schönberg, Gurrelieder. Führer von Alban Berg* (Leipzig/Wien: Universal-Edition, 1913; Kleine Ausgabe 1914), *Arnold Schönberg, Kammersymphonie op. 9, Thematische Analyse von Alban Berg* (Wien: Universal-Edition, 1921), und *Arnold Schönberg, Pelleas und Melisande* op. 5. *Kurze thematische Analyse von Alban Berg* (Wien: Universal-Edition, o. J.); Langfassung: *Pelleas und Melisande von Arnold Schönberg. Thematische Analyse* (Wien: Universal-Edition, 1999). Nachgedruckt in Alban Berg, *Sämtliche Werke* [III. Abteilung: Musikalische Schriften und Dichtungen], hrsg v. Rudolf Stephan und Regina Busch (Wien: Universal-Edition, 1994).

Duos, Trios und Quartette wie Vokalwerke empfunden wirkten, schuf Berg in den folgenden Jahren die *Drei Orchesterstücke* op. 6. Es sollte sein einziges sinfonisches Werk ohne Beteiligung eines instrumentalen oder vokalen Solisten und eines seiner wenigen Werke ohne außermusikalisches Programm bleiben.

Seine poetische und gesangsaffine Natur prägte immer wieder die Thematik und Textur auch der vermeintlich autonomen Instrumentalmusik. Insbesondere gilt dies für die verschiedenen mehr oder weniger geheimen Verschlüsselungen und Programme der in den Zwanziger Jahren entstandenen Werke. Dies gilt besonders für das *Kammerkonzert für Klavier und Violine mit 13 Bläsern* (1923-25) mit seiner kryptografischen Huldigung an den verehrten Lehrer und seiner tonalen Feier der Freundes-Trias Schönberg/Webern/Berg sowie, im Bereich der Kammermusik, für die *Lyrische Suite* für Streichquartett (1925-1926) mit ihrer musiksymbolisch-verschlüsselten Darstellung seiner Liebesaffäre mit Hanna Fuchs.[2]

Im Jahr seines Todes entstand als Bergs letzte vollendete Komposition das “dem Andenken eines Engels” gewidmete *Violinkonzert* mit seiner erschütternden Gegenüberstellung von ungetrübter Jugend und zum Tode führender Krankheit. In diesem Spätwerk, das zu Recht als Vermächtnis rezipiert wird, zeigt Berg überzeugend, dass er die dodekaphone Stringenz, die er seinem Mentor zuliebe anstrebte, durch seinen eigenen Bedürfnissen entsprechende Modifikationen mit musiksprachlicher Verständlichkeit und emotionaler Wärme zu verbinden wusste.

In ganz anderer Weise machte Berg seine poetisch-musikalische Doppelbegabung fruchtbar, als er unmittelbar nach dem Ersten Weltkrieg begann, Georg Büchners Dramenfragment *Woyzeck* zu einem sowohl literarisch als auch dramaturgisch überzeugenden Libretto für seine erste Oper zu formen. Die *Drei Bruchstücke aus der Oper “Wozzeck”* für Sopran und Orchester, die er aus dieser Partitur für die konzertante Aufführung exzerpierte, werden leider als Ableger des musikdramatischen Werkes eher wenig beachtet. Tatsächlich ist die Suite in ihrer Besetzung und ihrem Verhältnis zwischen gesungenen und rein instrumentalen Passagen vergleichbar mit Bergs *Ansichtskartenliedern.* Doch dank ihrer tonalen und thematischen Querbeziehungen und ihrer inhaltlichen Akzentverschiebung gegenüber dem Opernsujet verdient sie es, als sinfonische Komposition mit eigenständiger Aussage gewürdigt zu werden.

[2]Für eine eingehende Analyse und Interpretation dieses Werkes vgl. Band I dieser Trilogie, S. Bruhn, *Alban Bergs Liederzyklen und Kammermusik: Thematik, Struktur, Semantik* (Waldkirch: Gorz, 2023), S. 155-208.

In erhöhtem Maße gilt dies vom zweiten Werk dieser Gattung, der konzertanten Suite *Symphonische Stücke aus der Oper "Lulu"*. Hier ist die Rolle des gesungenen Textes auf den kürzesten der fünf Sätze, das zentrale "Lied der Lulu", sowie ihren Todesschrei und wenige Abschiedsworte einer Freundin im Finalsatz beschränkt. Die Musik der zwei Rahmensätze ist deutlich komplexer als in den *Drei Bruchstücken*; im Gegenzug ist die fünfteilige Folge thematisch und motivisch verknüpft und tonal als übergreifende Einheit entworfen. Noch deutlicher als im Fall der zur ersten Oper entstandenen konzertanten Suite lässt sich zeigen, dass Berg in dem sinfonischen Werk eine spezifische Charakterisierung der Hauptfigur vornimmt. Besonders in den umfangreichen Sätzen I und V, in denen die thematischen Komponenten erst im Licht des musikalisch evozierten Bühnengeschehens ihre volle Aussagekraft erzielen, ist diese Akzentverschiebung für ein Konzertpublikum nur intuitiv zu erfassen. Hörer, die der sinfonischen Suite ohne Vorkenntnisse lauschen, erleben eine Musik, die wie im Fall von Bergs außermusikalisch inspirierten Instrumentalwerken auf die melodisch, rhythmisch, harmonisch und klangsymbolisch vermittelten Stimmungen und Emotionen vertraut.

Eine Verständnisdiskrepanz entgegengesetzter Art ergibt sich für alle, die mit der Charakterisierung der Lulu-Figur vertraut zu sein meinen, sich dabei aber auf die ursprüngliche Darstellung Wedekinds beziehen. Die Bedeutungsverschiebungen, die Berg in seinem Libretto gegenüber dem Text und der Personenzeichnung in der Doppel-Tragödie aus *Erdgeist* und *Die Büchse der Pandora* vornimmt, können in dieser Studie nicht in der gebührenden Tiefe erörtert werden; sie sind der Behandlung der Oper selbst im dritten Band dieser Alban-Berg-Trilogie vorbehalten. Die in Kapitel IV unternommene Beschreibung und Deutung der nicht-vokalen Passagen der *Lulu-Suite* ähnelt den Auslegungen zum *Kammerkonzert* in Kapitel III und zum *Violinkonzert* in Kapitel V insofern, als die Facetten der Charakterisierung und Entwicklung hier nach Wegfall der zugehörigen Vokalpartien rein instrumental präsent sind, während sie dort in Namenskryptogrammen bzw. Partitur-Einzeichnungen vorliegen, die dem nur hörenden Konzertpublikum ebenfalls nicht direkt zugänglich sind.

Wie in Bergs späten Liederzyklen und Kammermusikwerken gilt auch für seine sinfonischen Werke, dass der Ausdrucksgehalt nicht nur des Werkganzen, sondern auch der einzelnen Konturen stets Vorrang vor jedem theoretischem Regelwerk behält. So ist die dem *Violinkonzert* zugrunde gelegte Zwölftonreihe in hohem Maße konsonanzverträglich entworfen. Dasselbe gilt für die oft dodekaphon aber stets hörerfreundlich angelegten Themen der in der *Lulu-Suite* porträtierten Figuren.

Band II dieser Buchttrilogie zum Werk von Alban Berg ergänzt somit die in Band I dargestellten Liederzyklen und Kammermusikwerke mit den zwei sinfonischen Gattungen, die sein Komponieren für den Konzertsaal in der zweiten Hälfte seines Lebens in erstaunlich regelmäßigem Abstand – die Vollendungsdaten sind 1914/15, 1924/25 und 1934/35 – bestimmten. In Band III soll abschließend die Verbindung von Thematik, Struktur und Semantik in den Opern *Wozzeck* und *Lulu* analysiert und interpretiert werden.

Die speziell für dieses Buch erstellten Notenbeispiele geben stets nur Auszüge des musikalischen Geschehens wieder und verwenden zudem gelegentlich Vereinfachungen der für die Partitur gewählten rhythmischen oder enharmonischen Notation, um das im Text Erläuterte auch visuell zu veranschaulichen. Die Töne transponierender Instrumente sind stets “wie klingend” im Violin- bzw. Bassschlüssel notiert.

In den Kapiteln dieser Studie, die sich Bergs dodekaphonen Werken widmen, werden die Transformationen der Reihen nach der Anzahl der Halbtöne über der Originalform (O_0) bzw. deren Umkehrung (U_0) gezählt. Dies bedeutet: Die Transposition der originalen Reihe auf den höheren Ganztonnachbarn ist gekennzeichnet als O_2, die Kleinterztransposition der Umkehrung als U_3, die Quarttransposition des Krebses als K_5 und die Quinttransposition der Krebsumkehrung als KU_7, etc. Andere Abkürzungen betreffen die beiden Ganztonleitern, die hier nach ihren Grundtönen als GT-*c* und GT-*h* unterschieden werden.

Herzlich danke ich allen, die Korrekturen und Ideen zur Gestaltung beigetragen haben, insbesondere Gerhold Becker, der dankenswerterweise den gesamten, für Nichtmusiker anstrengenden Text gelesen und mich mit vielen hilfreichen Kommentaren vor Unstimmigkeiten bewahrt hat.

Im Herbst 2024

Siglind Bruhn

Einleitung

Wollte man zusammenfassen, wodurch Alban Bergs instrumentale Kompositionen sich von denen nicht nur seiner Zeitgenossen und Vorläufer, sondern auch von denen seines Lehrers Schönberg und seines Mitschülers und Freundes Anton Webern charakteristisch unterscheiden, so müsste man folgende fünf Aspekte hervorheben:

- sein Vertrauen auf außermusikalische Inspirationen für seine Instrumentalwerke und sein Glaube an die semantische Aussagekraft nichtvokaler Musik,
- seine Verwendung ametrischer rhythmischer Muster als expressiv 'sprechende' Motive mit meist bedrohlicher Konnotation,
- seine Begeisterung für musikalische Kryptogramme und strukturierende Zahlen, besonders seine persönliche Schicksalszahl 23,
- seine Vorliebe für Palindrome jeglicher Art bei gleichzeitiger Ablehnung identischer Wiederkehr,
- seine eigenwillige Adaptation der Zwölftontechnik im Interesse größerer Nachvollziehbarkeit, punktueller Konsonanz und emotionaler Ausdruckskraft.

Über die "Programme" in Bergs Instrumentalwerken ist in der musikwissenschaftlichen Literatur zu Alban Berg ausführlich referiert worden. Constantin Floros geht in seinem Grundlagenwerk so weit zu behaupten, dass Berg ohne ein außermusikalisches Drama gar nicht komponieren konnte.[1] Akribische Nachweise z.T. keineswegs nahe liegender Bezüge und Inhalte in den drei in dieser Studie behandelten Werken hat besonders Douglas Jarman gesammelt.[2]

[1] Constantin Floros, *Alban Berg. Musik als Autobiographie* (Wiesbaden: Breitkopf & Härtel, 1992), passim. Siehe auch ders., "Das esoterische Programm der Lyrischen Suite", in H.-K. Metzger et al., Hrsg., *Musik-Konzepte: Alban Berg Kammermusik* I (München: edition text + kritik, 1981), S. 5-48, und dazu George Perle, "Das geheime Programm der Lyrischen Suite" in *Musik-Konzepte: Alban Berg Kammermusik* I, S. 49-74.

[2] Douglas Jarman, "Geheime Programme", in Anthony Pople, Hrsg., *Alban Berg und seine Zeit*, nach der englischen Originalausgabe *The Cambridge Companion to Berg* übersetzt von S. Gänshirt/U. Henseler (Laaber, Laaber-Verlag, 2000); siehe auch "Alban Berg, Wilhelm Fliess, and the secret programme of the Violin Concerto", in ders., Hrsg., *The Berg Companion* (Boston: Northeastern University Press, 1989), S. 181-194.

In seinen außermusikalisch inspirierten Instrumentalwerken entwirft Berg eine Thematik, die neben den melodischen Komponenten auch rhythmische Motive und Figuren einsetzt. Diese wiederkehrenden Muster sind stets deutlich synkopiert. Sie überschreiben nicht nur die Hierarchie der Taktteile, sondern fast immer auch das metrische Gefüge insgesamt, indem ihre Ausdehnung von der Taktlänge abweicht und ihre Wiederholungen daher eine eigene metrische Ordnung erschaffen. Berg selbst markiert seine thematisch eingesetzten rhythmischen Muster als "Hauptrhythmus", was in Werken, in denen nur ein derartiges Motiv ertönt, beibehalten werden kann. Doch wo – wie z.B. im *Violinkonzert* – die Thematik von mehr als einem rhythmischen Muster charakterisiert wird, soll im Folgenden in Anlehnung an das Konzept des "Leitmotivs" der Begriff "Leitrhythmus" verwendet werden.

Berg führt einen solchen Leitrhythmus oft in tonal neutraler, nichtmelodischer und damit quasi reiner Form ein, entweder durch ein Schlaginstrument oder in Form einer rhythmisierten Tonwiederholung. Im Verlauf eines Satzes jedoch kann der Leitrhythmus dann einer Melodie oder Harmoniefolge unterlegt werden und dabei alle Modifikationen erfahren, die konventionelle Motive durchlaufen, insbesondere Augmentation oder Diminution sowie Verkürzung oder Erweiterung.[3]

Für die musikkryptografische Transkription besonders geeignet sind Namen oder Initialen, die sich aus den deutschen Tonbuchstaben der C-Dur-Tonleiter ergänzt um *b* und *es* (für S) bilden lassen. Bach hat mit seinem in der *Kunst der Fuge* als Subjekteröffnung eingesetzten *b-a-c-h* ein unübertreffliches Vorbild geschaffen, das zudem als chromatischer Cluster auch für Hörer unverwechselbar ist und seither in einer schier unüberschaubaren Zahl von Werken anderer Komponisten zitiert wird.[4] Dmitri Schostakowitsch folgte dem Beispiel unter Verwendung seiner Initialen in deutschen Tonnamen mit der Viertonfigur *d-es-c-h*,[5] und – um

[3]Siehe dazu ausführlich Douglas Jarman, *The Music of Alban Berg* (Berkeley, CA: University of California Press 1979), S. 151-152.

[4]Laut der 30-seitigen Aufstellung in dem von Ulrich Prinz herausgegebenen Katalog *300 Jahre Johann Sebastian Bach, eine Ausstellung der Internationalen Bachakademie in der Staatsgalerie Stuttgart* (Tutzing: Schneider, 1985, S. 389-419) erklingt das Motiv *b-a-c-h* in 409 Werken von 330 verschiedenen Komponisten aus dem 17. bis 20. Jahrhundert.

[5]Schostakowitsch verwendete sein Namenskryptogramm *d-s-c-h* sechsmal im Verlauf von 28 Jahren, so in seiner *2. Klaviersonate* von 1943, seinem *1. Violinkonzert* von 1948, seiner *10. Sinfonie* von 1953, seinem *1. Cellokonzert* von 1959, seinem *8. Streichquartett* von 1960 und seiner *15. Sinfonie* von 1971.

nur eine kleine Auswahl zu nennen – der Mäzen Paul Sacher wurde 1976 zu seinem 70. Geburtstag unter Heranziehung des *re*, des zweiten Tones der Solmisation, musiksymbolisch geehrt mit *es-a-c-h-e-d*.[6]

Berg erschien der Name Arnold Schönberg geradezu ideal für eine Hommage: Er enthält acht der neun deutschen Tonbezeichnungen, teilt den Ausgangsbuchstaben bzw. -ton *a* mit den wichtigsten Schülern Alban und Anton und stellt zudem mit dem dreitönigen Schluss *b-e-g* eine harmonische Verbindung zu deren musikalisierten Nachnamen (*b-e-g* bzw. *e-b-e*) her. Das als Huldigung für den Lehrer und zugleich für den Dreierbund der Freunde konzipierte *Kammerkonzert* bezieht die Grundkomponenten seiner tonalen Substanz aus dieser Verbindung. Doch auch ein Instrumentalwerk mit "geheimem" Programm, die in unmittelbarer zeitlicher Nähe zum *Kammerkonzert* entstandene *Lyrische Suite*, basiert mit seiner vielfach permutierten Tonfolge *a-b-h-f* auf einer kryptografischen Verrätselung: den Initialen des Liebespaares Alban Berg und Hanna Fuchs.

Unter allen Zahlen hatte die 23 für Berg eine ominöse Bedeutung. Einerseits hatte er im Alter von 23 Jahren am 23. Juli 2008 einen ersten Anfall des Asthmas erlitten, das ihn für den Rest seines Lebens quälen und oft für mehrere Tage arbeitsunfähig machen sollte; andererseits kam im April 1923 sein lang ersehnter Vertrag mit der Universal-Edition zustande. So bedeutete die Zahl für ihn Schicksal in ganz unterschiedlicher Gestalt. In den Sätzen der *Lyrischen Suite*, die seinen Gefühlen Ausdruck verleihen, bestimmt die Zahl 23 alle zählbaren Parameter der Musik, allem voran die Anzahl der Takte in einem Satz oder Abschnitt und das Tempo der Metronomschläge.[7]

Auch bzgl. seiner Arbeit als Komponist baute Berg darauf, dass ihm die Schicksalszahl 23 zum Erfolg verhelfen würde. In seinen Manuskriptvermerken und brieflichen Ankündigungen verlegte er das Vollendungs-

[6]Zu dem auf Einladung von Mstislav Rostropovich entstandenen Reigen von 12 Ständchen für Cello solo über das Motto [e]*s-a-c-h-e-r*[e] trugen Conrad Beck, Luciano Berio, Pierre Boulez, Benjamin Britten, Henri Dutilleux, Wolfgang Fortner, Alberto Ginastera, Cristóbal Halffter, Hans Werner Henze, Heinz Holliger, Klaus Huber und Witold Lutosławski bei; vgl. https://en.wikipedia.org/wiki/Paul_Sacher (aufgerufen 10/2024).

[7]In der *Lyrischen Suite* hat der Kopfsatz 69 (3 x 23) Takte; der Seitensatz setzt in T. 23 ein. Im dritten Satz umfasst das eröffnende Scherzo 69 Takte, das Trio 23 und die Scherzoreprise dank genau berechneter Kürzungen 46 Takte. Im ebenfalls 69 Takte zählenden vierten Satz sollen die Viertelnoten im Tempo 69 erklingen. Der sechste Satz wechselt zwischen den Metronomwerten 69 (Tempo I) und 46 (Tempo II), und sowohl sein Gesamtumfang von 46 Takten als auch seine Spiegelungsachse nach T. 23 basieren auf Bergs Schicksalszahl 23.

datum eines Werkes zunehmend häufig auf den 23. Tag eines Monats. So lauten die Daten für den Abschluss der Reinschrift im Fall der drei in diesem Band behandelten nicht-vokalen Kompositionen: 23.8.1914 für die *Drei Orchesterstücke*, 23.7.1925 für das *Kammerkonzert* und 23.7.1935 für das *Violinkonzert*.

Sogar die 1932 unter Bergs Mitwirkung gegründete österreichische Musikzeitschrift erhielt den Titel "23. Eine Wiener Musikzeitschrift". Sie sollte der "Dekadenz zeitgenössischer Musikkritiker", die von den Herausgebern als "schlecht informiert, desinteressiert und parteiisch" bezeichnet wurden, als Korrektiv dienen und erschien unter der Leitung von Bergs Schüler und Freund Willi Reich bis 1937 in unregelmäßigen Abständen.[8] Die titelgebende Zahl bezog sich zwar offiziell auf Paragraph 23 des österreichischen Pressegesetzes, der "das Recht, Berichtigungen falscher Aussagen anderen Zeitschriften" zu veröffentlichen, regelte, war aber für Eingeweihte unschwer als Hinweis auf Bergs Schicksalszahl zu erkennen.

Noch in den Wintertagen 1935, als sich seine Sepsis bedrohlich verschlimmerte, war Berg überzeugt, dass er am 23. Dezember entweder sterben oder aber die Krise überwinden würde.[9] Tatsächlich verstarb er um 1:15 Uhr in der Nacht vom 23. auf den 24. Dezember.

Palindrome waren für Berg musikalische Werkzeuge im Dienst des kompositorischen Wunsches, den Moment der erlebten Zeit zu sprengen, um einen zeitlosen Bereich des Geistes zu evozieren oder aber den Moment der physischen Zeiterfahrung transparent zu machen für die zeitlose Dimension des Spirituellen. Schon Adorno spricht von Bergs Vorliebe für Palindrome, Retrogradierungen und Krebsgestalten als von der "paradoxen Möglichkeit der Wiederholung des Unwiederholbaren."[10] Zahlreiche Berg-Forscher haben sich ausführlich geäußert zur Frage, was Bergs Palindrome über sein Konzept der Zeit und seine Vorstellung, wie diese erfahren wird, verraten und inwiefern sich in ihnen eine Verbindung zwischen seiner musikalischen Technik und den um die Zeit der Jahrhundertwende kursierenden philosophisch-mystischen Gedanken spiegelt. Robert Morgan

[8]Vgl. dazu die Einführung auf Seite xiii-xvii im Répertoire international de la presse musicale (https://www.ripm.org/pdf/Introductions/DWMintroor.pdf).

[9]Wie Willi Reich berichtet, stellte Berg, nachdem sein Herz am 22. Dezember zu versagen drohte und die Ärzte ihn aufgaben, in aller Ruhe fest: "Heute ist der Dreiundzwanzigste. Das wird ein entscheidender Tag!" Vgl. Reich, *Alban Berg. Leben und Werk*, *Alban Berg. Leben und Werk* (München: Piper, 1985), S. 96.

[10]Theodor W. Adorno, *Berg, der Meister des kleinsten Übergangs* (Frankfurt: Suhrkamp, 1977), S. 103.

bescheinigt Berg eine "zyklische Auffassung der Zeit" nach dem Vorbild von Nietzsches Konzept d "ewigen Wiederkehr des Gleichen", der Auffassung, dass alle Ereignisse bestimmt sind, sich in Ewigkeit zu wiederholen."[11] Für Nietzsche bedeutete das in *Fröhliche Wissenschaft* geäußerte Verlangen nach ewiger Wiederkehr aller Ereignisse – einer Wiederkehr, die dem beständigen Vergehen der Zeit erst Sinn verleiht – eine Affirmation des Lebens und eine Überwindung des Nihilismus. Beides kam Berg entgegen. Auch in seinem Umkreis gab es ein großes Interesse an Autoren, die – nicht zuletzt unter dem Einfluss von Einsteins Relativitätstheorie – der Überzeugung waren, dass das Wesen privat erlebter Zeit "heterogen, flüssig und umkehrbar" zu denken sei.[12]

Eine literarische Quelle für Bergs Vorliebe für Palindrome war Honoré de Balzac, der in seinem 1834 erschienenen, um die Jahrhundertwende viel diskutierten und von Berg nachweislich geschätzten Roman *Séraphita* einen Raum beschreibt, in dem es kein absolutes Oben oder Unten, Rechts oder Links, Vorwärts oder Rückwärts gibt.[13] Auch in zahlreichen anderen Beispielen aus Philosophie, Literatur und Mystik wurde die Idee der Wiederkehr in transformierter Form als positiv dargestellt, als Möglichkeit, eine höhere Stufe des Bewusstseins und einen größeren Grad der Perfektion zu erreichen. In Bergs Musik gilt dies nicht nur für die ausführlichen Palindrome wie im zentralen Satz des *Kammerkonzertes* oder im *Ostinato* der *Symphonischen Stücke aus der Oper "Lulu"*, sondern auch für seine unzähligen gespiegelten "Rahmen" einzelner Abschnitte, Sätze oder – wie im *Violinkonzert* – ganzer Werke.

Allerdings wird, wer diese krebsläufigen Reprisenabschnitte mit den Passagen vergleicht, deren Spiegelung sie darstellen, immer wieder durch kleine tonale Abweichungen überrascht, von denen die allerwenigsten Versehen oder Druckfehler zu sein scheinen. Besonders häufig finden sich Tonvertauschungen, die entweder in der Krebsvariante eines Reihenzitats unerwartet auftreten oder aber, im Gegenteil, dort gegenüber ihrer Vorlage

[11] Vgl. Robert Morgan, "The Eternal Return: Retrograde and Circuluar Form in Berg", in D. Gable et al., Hrsg., *Alban Berg: Historical and Analytical Perspectives* (Oxford: Clarendon Press, 1991), S. 111-149.

[12] Vgl. dazu Stephen Kern, *The Culture of Time and Space 1880-1918* (Cambridge, MA: Harvard University Press, 2003, insbesondere S. 34.)

[13] Eine ausführliche Darstellung zu Bergs Balzac-Rezeption findet sich in John Covach, "Balzacian Mysticism, Palindromic Design and Heavenly Time in Berg's Music," in S. Bruhn, Hrsg., *Encrypted Messages in Alban Berg's Music* (New York: Garland, 1998), S. 5-29.

'korrigiert' erscheinen. Andere Abweichungen betreffen Tondauern, die verschobene Position einer Note im Takt oder eine Ungenauigkeit des im komplementären Zusammenspiel mehrerer Instrumente entstehenden rhythmischen Modells. Der Geiger Walter Levin, langjähriger Primarius des LaSalle Streichquartetts, hat diese Unstimmigkeiten in den Palindromen der *Lyrischen Suite* untersucht. Anhand eines akribischen Vergleichs der betreffenden Passagen in der Druckausgabe mit den in der Musiksammlung der Österreichischen Nationalbibliothek zugänglichen handschriftlichen Vorlagen – Bergs Manuskript und Reinschrift – konnte er zeigen, dass alle Abweichungen auf Bergs eigene Korrekturen zurückgehen.[14] In der vorliegenden Analyse werden ähnliche Abweichungen daher nicht eigens erwähnt.

Im Fall von nicht retrogradierten Wiederaufnahmen vertrat Berg eine diametral entgegengesetzte Auffassung. In Reprisen oder rückblickenden Abschnitten bogenförmiger Strukturen sollten thematische Komponenten auf keinen Fall identisch oder auch nur sehr ähnlich wiederkehren, da sie, befand er, doch seit ihrem ersten Auftreten "viel erlebt" hatten und daher notwendigerweise verändert sein mussten. Diese anthropomorphisierende Beschreibung einer 'Erfahrungsbilanz' musikalischer Komponenten spiegelt zunächst die Kritik der Schönberg-Schule an allzu schlichten Reprisen der Sonatensatzform.[15] Berg allerdings weitet das Tabu ähnlicher Wiederkehr bald auf jede Form der Wiederholung aus und verlangt – von sich selbst und auch von seinen Schülern – stattdessen die "entwickelnde Variation" im schönbergschen Sinn.

[14]"Ursprünglich stand an jeder Stelle die reihen- und motivtechnisch korrekte Version. Die Korrekturen sind zuweilen durch verbale Hinweise verstärkt. [Wenn man die Manuskriptfassungen der späteren Abweichungen genau untersucht], wird offensichtlich, dass es sich bei jeder dieser Stellen ursprünglich um das Zusammentreffen im Einklang handelt – sei es Unisono oder Oktave, oder auch nur unmittelbare Nachbarschaft. Berg respektierte hier das bekannte Tabu der Tonwiederholung oder -verdopplung, welches besonders am Anfang der Zwölftonperiode eine wichtige Rolle spielte. An der Authentizität der Korrekturen ist nach Einsicht in das Manuskript nicht zu zweifeln. Über die Gründe, warum Berg das Einklangsverbot über alle anderen Gesetzmäßigkeiten stellte, ließe sich bestenfalls mutmaßen: die Beweggründe waren wohl eher theoretisch-ästhetischer als praktischer Natur." Walter Levin, "Textprobleme im Dritten Satz der Lyrischen Suite", in H.-K. Metzger et al., Hrsg., *Musik-Konzepte* 9: *Alban Berg Kammermusik* II, S. 11-28 [15].

[15]Ein Schüler Bergs berichtet von dessen Unverständnis angesichts einer unveränderten Wiederaufnahme einiger Komponenten in der Reprise eines Sonatensatzes: "Wie können Sie so etwas machen, bedenken Sie doch, was Ihre Themen und Motive inzwischen erlebt haben!" Helmut Schmidt-Garre, "Berg als Lehrer", in MELOS 22 (1955), S. 40.

Im Schnittpunkt von Retrogradierungen als Manipulationen zeitlicher Entwicklung und der behaupteten "Erlebnisfähigkeit" musikalischer Parameter steht Bergs eigenwillige Adaptation der von Schönberg entwickelten Zwölftontechnik. Die regelhafte Dodekaphonie war eine der frühesten Methoden, in denen kompositorische Entscheidungen nicht primär durch das Gehör, sondern mit Hilfe mathematischer Verfahren gefällt werden. Berg wandte sich ihr erstmals 1925 zu mit der konsequent regelbasierten zwölftönigen Zweitfassung des Theodor-Storm-Liedes "Schließe mir die Augen beide".

Nach diesem Erstlingswerk im Bereich der Dodekaphonie konzipierte er alle in den letzten zehn Jahren seines Lebens geschaffenen Werke in Teilen zwölftönig. Doch anders als der Gründervater Schönberg und als sein Freund Webern suchte Berg dabei Wege, auch unter dieser Voraussetzung das Hörerlebnis in den Vordergrund zu stellen. Davon zeugen z.B. die intervallsymmetrisch und/oder palindromisch gebauten sekundären Reihen im *Kammerkonzert*, so im Kopfsatz die aus 4-4-3-4-4-3-4-4-3-4-4 Halbtonabständen gebildete Terzenkette und der Bassgang durch zwölf fallende Quarten und in der 'lyrischen Phrase' des zentralen Satzes der Liegetoneffekt durch umspielt wieder aufgegriffene Reihentöne. In einem auf den 27. Juli 1926 datierten Brief an seinen Mentor beschrieb Berg seine Arbeit an einem der zwölftönig geplanten Sätze der *Lyrischen Suite* als den "Versuch [...] in der allerstrengsten 12Ton-Musik mit stark tonalem Einschlag zu schreiben",[16] und in seinen Skizzen zum *Kammerkonzert* findet sich, halb beschreibend, halb als Anspruch an sich selbst, der Ausdruck "Tonale Zwölftonmusik".[17] Angesichts dieser Absichten erscheint es bei der Analyse von Bergs zwölftönigen Sätzen und Passagen letztlich wesentlicher zu erfassen, was tatsächlich erklingt, als wie sich eine Komponente aus dieser oder jener Transformation der jeweils zugrunde gelegten Zwölftonreihe ableiten lässt.

Daneben gibt es allerdings immer wieder Anlass zu erläutern, welche äußerst kreative Lösungen Berg fand, um den Respekt vor seinem Lehrer mit seinem eigenen Bedürfnis nach Konsonanz zu versöhnen. Dies gilt in besonderem Maße für die Oper *Lulu*. Hier erzeugt Berg aus einer dem ganzen Werk zugrunde liegenden Originalreihe – der "*Lulu*-Reihe" –

[16]Ursula von Rauchhaupt, *Schönberg, Berg, Webern: die Streichquartette der Wiener Schule. Eine Dokumentation [Briefe, Aufsätze, Vorträge, Bilder, Skizzen]* (München: Ellermann, 1971), S. 92.

[17]ÖNB F 21 Berg 74 / I fol. 8 in Musiksammlung der Österreichischen Nationalbibliothek.

durch scheinbar spielerische Abzähl- oder Tontauschprozesse sekundäre Reihen für die dramatischen Personen. Hinzu kommen akkordische Symbole für deren Attribute, die er durch gleichsam 'dreidimensionale' Umbildungen generiert – Transformationen, die er nach selbst definierten, dann aber streng befolgten Regeln vornimmt. In dem kleinen Ausschnitt der Opernpartitur, der Eingang in die *Symphonischen Stücke* findet, sind Erläuterungen dieser sekundären Prozesse entweder nur angedeutet oder (wie im "Alwa-Thema" etc.) durch Bezeichnungen mit dem Namen der betreffenden Person ersetzt. In der für Band III vorbehaltenen Analyse der Oper selbst soll im Detail auch auf Bergs erfindungsreiche dodekaphone Ableitungsprozesse und die gar nicht so zufälligen Eigenschaften ihrer Resultate eingegangen werden.

In Bergs sinfonischer Musik verbinden sich Thematik und Struktur mit Semantik einerseits in Programmen und Kryptogrammen, andererseits in den musikalischen Manifestationen des Schicksals, sei es in Form verschiedener Leitrhythmen oder der unterschwelligen Bestimmtheit durch die Zahl 23. Palindromische Bildungen ankern den vergänglichen Moment in einem höheren Sinn, und die Freiheit der Modifikation weist einen Weg, auch innerhalb eines strengen Regelwerkes Musik zu schaffen, die Geist, Sinne und Emotionen gleichermaßen anspricht. Wenn die Ableitungen tonaler Grundformen schließlich selbst inhaltliche Anspielungen enthüllen, schließt sich der Kreis von der Thematik zur Semantik.

Drei Orchesterstücke

Berg schrieb in seinem Leben nur eine Komposition für Orchester ohne die Beteiligung von Solisten. Sie ist zugleich sein einziges großes Werk ohne ein “Programm”. Die Musik steht somit nicht im Dienst der Darlegung einer literarischen Vorlage oder eines biografischen Anliegens. Vielmehr entstand sie als Antwort auf eine Kritik, die Bergs einstiger Lehrer und lebenslanger Mentor Arnold Schönberg über dessen erstes Werk für großes Orchester, die *Fünf Orchesterlieder nach Ansichtskartentexten von Peter Altenberg*, geäußert hatte. In diesem 1913-1914 geschaffenen Zyklus, der heute als meisterhaft hinsichtlich Orchestrierung, Ausdrucksreichtum und kompositorischer Stringenz gilt, beanstandete Schönberg die aphoristische Kürze besonders der drei mittleren Lieder mit dem Argument, sie entsprächen nicht Bergs Naturell. Er legte dem 26-Jährigen dringend nahe, umfangreichere musikalische Entwicklungen anzustreben, beispielsweise in der Form von Charakterstücken, wie er selbst sie zu dieser Zeit schrieb. Nach längerem Nachdenken antwortete Berg:

> So sehr mich auch Ihr Vorschlag, eine Suite für Orch. (mit Charakterstücken) zu schreiben, vom ersten Moment an angeheimelt hat, und ich gleich viel und oft daran dachte u. mir die Ausführung derselben vornahm, so kam es dennoch nicht dazu. Ich sah mich immer wieder gedrängt, einem älteren Bedürfnis – nämlich eine *Symphonie* zu schreiben – nachzugeben. [...] Es soll eine große einsätzige Symphonie werden, natürlich mit allen in ihr enthaltenen 4 Sätzen resp. Theilen, mit Durchführungen etc. So in der Art des Baues der Kammersymphonie. Nebenbei wird aber sicher der Plan zur Suite so weit reifen, dass ich wirklich einmal dazu komme, sie zu schreiben u. so Ihr gütiger Vorschlag – wenn auch später – realisiert wird.[1]

Ein Jahr später war aus den beiden angestrebten Werktypen ein Kompromiss erwachsen, der in seinem Ablauf Anzeichen einer Sinfonie enthält, in den Satzbezeichnungen an Suiten erinnert und im Werktitel an Schönbergs *Fünf Orchesterstücke* anknüpft. Berg kündigte dies selbstbewusst an:

[1]Brief vom 9. Juli 1913 (J. Brand et al., Hrsg., *Briefwechsel Arnold Schönberg – Alban Berg* Band I [Mainz: Schott: 2007], S. 422). Berg bezieht sich auf Schönbergs *Kammersymphonie Nr. 1 E-Dur* op. 16, deren Erstfassung für 15 Soloinstrumente 1906 vollendet und am 8. Februar 1907 im Großen Saal des Wiener Musikvereins uraufgeführt worden war.

> Etwas habe ich hier schon fertig gebracht, es ist das eine der drei Orchesterstücke, das ich Preludium benenne. Jetzt schreibe ich den in Wien beendeten "Marsch" in die Partitur, und dann muss ich hier noch ein drittes Stück, "Reigen" benannt, vollenden und in die Partitur schreiben. Es werden im ganzen nur drei Stücke; sie sind beiläufig in der Länge Ihrer Orchesterstücke und länger.[2]

Zu Schönbergs 40. Geburtstag am 13. September 1914 überreichte Berg ihm die bereits fertigen Sätze Präludium und Marsch, gewidmet "Meinem Lehrer und Freunde Arnold Schoenberg in unermeßlicher Dankbarkeit und Liebe". Die Fertigstellung des Mittelsatzes zog sich noch bis in den Sommer 1915 hin. Diesen beschreibt Berg seiner Frau in einem Brief als "ein sehr zartes, auch heiteres Stück von Tanzcharakter".[3] Auch auf Schönbergs wiederholt geäußerten Vorwurf, seine Stücke seien zu kurz, geht Berg in diesem Zusammenhang ein, indem er stolz schreibt: "Der Marsch ist verhältnismäßig lang geworden. Endlich wieder ein langer Satz, nach so viel kurzem! Er ist länger als die fünf Orchesterlieder zusammen".[4]

Erst am 14. April 1930, nachdem Berg 1929 die Instrumentation der Partitur noch einmal gründlich überarbeitet hatte, erfolgte in Oldenburg unter der Leitung von Bergs Freund Johannes Schüler die Uraufführung des vollständigen Werkes. Dabei überraschte nicht zuletzt die sehr große Besetzung des Orchesters,[5] das Berg jedoch wie in den *Altenbergliedern* vorwiegend kammermusikalisch einsetzt. Nach Bergs im Programmheft abgedruckten analytischen Kommentaren verstand er das Präludium als sinfonischen Kopfsatz, den Reigen als Hybrid aus Scherzo und langsamem Satz ("in dieser Reihenfolge"!), und den Marsch als Finale.[6] Wie sehr sich die so bezeichneten Sätze von ihren musikgeschichtlichen Vorläufern unterscheiden, bringt Adorno auf den Punkt: "Man ist versucht, Reigen und Marsch als ingrimmiges Spiel mit jenem bürgerlichen Charakterstück des neunzehnten Jahrhunderts zu deuten."[7]

[2]Brief vom 2. August 1914, in *Briefwechsel*, S. 493-494.

[3]Helene Berg, *Alban Berg: Briefe an seine Frau* (München: Langen, 1965), S. 257.

[4]Ibid, S. 258. Der Marsch aus op. 6 ist also länger als die gesamten *Altenberglieder*.

[5]Die Partitur sieht vor: 4 Flöten (alle auch Piccolo), 4 Oboen (eine auch Englischhorn), 4 Klarinetten in A (eine auch in Es), Bassklarinette, 3 Fagotte und Kontrafagott, 6 Hörner, 4 Trompeten, 4 Posaunen (eine auch Altposaune), Tuba, 2 Pauken, Schlagzeug für 4 Spieler (inkl. Glockenspiel, Xylophon, Celesta), 2 Harfen, Streicher.

[6]Vgl. dazu Willi Reich, *Alban Berg: Leben und Werk*, S. 107.

[7]Theodor W. Adorno, *op. cit*,, S. 102.

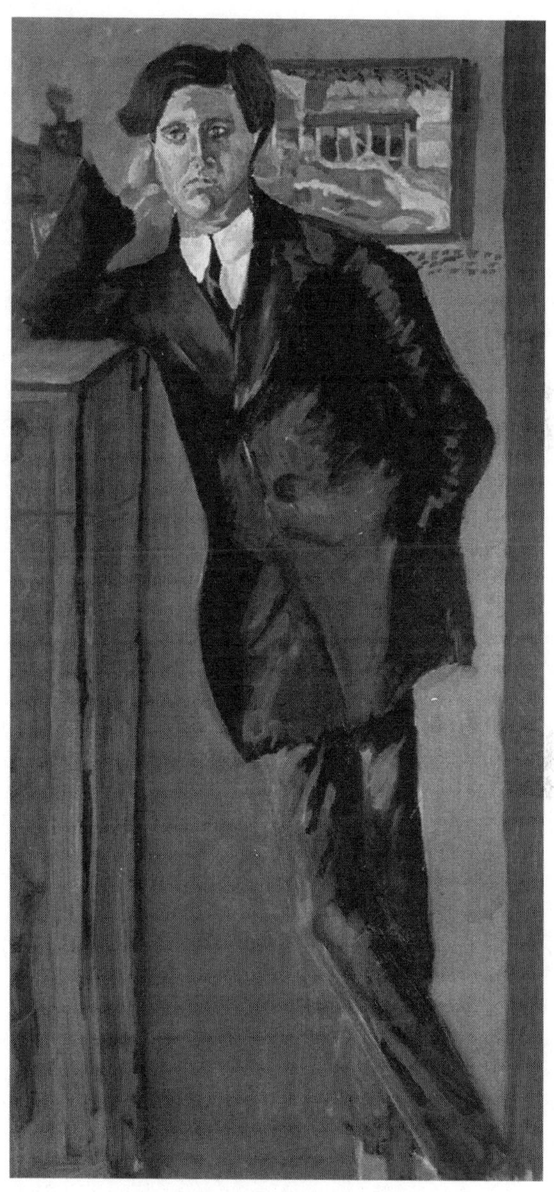

So sah Arnold Schönberg seinen ehemaligen Schüler Alban Berg in der Entstehungszeit der *Drei Orchesterstücke* op. 6

In der musikwissenschaftlichen Rezeption wurde diese erste reine Orchesterkomposition Bergs lange als ein bloßer Vorläufer zu seiner überwältigend erfolgreichen ersten Oper *Wozzeck* behandelt. Tatsächlich ist es ein Werk von einer für Berg und auch die Schönberg-Schule insgesamt ungewöhnlichen Komplexität – einer Dichte, die einer Analyse nach traditioneller Methode teils im Weg zu stehen scheint und innovative Wege der Erschließung, Beschreibung und Deutung erfordert. Melchior von Borries kennzeichnet das Werk in seiner Dissertation folgendermaßen:

> Die *Drei Orchesterstücke* Bergs sind die beredteste und wahrhaftigste seiner Kompositionen, diejenige, welche den emphatischen Wahrheitsanspruch der Schönberg-Schule überhaupt am reinsten erfüllt – und zwar gerade weil ihr Klang- und Formgeschehen von keinem vorausgewussten und formulierbaren Programm, welcher Art auch immer, gesteuert ist. Zugleich aber sind sie ein integrales zyklisches Werk großen Anspruchs und Formats in bester symphonischer Tradition. Und schließlich: Sie sind all dies auf dem Boden einer unbeschränkten orchestralen Atonalität – und darin beispielhaft und wegweisend weit über ihre Zeit hinaus.[8]

In Hinblick auf das Finale des dreigliedrigen Zyklus, den Marsch, schreibt Adorno:

> Einzig ein Buch wie das von Berg über Schönbergs d-moll-Quartett projektierte reichte hin, von dem dritten Orchesterstück eine angemessene Vorstellung zu geben. Worte sind ein umständliches Koordinatensystem für die Partitur, die Berg nicht ohne Artistenstolz die komplizierteste aller je geschriebenen nannte. Jeder Versuch der gedrängten Analyse, schon beim Reigen höchst fragwürdig, müsste beim Marsch fruchtlos verwirrend geraten. [...] Aus den Motivfragmenten schießen die Themen zusammen, ohne je den Charakter des Definitiven und darum Wiederholbaren zu gewinnen.[9]

Wie Adorno hier schon andeutet, behandelt Berg die thematische Substanz im Gang durch die drei Sätze kumulativ. Die im Präludium noch überschaubare Anzahl thematischer Figuren, Motive und Themen greift er im Reigen auf, entwickelt sie in immer neuen Ableitungen und fügt ihnen neue hinzu. Im Marsch schließlich nehmen einzelne Ableitungen zuvor

[8]Melchior von Borries, *Alban Bergs "Drei Orchesterstücke op. 6" als ein Meisterwerk atonaler Symphonik* (Weimar: Verlag und Datenbank für Geisteswissenschaften, 1996), S. IV.

[9]Adorno, *op. cit.,* S. 110.

eingeführter Komponenten zuweilen die Charakteristika anderer Materialbestandteile an – sei es in Rhythmik, Kontur oder Intervallstruktur. Die stets variierte Besetzung, insbesondere die hörend oft kaum zu erfassenden Bläser-/Streicher-Verdopplungen und die Charakterisierungen durch eine oft nur punktuell eingesetzte, aber umso wirkungsvollere Beteiligung einzelner Schlaginstrumente sorgen für maximale Vielfalt bei größtmöglicher Stringenz. So entsteht ein Kosmos miteinander verwandter aber oft verschmelzender Thematik, in dem keiner der insgesamt 351 Takte des Werkes jemals identisch wiederkehrt.

Im Blick auf die kumulative Natur von Bergs Kompositionsweise in diesem Werk entsteht der Eindruck, der Marsch sei zugleich eigentlicher Urgrund und Zielpunkt des dreiteiligen Zyklus; Borries glaubt, dass der Finalsatz "das auslösende Konzept und die entscheidenden Figuren birgt, aber im langwierigen Voranschreiten erst sein 'Thema' findet, bis er am Ende die eigenen Ursprungsgestalten wieder einholt."[10]

Dabei kommt der Tonsprache eine besondere Bedeutung zu. Sie ist im Detail durchgehend atonal – wobei dieser Begriff bewusst von der späteren seriellen Entwicklung abgegrenzt zu verstehen ist. Zwölftongebilde stehen nirgends im Vordergrund, und in den wenigen Fällen, wo sie sich ergeben, scheinen sie sich anderen als den bekannten Kriterien zu verdanken. Tatsächlich hatte Berg schon in seinem 1912 vollendeten Zyklus *Fünf Orchesterlieder nach Ansichtskartentexten von Peter Altenberg* (op. 4) einen Zwölftonakkord verwendet sowie eine erste Tonfolge, die nacheinander alle Halbtöne durchläuft.[11] Diese Tonfolge hatte er dort zwar satzübergreifend als thematische Komponente aufgegriffen, jedoch nicht seriell verarbeitet, so dass sie ohne Konsequenz für den tonsprachlichen Kontext dieses Werkes sowie der unmittelbar folgenden – einschließlich der nur wenig später entstandenen *Drei Orchesterstücke* (op. 6) – blieb. Ähnliches gilt auch noch für den *Wozzeck*.

Verwirrung stiften auch Bergs Satztitel, die im Fall von "Reigen" und "Marsch" vertraute Gattungsvorgaben evozieren, deren konventionelle, auf Tanz- oder Schreitmuster anspielende Schlichtheit in keiner Beziehung zu Bauplan und thematischer Gestaltung der hier tatsächlich entstandenen Musikstücke stehen. Dieser Dichotomie gilt es im Folgenden Rechnung zu tragen.

[10]Borries, *op. cit.*, S. VIII.

[11]Für eine ausführliche Analyse dieses Liederzyklus vgl. u.a. den ersten Band dieser Alban-Berg-Trilogie, *Alban Bergs Liederzyklen und Kammermusik* (Waldkirch: Gorz, 2023), S. 103-136. Zum Zwöfltonakkord s. S. 115-118, zur Zwölftonreihe s. S. 108 und 125.

I – *Präludium*

Der Kopfsatz beginnt mit dem Heraustreten von Musik aus der Stille.[12] Die sukzessive Präsentation der musikalisch-orchestralen Mittel führt vom reinen Rhythmus in einer, dann zwei und zuletzt drei Klangfarbengruppen über die Bildung eines ersten Akkordes, der später durch zwei weitere ergänzt wird, zum ersten Erklingen einer rudimentären Grundzelle, die zunächst in ihrer Potentialität ausgeschöpft wird und dann allmählich umfassendere Konturen hervorbringt.

In den ersten sieben Takten des eröffnenden achttaktigen Segmentes ertönt eine frei palindromische Klangentwicklung in drei Schichten. Sie beginnt mit einem leisen, lang nachhallenden Schlag des großen Tamtams. Erst nach einer geraumen Weile (nach zwei Viertelpausen in *Tempo I – Langsam*) folgen zwei weitere Tamtamschläge, deren tiefe Resonanz von einem Beckenwirbel belebt wird. Für das im 3/8-Abstand folgende dritte Klangereignis wird die Kombination aus dunklem Anschlag und hellerem Tremolo verdoppelt durch die Paarung zweier weiterer ungestimmter Schlaginstrumente, indem zwei Anschläge der großen Trommel von einem Wirbel der kleinen Trommel überhöht werden. So erzeugt Berg schon in dieser schlichten Abfolge eine Entwicklung aus Tiefe und Isolation zu größerer Dichte (infolge kürzerer Pausen) und zunehmender Weichheit (dank der Ergänzung der Metallophone durch Membranophone). Diese Entwicklung setzt sich in den folgenden Klangereignissen fort: In der Gruppe der ungestimmten Schlaginstrumente verdichtet zuerst das große Tamtam die nun drei Anschläge der großen Trommel durch Verdoppelung zu Achtelschlägen, um sich beim folgenden Einsatz dem schwellenden Wirbel der anderen zuzugesellen. Danach tritt das kleine Tamtam mit Einzelschlägen hinzu, die wie die der großen Trommel ebenfalls in ein Tremolando übergehen. Zuletzt verklingt die fünfteilige Tremolandogruppe in T. 7 diminuierend und durch sukzessiven Wegfall der Trommeln und des Beckens zu einem einzigen, isolierten *pppp*-Tamtamschlag.

Über diesem An- und Abschwellen ungestimmter Laute entfaltet sich in einer zweiten Schicht die allmähliche Einbindung gestimmter Instrumente. Das vierte und fünfte der oben beschriebenen Klangereignisse wird zunächst durch den Eintritt zweier Paukenpaare um exakte Tonhöhen erweitert. Sie etablieren das, was sich als der Grundakkord des Präludiums

[12]Die meines Wissens detaillierteste Beschreibung hierzu findet sich in Michael Taylor, “Musical Progression in the ‘Präludium’ of the Three Orchestral Pieces op. 6”, in Douglas Jarman, Hrsg., *The Berg Companion* (Basingstoke: Macmillan, 1989), S. 123-139.

erweisen wird: *g/f/b/es,* einen Auszug aus der Quartenschichtung *g/c/f/b/es*, sowie eines der für den Satz bestimmenden Muster: die Gegenüberstellung pendelnder Tonpaare (||: *g-f-g-f* :|| unter ||: *b-es-b-es*:||).

In diesem Bild eines allmählichen Aufsteigens erster Laute aus dem Nichts entwickelt Berg die Proportion von aktiv erzeugtem Klang zu intermittierender Stille in strenger Logik.[13] In der Passage mit ungestimmtem Schlagzeug schrumpfen die Pausen von 5/8 in T. 1 über 4/8 und 3/8 zu 2/8, während der Umfang der Klangereignisse von 1/8 über 2/8 zu 3/8 wächst. Unter Beteiligung der Pauken setzt sich dies nach weiteren 2/8 Pause fort mit 4/8 Klang gefolgt von 1/8 Pause. (Der Schluss des Präludiums, ein variiertes Retrograd dieses Prozesses, endet im ungestimmten Schlagzeug mit einem einzelnen Tamtamschlag zwischen zwei 5/8-Pausen.)

Zum sechsten Klangereignis der ungestimmten Schlaginstrumente greifen Blechbläser und Saiteninstrumente, die 'Zweifarbigkeit' der ungestimmten Schlaginstrumente fortsetzend, den aus zwei Pendeln gebildeten Akkord auf. Nach dem Ausscheiden der Pauken setzt sich deren *g/f/b/es* zunächst tonal unverändert fort in der Gegenüberstellung eines gedämpften mit einem ungedämpften Horn sowie einer Dreiergruppe aus gezupften und gestrichenen Saiten (*arco* der Bratschen, dazu zunächst *pizzicato* der Geigen und Celli, dann zwei Harfen). Nach dem Wegfall der Trommeln alternieren diese Stimmen mehrmals mit einer zweiten Tonschichtung – einem 'Akkordpendeln' als Entwicklung der pendelnden Tonpaare – bevor sie nach dem letzten Tamtamschlag in einen dritten Akkord übergehen.[14]

In einer weiteren Schicht tritt kurz nach dem Einsatz von Hörnern und Saiteninstrumenten die 1. Flöte als erster Repräsentant der Holzbläser mit einem in Flatterzunge gespielten, ametrisch in zunehmendem Abstand wiederholten *es* hinzu. Dieser indirekte Orgelpunktton bereitet den Einsatz des melodisch führenden Solofagotts vor, dessen Rahmenton *as* den Grundakkord um eine zusätzliche Quart nach oben zu *g[c]f/b/es/as* erweitert, unmittelbar vor dem Punkt, an dem dieser selbst im Hintergrund bereits mit dem zweiten Akkord zu alternieren beginnt.

Das folgende Notenbeispiel zeigt Bergs 'Entstehung der Musik aus der Stille' mit den drei Grundakkorden (markiert A, B und C in Anlehnung an Bergs eigene Bezeichnung in seinen Skizzen) sowie deren überwiegend aus Quartenschichtungen bestehenden Aufbau (einlinig im ersten, segmentiert im zweiten und nur rudimentär im dritten Akkord), den indirekten Orgelpunktton und den Zentralton der melodischen Komponente:

[13] Tondauern zitiert wie notiert, d.h. ohne Berücksichtigung des passiven Nachhalls.

[14] Vgl. ab T. 6_2 Akkord 2 mit *cis/fis/h/es*, ab T. 7_4 Akkord 3 mit *e/d/fis/h/b*.

Drei Orchesterstücke I: Das akkordische Grundmaterial

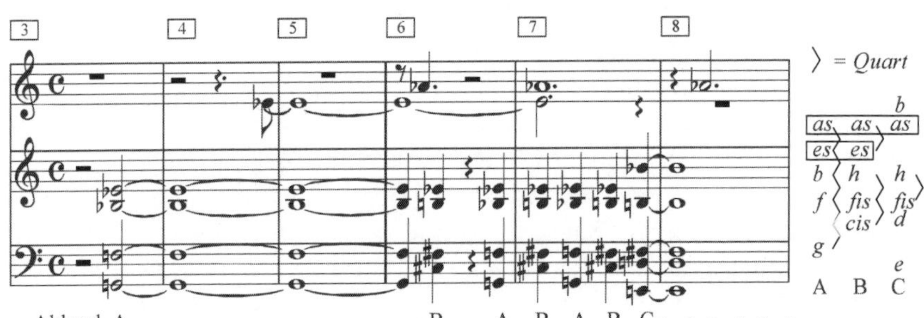

Aus dem *as* des Solofagotts entwickelt Berg die dreitönige melodische Zelle *e–g–as*. Gehört werden die Schritte dieser Grundzelle als kleine Terz und kleine Sekunde im Rahmen einer großen Terz – ein Eindruck, der sich in der Notation nicht abbilden lässt.[15] Berg lässt auch diese Zelle aus der Isolation erwachsen: Der Wiederholung des Zentraltones *as* geht auftaktig die Sekunde voraus; erst dann folgt der ganze Dreitonschritt. Dabei wird der anfängliche Sekundwechsel eine Quint höher und rhythmisch versetzt durch das *es–d–es* der Flöte verdoppelt und der abschließende Dreitonschritt in umgekehrter Intervallfolge vom *d–es–ges* der gedämpften Trompete imitiert. In weiteren Entwicklungen fügt Berg den steigenden Varianten der Grundzelle zunächst die fallenden Ableitungen (in Verschränkung der Dreitonschritte) hinzu und dann ein freies Spiel in der Dreitongruppe – mit Trompetenimitation wie in T. 8.

Drei Orchesterstücke I: Das melodische Grundmaterial aus Dreitonzellen

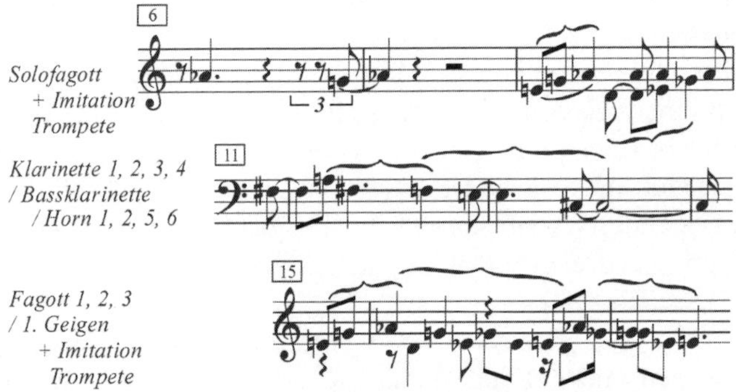

[15]Da die drei Intervalle tonal inkompatibel sind, erscheint eines stets in enharmonischer Notation: Innerhalb des Rahmenintervalls einer großen Terz wird entweder die Sekunde zur übermäßigen Prim oder die kleine Terz zur übermäßigen Sekunde; in der Schrittfolge aus kleiner Sekunde und kleiner Terz ergibt sich für den Rahmen eine verminderte Quart.

Mit dem Wechsel zu Akkord C am Ende von T. 7 weitet sich der Tonumfang bei gleichzeitiger Intensivierung der dynamischen Palette und der rhythmischen Textur. Die Hörner 1 und 3, nun beide offen, umspannen die Amplitude von *e1* bis *b4*, auch die Flöte steigt um eine Quint zum *b* und verlässt damit vorübergehend den Orgelpunktton. In einem leichten Crescendo, das am Ende von T. 8 zum Abbruch mit expliziter Zäsur führt, bewegt sich die Musik in maximaler polyrhythmischer Komplexität: Je zwei melodischen Achteln in Fagott und imitierender Trompete stehen drei Töne in den Hörnern, vier in den Harfen, fünf in den Klarinetten, sechs in den Bratschen sowie Flatterzungentremoli in zwei Flöten gegenüber.

In T. 9-11 folgt ein sechstöniger Klangfarbenakkord in Oboe, Horn, Trompete, Tuba, Solobratsche und Celli. Mit einer Tonwiederholung auf einem siebten Ton, dem Orgelpunkt-*es* der Flöte, führt die hohe Soloposaune zusammen mit dem kleinen Tamtam Bergs “Hauptrhythmus” ein. Dessen Basistakt greift mit der prominenten Synkope nach einer Achtelpause und dem Triolenachtel am Ende den Rhythmus aus dem ersten Takt des melodischen Fagottmotivs auf. Daraus bildet Berg nun eine Barform *en miniature* mit Stollen, Stollen, Abgesang:

Drei Orchesterstücke I:
Der Hauptrhythmus

Dabei weitet sich der Tonumfang erneut nach unten (Tuba = *d1*) sowie nach oben (Bratsche = *c5*, Soloposaune = *es5*). Tonal dominiert erneut der indirekte Orgelpunktton *es*, der nicht nur die Tonwiederholung der Soloposaune bestimmt, sondern zudem in den Tremoli der Celesta das vorausgegangene Flötentremolo fortsetzt. In den langgezogenen Tönen der Bläser und Streicher ergänzt Berg die vorausgegangenen Akkorde A, B und C durch drei weitere Tonschichtungen.[16]

Das “Rhythmischer” überschriebene dritte Segment, das in T. 11_4 mit einem plötzlichen *ff*-Ausbruch beginnt, entspricht der ersten thematischen Verarbeitung in Kopfsätzen von Sonaten und Sinfonien. Ein Unisono aus vier Hörnern und fünf tremolierenden Klarinetten zitiert die tonale Grundzelle in der oben gezeigten Verschränkung aus den beiden Umkehrungsvarianten, während die übrigen Instrumente vier neue Akkorde aneinander reihen, die jedoch im Gegensatz zu den ersten sechs keine thematische Funktion übernehmen. In diesen Akkorden verdichten die Staccati der vier Fagotte und die Springbogentöne von Bratschen und einer Hälfte der Bässe

[16]In seinen Skizzen markiert Berg diese Akkorde mit den Buchstaben D–E–F. Vgl. T. 9: Akkord D = *d/a/e/des/g/c*, T. $10_{1\text{-}3}$: Akkord E = *b/es/as/d/g*, T. 10_4-11_3: Akkord F = *c/g/h/e*.

die ab T. 4 gehörten pendelnden Tonpaare, während die homophonen Harfenklänge und erst recht die Legatokonturen der vier Posaunen und geteilten Bässe ruhige Linien dagegensetzen.

In T. 13 suggeriert die Verbindung aus *poco rit.* und *crescendo* < *ffp* (in Parallele zum Abbruch nach T. 8) das Ende eines Teilsegmentes. Doch das rhythmische Hauptmotiv, das in T. 9 deutlich abgesetzt folgte, setzt hier im kleinen Tamtam schon vor Ende des Ritardandos verschränkt ein. Sein Wiederholungstakt wird nach überleitenden Legatogesten der Fagotte und tieferen Streicher von einem Großteil des Orchesters unterstrichen und durchläuft mit Flatterzunge (Posaunen und Tuba) und Tremolo (Trommeln und Streicher) eine mächtige Steigerung von *f* zu *fff*. In unverzierter Form erklingt der charakteristische Rhythmus dabei nur im großen Tamtam und den Harfen; diese Instrumente sind es auch, die das Motiv mit einem deutlich leiseren und im Harfenarpeggio weicheren Schlussanschlag abrunden. Damit endet der einleitende Rahmenabschnitt des Präludiums.

Der die Takte 15-41 umfassende zentrale Abschnitt ist thematisch als sinfonische Durchführung, in seiner Struktur als Barform konzipiert. Berg unterstreicht die Entsprechung der beiden Stollen durch den Beginn mit zwei Varianten der melodischen Grundzelle; auch eine sekundäre Kontur ist beiden Segmenten gemeinsam. Im ersten Stollen ertönen Erinnerungen an die thematische Akkordfolge, im zweiten Ableitungen des Hauptrhythmus. Beide Stollen enden mit der polyphonen Verdichtung einer aus den melodischen Komponenten abgespaltenen Kleinfigur. Im kontrastierend folgenden Abgesang mit Höhepunkt und Rückleitung der sinfonischen Durchführung erklingt eine neue Komponente prominent über weiteren Varianten der melodischen und rhythmischen Primärthematik.

In T. 15-17 präsentieren die drei Fagotte mit den 1. Geigen über Akkord A das oben beschriebene freie Spiel innerhalb der Dreitongruppe (vgl. [a] im Notenbeispiel). Dann übernehmen die Geigen die Führung und ergänzen, harmonisiert mit den Akkorden B und C, die neue Komponente [b], die nach Art einer Klangfarbenmelodie streckenweise durch eine Oboe, dann durch ein Horn verdoppelt wird. In einer fünftaktigen Steigerung von *p* (T. 19) über *f* (T. 21) zu *ff*-*fff*-*ffff* (T. 23-24) antwortet ein Horn mit der gestisch mit [b] verwandten Figur [c] und ihrer Sequenz,[17] jeweils enggeführt mit der von den vier Flöten vorgestellten und von einer Trompete und

[17]Mark DeVoto weist auf die transponierte Wiederkehr der zweiten 3-Akkord-Gruppe hin: T. 20_3-22_1: D, E, F (↑3) und C (↑9), T. 22_2-23_2: C, D, E, F (↑4). Vgl. "Alban Bergs Drei Orchesterstücke op. 6: Struktur, Thematik und ihr Verhältnis zu Wozzeck" in Rudolf Klein, Hrsg., *Alban Berg Studien* II (Wien: Universal Edition, 1981), S. 97-106 [100-101].

den 1. Geigen variiert imitierten Figur [d]. Das Glockenspiel, von einer Pauke imitiert, verdoppelt die abschließende Punktierungsgruppe [x], bevor eine (im Beispiel nicht gezeigte) crescendierende Verlängerung sie zu fünffacher Engführung verdichtet.

Drei Orchesterstücke I: Das erste Segment der Durchführung

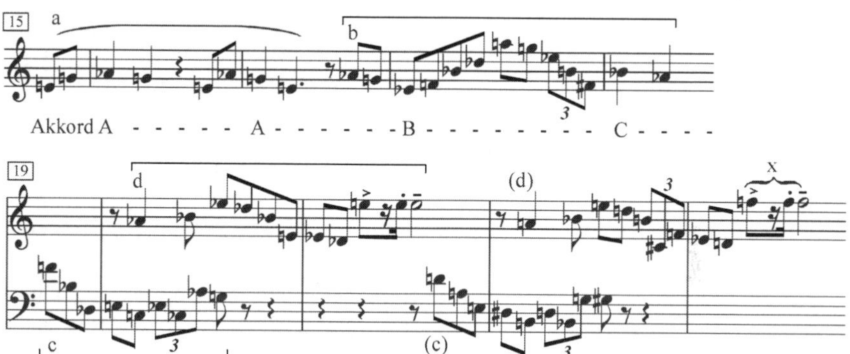

Das zweite Durchführungssegment – im Lichte der Barform eine Variation des ersten – beginnt mit der Umkehrung der Komponente [a]. Die vier Oboen ("Schalltrichter hoch, grell") setzen im *fff* ein und verklingen dann. Ihre Rückkehr von dieser mächtigen Lautstärke zu *p* wird möglich durch eine Verlängerung des Spiels mit der Grundzelle auf den doppelten Umfang. Als Ergänzung folgt, wie im ersten Stollen auch hier in den 1. Geigen, eine Umkehrung der Komponente [b], deren Fragmente diesmal in den Klarinetten und einer Trompete verdoppelt werden.

Drei Orchesterstücke I: Der Beginn des zweiten Durchführungssegmentes

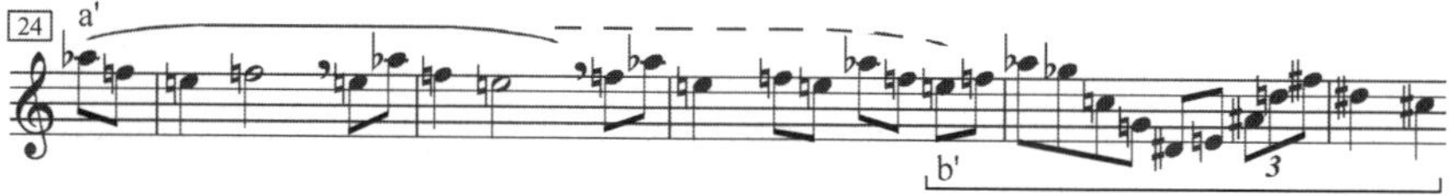

Kontrapunktierend zu den drei vom [a'] der Oboen überhöhten Takten spielen die Fagotte (ergänzt durch die Hörner) und die 2. Geigen (ergänzt durch die Bratschen) je eine dreitaktige rhythmische Phrase, die dank ihrer tonal neutralen Akkordfortschreitung unschwer als neuerliche Barform zu erkennen ist. Rhythmisch kleinteiliger und wesentlich differenzierter als die Urform des Hauptrhythmus, greift die vierstimmige Kombination dennoch auf diesen zurück und bietet damit auch hier einen weiteren Baustein in der Durchführung der primären thematischen Komponenten.

Drei Orchesterstücke I: Hauptrhythmus-Varianten als Kontrapunkt

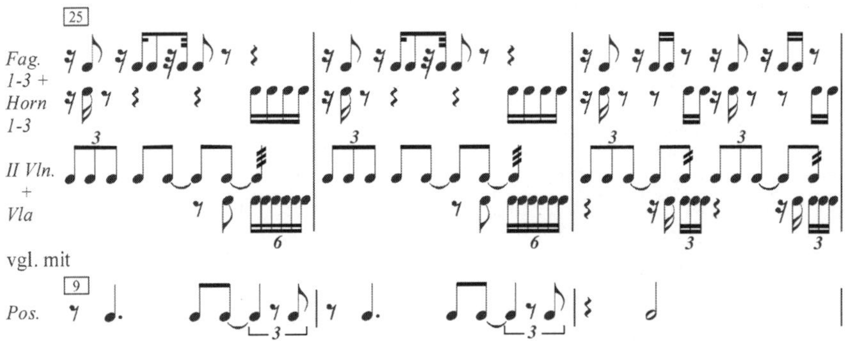

Aus der ergänzenden Komponente [d] erwächst sodann eine Passage mit einer schier unfassbaren Vielfalt und Dichte an Varianten. Bläser- und Streichergruppen wechseln mit unterschiedlich umfangreichen, teils auch in ihrer Intervallstruktur modifizierten Fragmenten, wobei die Notenwerte zuletzt in den hohen Instrumenten (Flöten, Klarinetten, Geigen, Bratschen) diminuiert und in den tiefen (Tuba, Kontrabass) augmentiert sind.

Den Höhepunkt der Durchführung in T. 36 bildet die Polymetrik eines [d]-Fragmentes, das synchron in Sechzehnteln (Geigen und Glockenspiel), Achteln (Flöten und Harfen), Vierteln (Klarinetten/Trompeten/Xylophon), Triolenhalben (1. Posaune und Pauken) und Halbenoten (3.+ 4. Posaune) ertönt. Dazu spielen die sechs Hörner den Wiederholungs- und Schlusstakt des Hauptrhythmus, verziert mit Trillern und Vorschlagsgruppetti.

Den Anspruch unabhängiger Thematik im Abgesang einer Barform erfüllt Berg durch die Einführung einer zweistimmig homophonen Figur in explizitem Rubato, die sich als Parallele in Flöten, Oboen, Trompeten und Geigen an den polymetrischen Höhepunkt anschließt. Wie das Werk erst später preisgibt, antizipiert Berg hier eines der Themen des Reigens.

Drei Orchesterstücke I: Die Rubatophrase im Höhepunkt der Durchführung

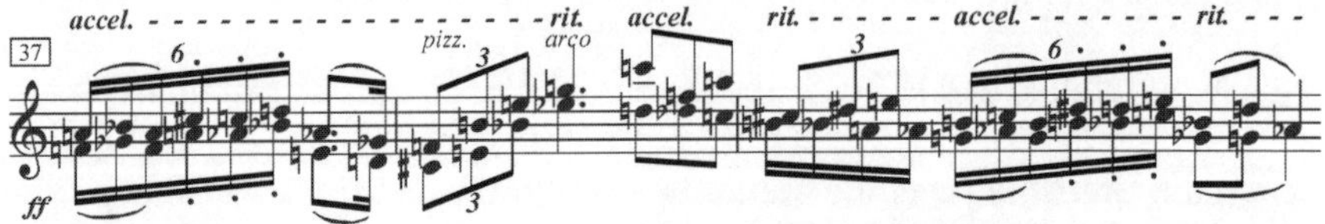

Charakteristisch sind der Grundzellen-Beginn der Sextolen, die triolische Pizzicato-Fanfare und der Unisono-Schluss. Kontrapunktierend ertönen eine Variante des Hauptrhythmus (Hörner) und die Klarinetten/Horn-Kontur aus T. 11-13 (Posaunen). In der zweitaktigen Rückleitung dominiert die am

Griffbrett gezupfte Pendelbewegung der tiefen Streicher mit ihren im fortgesetzten Ritardando wie gestaucht wirkenden Vierteln, die im Wechsel von 4. Posaune und Tuba sowie den Harfen und Pauken verstärkt und von der großen Trommel mit Becken rhythmisch bekräftigt werden.

Der Schlussabschnitt des Satzes, 15-taktig wie die Einleitung, ist als dessen freie Spiegelung konzipiert. Seine drei Segmente präsentieren

- eine Variante in modifizierter Instrumentierung (in T. 42-44 rekapituliert Berg zunächst das zweite Segment des Satzes aus T. 9-11),
- einen neuem Einschub in T. 44-46, der die erste Verarbeitung der thematischen Komponenten in T. 11-15 ersetzt, sich dabei als Antizipation eines weiteren Reigen-Themas erweist und wie die vorherige Reigenthema-Antizipation im Unisono endet,
- und ein Retrograd, das in T. 49-56 das eröffnende Segment aus T. 1-8 palindromisch beantwortet und mit einem einsamen Schlag des Tamtams beschließt.

Drei Orchesterstücke I: Der Einschub im Schlussrahmen

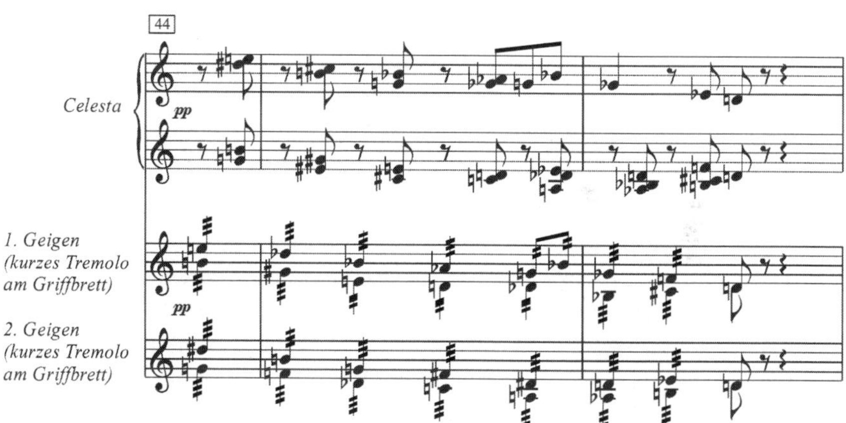

In seiner Funktion als Vorausnahme einer Thematik, die späteren Sätzen des Werkes zugrunde liegt, bildet dieser Einschub ein Paar mit der Rubatophrase auf dem Durchführungshöhepunkt. Zusammen präsentieren sie sich als diametrale Gegensätze dank ihrer Dynamik (hier *pp*, dort *ff*), ihres Rhythmus (hier eine Akkordfortschreitung in Viertelnotenschritten, dort eine Kombination aus sechs verschiedenen Notenwerten) und ihrer Stimmung (hier gleichsam ‘verwunschen’ durch die am Griffbrett tremolierenden Geigen mit Celesta-Nachschlag, dort erregt und heftig wogend in einer von Trompeten angeführten Parallelkontur mit ständig wechselnder Artikulation).

II – *Reigen*

Der Titel dieses Satzes wirft Fragen auf, da ein "Reigen", besonders im Kontext einer Suite, meist mit Rundtänzen assoziiert wird. Berg scheint jedoch eher an die bunte Reihung mehrerer Segmente einer Gattung nach Art der im 19. Jahrhundert beliebten Walzerfolgen gedacht zu haben. Auch kannte er, wie Susanne Rode nachweist, Arthur Schnitzlers gleichnamiges Bühnenstück, das mit seiner Kette aus zehn erotischen Begegnungen einen alternativem Entwurf zu rondoartigen Bauplänen bietet.[18] Berg selbst erklärte später, er habe den Satz als orchestrale Studie zur Gasthausszene des *Wozzeck* entworfen.[19]

Im Gegensatz zum Beginn des Präludiums mit seiner allmählichen Entstehung der Musik aus der Stille setzt Bergs zweites Orchesterstück mit einer Kumulation praktisch aller thematischen Komponenten ein, die in diesem Satz erklingen werden. Nur die ersten viereinhalb Schläge im *alla-breve* Metrum sind als "anfangs etwas zögernd" charakterisiert und zudem rhythmisch augmentiert, doch schon sie zitieren zweimal das erste Akkordpaar aus dem Tremolandothema, das Berg im abschließenden Rahmen des Präludiums eingeführt hat. Die vier Hörner, wie dort im *pp* aber einen Halbton höher transponiert und ohne Tremolo, geben den Anstoß mit zwei synkopierten Halbenoten, denen die tiefen Streicher den von einem Tamtamschlag unterstrichenen Orgelpunkt *cis* unterlegen. Die vier Klarinetten mit den gedämpften Geigen greifen die Vorlage mit 3/4-Notenwerten auf. Erst dann folgt – im neuen Kontext "leicht beschwingt" – die im Kopfsatz als 'verwunschen' beschriebene tremolierende Akkordfolge der Geigen mit nachschlagenden Celesta-Klängen.

Noch an der Grenze zwischen "zögernd" und "beschwingt" setzt als Hauptstimme ein Unisono von Fagott und Trompete mit einer Variante der (hier aus *e-f-as* gebildeten) Grundzellenkontur ein. Überlappend mit deren Ende tritt in T. 6 das im Präludiumshöhepunkt eingeführte Rubatothema hinzu: Die geteilten Bratschen spielen, nun *p* statt *ff*, dessen erste Hälfte, wobei sie die Großterzparallele der Sextolenfigur tongetreu zitieren, den Übergang zur im Pizzicato aufwärts stürmenden Fanfare jedoch variieren.

[18]Zwar wurde das 1897 vollendete Schauspiel erst 1920, fünf Jahre nach Bergs Abschluss des mittleren seiner Orchesterstücke, erstmals als Ganzes aufgeführt, doch zirkulierte der Text schon Jahre vorher als Privatdruck, und wie so viele seiner Zeitgenossen hatte auch Berg eine Kopie in seiner Bibliothek. Vgl. Susanne Rode, *Alban Berg und Karl Kraus: Zur geistigen Biografie des Komponisten der "Lulu"* (Frankfurt: Peter Lang,1988), S. 468.

[19]Mosco Carner, *Alban Berg. The Man and The Work* (London: Duckworth, 1975), S. 144.

Gleichzeitig mit dieser dritten thematischen Übernahme aus dem Präludium führt Berg die ersten reigen-eigenen Komponenten ein. Zwei Oboen präsentieren eine sehnsuchtsvoll anmutende Geste aus Aufschwung und teilchromatischem Abstieg, imitiert von Horn und Fagott mit Celli. Das Imitationsgeflecht setzt sich in Streichern und Horn fort mit einer zweiten Figur, die auf die erste als verkürzte Umkehrung antwortet, wobei sie emphatisch gesteigert ist: Berg weitet das Anfangsintervall zur kleinen Septime, intensiviert den Zielton wiederholt durch Punktierung und fügt nach dem Halbton-Rückschritt verschiedene Verlängerungen hinzu.

Drei Orchesterstücke II: Sehnsuchtsvolle Geste und emphatische Figur

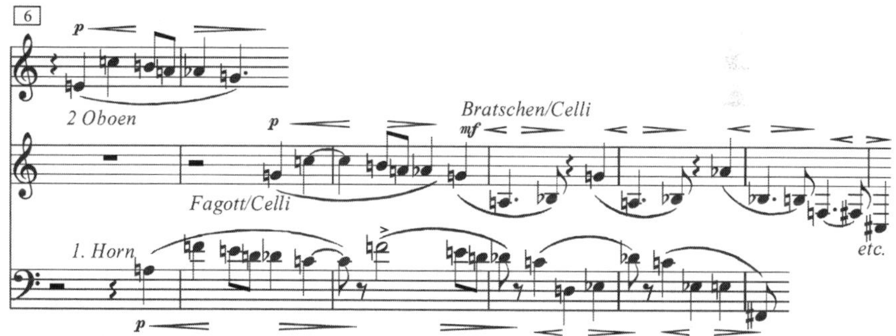

Kontrapunktisch zu diesem bereits sehr dichtem Geflecht ertönen Imitationen der Fanfare, zuerst als Teilwiederholung der Bratschen, dann mehrfach in den zwei Harfen, die die aufwärts stürmende Figur zuletzt verlängern (T. 11) und beschleunigen (T. 12), bis sie sie schließlich – kurz unterbrochen von einer Imitation der Tremolandofigur durch die gedämpften Trompeten mit Celesta-Nachschlag über einer Verbindung der beiden reigen-eigenen Komponenten in Fagott und Bratschen – im Glissando zur Kleinterzparallele vereinfachen (T. 13). In den noch verbleibenden sechs Takten dessen, was Berg als sein Scherzo bezeichnete, spinnt das Orchester die drei aus dem Präludium übernommenen Komponenten in einander durchdringenden und überlagernden Fragmenten weiter. Die wenigen Konturen, die sich nicht von den oben beschriebenen fünf thematischen Komponenten ableiten, bleiben ohne Konsequenz für den weiteren Verlauf des Satzes.[20]

[20] Dies betrifft vor allem die kammermusikalisch hervorgehobene, die emphatische Figur der Bratschen und Celli 'sprechend' kommentierende Homophonie der drei Sologeigen in T. 7-11 und deren spätere Fortsetzung in einer einzelnen Geige.

Bei einem mit chromatischen Linien unterstrichenen "Übergehen ins langsame Walzertempo" isoliert Berg erstmals die Oberstimme des ursprünglichen Tremolandothemas. Die Kontur erklingt ätherisch im höchsten Register und bestätigt so die schon beim ersten Auftreten des Themas im Präludium als 'verwunschen' empfundene Stimmung.

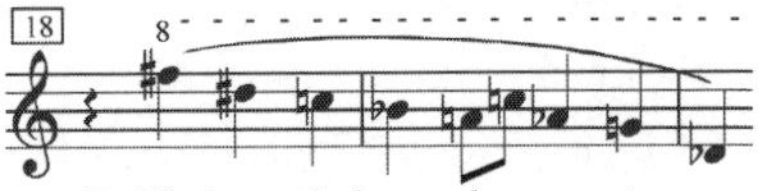

Drei Orchesterstücke II: Die ätherische Kontur

18

Es-Klarinette (sehr zart hervor, pp) + 1. Harfe Flageolett (p) und Celesta (mf)

Der Reigen langsamer Walzerfragmente umfasst die Takte 20-100. Dabei handelt es sich, wie Derrick Puffett in seiner gründlichen Analyse schreibt, um "nicht mehr als kurze Episoden, in denen walzerähnliche Metamorphosen des Materials – zuweilen bloß Bruchstücke – zum Vorschein kommen.[21] Dazu liefert Puffett ein (englischsprachiges) Diagramm, das ich hier übersetzt und visuell angepasst wiedergebe:

Drei Orchesterstücke II: Die Walzerfolge

20			33	42	49
langsames Walzertempo	*etwas belebend*	*immer fließender*	*ruhiger und etwas zögernd*	*Sehr ruhige ♩*	*acc.*
erste Walzerphase: mindestens 3 Themen			die Musik verliert ihr Ziel und mündet in eine	Traumepisode;	acc. zur ...

49		56	62	68
schwungvoll, fast roh	*plötzlich ruhiger*	*etwas gehalten*	*steigernd drängend*	*immer noch drängend*
zweiten Walzerphase		in Gedanken versunken	dann schnelle Wiederbeschleunigung zur ...	

69		83		89	94
derb bewegt	*fließender*	*immer fließend*	*molto rit.*	*Etwas breiter, aber immer noch fließend*	*Rückkehr ins*
dritten Walzerphase		böser Traum, wiederholt als		Albtraum	der sich auflöst in die

96	100
langsames Walzertempo	
vierte Walzerphase, (Echo der ersten)	

[21]Derrick Puffett, "Berg, Mahler und die drei Orchesterstücke op. 6", in Anthony Pople, Hrsg., *Alban Berg und seine Zeit*, S. 153-193 [177].

Nach der Überleitung durch eine Ableitung des 'verwunschenen' Themas zeigt sich die erste Walzerphase bestimmt von neuen Varianten der beiden anderen aus dem Präludium übernommenen Komponenten. Die Grundzellenkontur ist in neuer Weise erweitert, die erste Hälfte des Rubatothemas fragmentiert und rhythmisch modifiziert:

Drei Orchesterstücke II: Die Thematik in der ersten Walzerphase

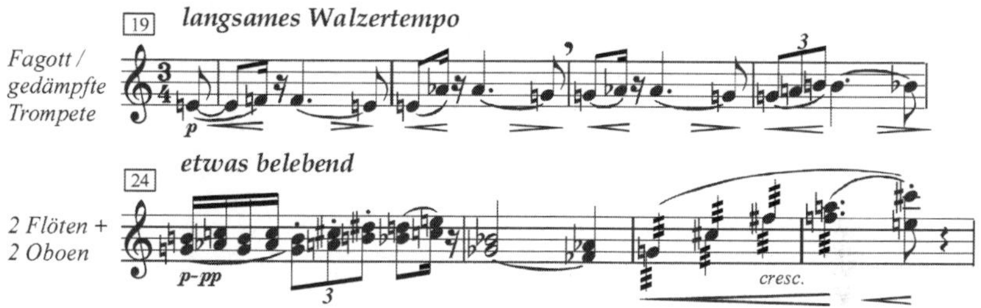

In der nachfolgenden Beruhigung tritt die Walzerrhythmik in den Hintergrund. Stattdessen erheben solistische Streicher mit Dämpfer ihre zarten Konturen über Harfen und Celesta. In Walzerphase II erweitern die nun wieder im *forte* strahlenden, oktavierten Geigen die ursprünglich dreitönige 'emphatische Figur', kontrapunktiert mit der schrittweisen Entwicklung einer Komponente, deren Identität Berg erst später enthüllen wird:

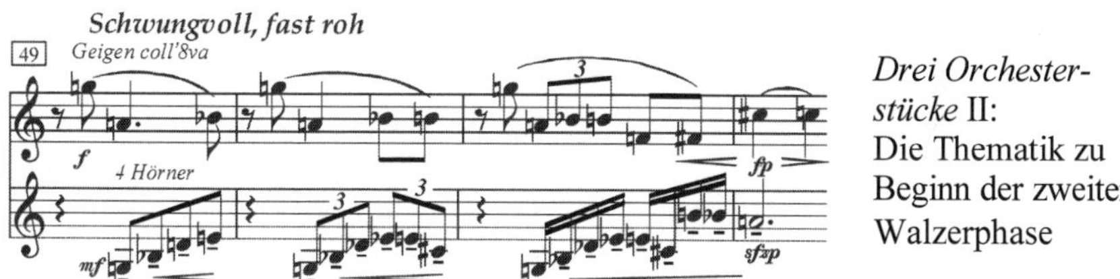

Drei Orchesterstücke II: Die Thematik zu Beginn der zweiten Walzerphase

In der erneut folgenden Beruhigung ertönt vor dem Hintergrund einer choralartigen Phrase der Holzbläser ein zarter Aufstieg der gedämpften Sologeige, bevor sich die Musik steigernd in die dritte Walzerphase stürzt.[22] Deren Beginn ist dominiert von Varianten der Fanfare, die in Trompeten, dann Hörnern und zuletzt Posaunen "schmetternd" ertönen, bevor eine gemeinsame Flatterzungenversion die in der ersten Walzerphase eingeführte Dehnung des Aufstiegs aufgreift.

[22]Mark DeVoto weist darauf hin, dass Berg diese Steigerung harmonisch als zunehmende Quartenschichtung komponiert: Der sechstönige Klang *a/d/g/c/f/b* in T. 61 wird sukzessive nach oben und unten erweitert, bis im *f* von T. 66 der zwölftönige 'Quartenturm' über *fis* erreicht ist. Vgl. DeVoto, *op. cit.*, S. 102.

In den beiden Segmenten, die Puffett als "böser Traum" und "Albtraum" charakterisiert, verzichtet Berg auf jede Andeutung der typischen Walzerrhythmik. Stattdessen verwischt er die metrischen Konturen durch Schichten polymetrischer Ostinati, die in T. 83-88 Bratschen und Celli (je 11 Achtel), Hörner und Celesta (je 8 Triolenachtel), Fagotte und Harfen (je 7 Achtel) und Oboen, Trompeten und Geigen (Fanfaren mit unterschiedlichem Umfang) gegeneinander stellen, in T. 89-93 ergänzt um ähnlich verwirrende Muster in anderen Instrumentenkombinationen.

Mit dem Zeichen H⁻ für Hauptstimme markiert Berg in beiden Segmenten eine in langen Notenwerten dagegen gesetzte Großterzparallele, die in T. 86-88 in zwei Trompeten chromatisch abwärts zwischen *c/e* und *ces/es* und in T. 90-93 in sechs Hörnern mit den geteilten 1. Geigen aufwärts zwischen *c/e* und *des/f* pendelt. Aus deren Oberstimme entwickelt sich ab T. 93 die um eine Oktave höher transponierte und deutlich verstärkte Variante der Grundzellenkontur aus der Eröffnung der ersten Walzerphase (siehe das Beispiel vorige Seite oben), zu der die begleitenden Instrumente allmählich wieder in einen Walzerrhythmus einmünden.

Überlappend mit dem Ende dieser den zentralen Abschnitt des Satzes umrahmenden Thematik sorgt eine zweite palindromisch platzierte Komponente für die Rückleitung vom Walzertakt ins *alla breve*. Im *pp,* aber "sehr ausdrucksvoll und frei" spielt die Sologeige die Umkehrung der 'ätherischen' Kontur, die Berg aus der Oberstimme seines gegen Ende des Präludiums eingeführten 'verwunschenen' Themas isoliert hat. Anlässlich der ersten Wiederaufnahme ist die vertikale Spiegelung noten- und intervallgetreu (aus dem Abstieg von *fis* zu *des* wird ein Aufstieg von *cis* zu *fis*). In den folgenden Imitationen modifiziert Berg die Kontur, u.a. mit dem Septsprung aus der 'emphatischen' Figur, den er schon zu Beginn der zweiten Walzerphase eingefügt hat.

Drei Orchesterstücke II: Tonale Spiegelung an den Rändern der Walzerfolge

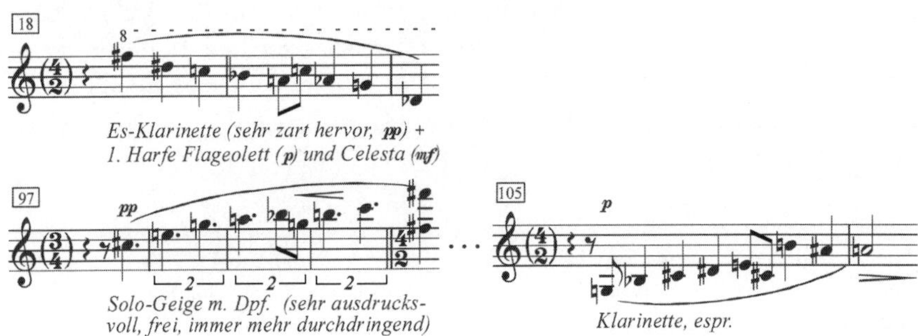

Beginnend mit T. 101 steht die Musik wieder wie zu Beginn des Stückes im geradtaktigen Metrum: zunächst bis T. 110 im vierschlägigen *alla breve*, dann, in T. 111-121, im 4/4-Takt. Oberflächlich gesehen entwirft Berg seinen Reigen somit als ein weiteres Beispiel der vertrauten Bogenform: Die zentrale Walzerfolge wird mit 19 geraden Takten eingeleitet und mit 20 geraden Takten abgerundet. Diese äußerlich suggerierte Symmetrie unterläuft er jedoch zugleich absichtlich in mehrfacher Weise.

Da beide Hälften des dritten Abschnittes in vierschlägigen Takten notiert sind, entsteht zunächst der Eindruck, dass jede Hälfte hinsichtlich der Anzahl ihrer Schläge den 2/2-Takten des ersten Satzabschnittes entspricht. Dieser Eindruck verdankt sich jedoch Bergs äußerst ungewöhnlicher Zählweise:

- Zu Beginn des den Reigen einleitenden Abschnittes bezeichnet er die Viertelnote vor dem ersten Taktstrich, mit der die Hörner ihren ersten Vierklang synkopisch antizipieren, als "T. 1". Dies ist jedoch nur in der Partitur erkenntlich. Faktisch zählt dieser Abschnitt in den 18 Takten eines einfachen *alla breve* 36 ganze Schläge.
- Eine ähnliche Manipulation nimmt Berg zu Beginn des Schlussabschnittes vor. Den in Fortsetzung der Walzer-Dreischritte noch von melodischen Triolen in Hörnern und Solobratsche und vom "Zwei-drei" der Walzerbegleitung in Holzbläsern, Becken und den übrigen Bratschen dominierten ersten 4/2-Takt unterteilt er mit gestrichelten Vertikalen. Dabei zählt er das polymetrische Hybrid aus Viertelduolen und -triolen als vier 3/4-Takte (mit insgesamt 12 Schlägen), die sechs folgenden Takte dagegen als ganze 4/2-Takte, wobei er die Unterteilungen für die zunehmend in den Hintergrund tretende Walzerschicht nur kleingedruckt außerhalb der Notensysteme anfügt. Es folgen in T. 105-110 somit weitere 6 x 4 = 24 Schläge.

Durch diese absichtsvollen Anpassungen erzielt Berg in der ersten Hälfte des abschließenden Rahmensegmentes eine zahlenmäßige Entsprechung zu den 36 Schlägen des ersten Abschnittes. Unterschieden sind die so bemüht symmetrisch zurecht gerückten Abschnitte jedoch ohnehin durch ihr Tempo, das in den ersten 36 Schlägen kurz "zögernd" und dann "beschwingt", in den späterem 36 Schlägen dagegen zunächst "langsam" und dann bald "sehr langsam" ist. Das Tempo in T. 111-121 markiert Berg als "entsprechend dem zögernden Anfangszeitmaß", ohne Ritardando. Damit entspricht die Musik des Satzes tatsächlich Bergs Beschreibung als "Scherzo und langsamer Satz (in dieser Reihenfolge!)".

Thematisch schließt Berg mit diesem Schlussabschnitt noch einmal kurz an die Idee der Bogenform an, indem er im Übergang vom *alla breve*-Segment zum zehntaktigen Schluss den Orgelpunkt *cis* aufgreift, der den Satzanfang in T. 2-6 ankert. Darüber zitieren die vier Oboen das vierstimmige Anfangstaktpaar des 'verwunschenen' Themas – *ppp* und eine Oktave höher, als es in T. 4-6 erklungen war. Die 1. Geigen imitieren die Komponente, quasi-kanonisch gefolgt von einem fünftönigen Fragment in den Klarinetten und einem nur dreitönigen Einsatz der vier Piccoloflöten. Jede dieser vier Instrumentengruppen geht zuletzt in ein akkordisches Pendel über, dessen zehntöniger Klang das Orgelpunkt-*cis* ergänzt. Nach dem gestaffelten Übergang ins Pendel entsteht durch zunehmende Beschleunigung eine polymetrische Verdichtung bis hin zum 32stel-Tremolo. Derweil reichen die Hörner ihr Orgelpunkt-*cis* an Tuba und Harfen weiter. Diese bilden aus der zuvor als 'ätherisch' charakterisierten, hier in die Tiefe versetzten und mit *sforzato/piano* verstärkten Oberstimmenkontur des Themas eine augmentierte Variante. Ihr treten die anderen tiefen Stimmen mit der diminuierten Umkehrung kanonisch gegenüber – wie im ersten Kanon in zunehmend verkürzten Fragmenten.

Drei Orchesterstücke II: Spiegelung von Augmentation und Diminution

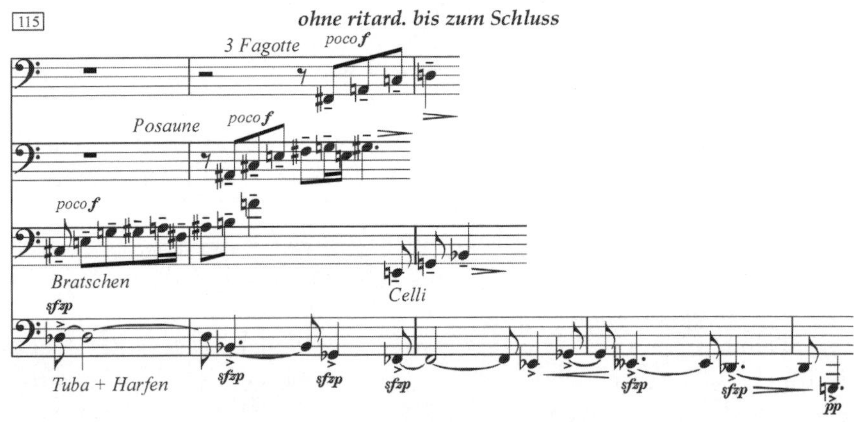

Über dem zu *pp* gedämpften Abschluss vereinen sich die an Kanons und Pendeln beteiligten Instrumente erneut zu einem Elftonakkord, den sie im verkürzten Hauptrhythmus ♩. ♫ ♩ 3 ♪♩♩ ’𝅗𝅥. ♩ ausklingen lassen. Aus dessen Schlusston erheben sich, "wie aus der Ferne" in *pp poco cresc.*, die Hörner und Trompeten mit der Fanfare, begleitet von einem leisen Wirbel des kleinen Tamtams. Der von den Kontrabässen verstärkte Grundton *g* und die *g/h*-Zielterz der Fanfare deuten ein stark eingefärbtes G-Dur an.

III – *Marsch*

Nach Bergs Briefen an seine Frau und an Schönberg zu urteilen, war das Finale der *Drei Orchesterstücke* op. 6 für ihn nicht nur Zielpunkt des Werkes, sondern auch dessen gedanklicher Ausgangspunkt. Während sich also die Thematik der drei Sätze dem Hörer so darbietet, als greife Berg mit jedem Schritt die zuvor eingeführten Komponenten erneut auf, um sie weiteren Entwicklungen zu unterziehen und neu zu ergänzen, scheint er vielmehr vom Ende her geplant zu haben.

Vier neue Gesten durchziehen den Satz. Sie werden in T. 1-4 als eine Art kumulierendes Ostinato leise eingeführt, gefolgt von jeweils mehreren identischen Wiederholungen, bevor sie zuerst ihre tonale Lage und dann auch ihre Intervallgröße und -richtung verändern. Kenntlich bleiben sie vor allem dank ihrer Rhythmik. Marschformel 1 schließt mit ihrem Anfangston *g* an den Abschluss des Reigens an und greift mit ihrem Aufstieg durch Halbton und kleine Terz die Grundzelle des Werkes auf; die Verdopplung des Schlusstones durch das große Tamtam erinnert zudem an den Beginn des Präludiums aus diesem Gongklang. Marschformel 2 prägt sich durch den synkopischen Einsatz mit anschließendem Septsprung und Triller ein. Mit den Marschformeln 3 und 4 präsentiert Berg isolierte Rhythmen ohne melodischen Anspruch, wobei er die zuletzt hinzutretende Oboenfigur ausdrücklich als "Trompete nachahmend" markiert.

Drei Orchesterstücke III: Die vier Marschformeln

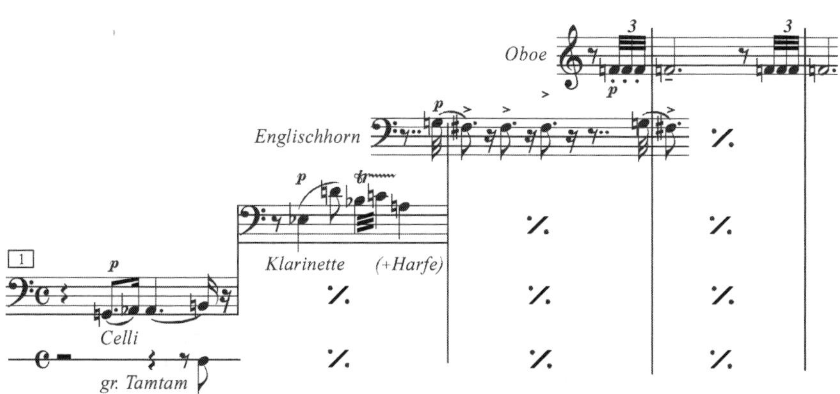

Die Varianten dieser Motive verstummen nach und nach unter zwei einander überlappenden Klangfarbenmelodien mit neuer Thematik:

Drei Orchesterstücke III: Zwei Klangfarbenmelodien zu Beginn des Marsches

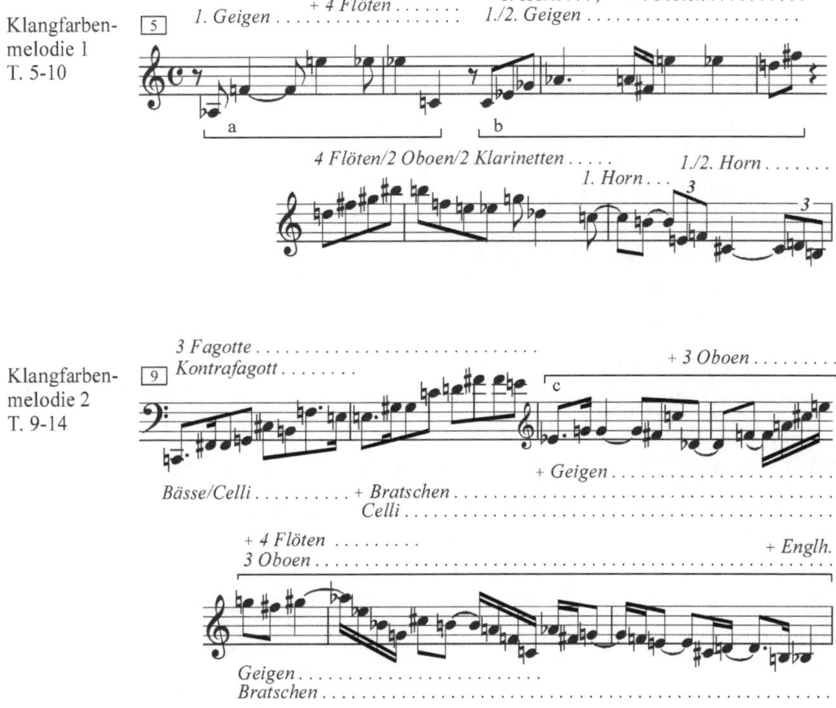

Wie die Einzeichnungen mit eckigen Klammern und Phrasenkürzeln andeuten, bildet Berg diese unter Beteiligung zahlreicher verschiedener Instrumente zusammengesetzten Melodien aus Varianten früherer Komponenten. Das fünftönige [a] ist die oktavgespreizte Transposition des aus zwei Grundzellen gebildeten Unisonos, das Klarinetten und Hörner in T. 11-13 des Präludiums einführen.[23] Das unmittelbar anschließende [b] geht auf die 'ätherische' Kontur zurück, die Berg in T. 18-20 des Reigens aus der Oberstimme des in T. 44-46 des Präludiums eingeführten Tremolandothemas isoliert, in T. 51 des Reigens erstmals umkehrt und über eine Zwischenstufe in T. 97 in T. 105 in eine neue Form überführt. Die umfangreiche Kontur [c] entwickelt sich aus Marschformel 1, dessen Punktierungsgruppe in den Celli über Varianten in T. 6-8 den Beginn der zweiten Klangfarbenmelodie erreicht.

[23]Vgl. op. 6/I, T. 11-13: *(fis)-a-fis-f-e-cis* mit op. 6/III, T. 5-6: *as-f-e-es-c.*

Eingeleitet von der Ostinatopassage mit den vier Marschformeln in T.1-4 hört man somit

T. 5-8	T. 9-10	T. 11-14
[a]+[b]	Gegenbewegung und Überkreuzung der beiden Linien	[c]

Was folgt, lässt sich summarisch als eine durchgehende Entwicklung aller bereits eingeführten und einiger neu hinzukommender Komponenten beschreiben. Die verschiedenen Versuche, den Bauplan dieses Marsches aus einem der traditionellen Strukturmuster abzuleiten – überraschenderweise wird auch in diesem Fall gern die Sonatensatzform herangezogen – bleiben wenig überzeugend.[24] Derrick Puffett weist darauf hin, dass das Unbehagen mit jeder Art traditioneller Analyse seinen Grund in der Widersprüchlichkeit von Bergs Kompositionsweise selbst hat, insofern Berg in diesem Stück offensichtlich versucht, zwei einander eigentlich ausschließende Vorstellungen zu vereinbaren: die Vermeidung von Wiederholungen einerseits und die systematische Verwendung von Verfahren wie Imitation, Kanon, Umkehrung und ähnlichem, die ausdrücklich auf dem erneuten Aufgreifen bereits gehörter Komponenten beruhen.[25]

Eine Alternative zu den versuchten Deutungen der Gesamtstruktur als Ableitung von der Sonatensatzform unternimmt Mark DeVoto, indem er stattdessen eine Tafel der Themen und Motive erstellt. Unter der Überschrift "Chronologie der Ereignisse im Marsch" listet er 31 melodische Komponenten auf und setzt sie kommentierend zueinander in Beziehung.[26] Die schiere Fülle der Details steht allerdings dem Bedürfnis nach Übersichtlichkeit entgegen und bietet damit keine wirkliche Lösung.

[24]Deutungen als ungewöhnliche Sonatenhauptsatzform finden sich u.a. bei Mosco Carner (*op. cit.*, S. 146) und Douglas Jarman (*The Music of Alban Berg*, S. 77). Carner erkennt einen Bauplan aus Introduktion (T. 1-32), Exposition (T. 33-90), Durchführung (T. 91-126), Reprise (T. 127-154) und Coda (T. 155-174), der jedoch thematisch kaum zu verteidigen ist und zudem Bergs eigene Markierung von T. 126 als "Höhepunkt" übergeht. Jarman konzidiert, dass "die dreiteilige Sonatensatzform, die im Hintergrundplan des Stückes erkennbar ist, durch die kontinuierliche motivische Weiterentwicklung und die unablässige Präsentation offenkundig neuen Materials ad absurdum geführt" wird. Er verzichtet darauf, Strukturgrenzen vorzuschlagen, hält jedoch ohne weitere Begründung an der Behauptung des "Hintergrundplanes" fest.

[25]Derrick Puffett, *op. cit.*, S. 186.

[26]Mark DeVoto, "Alban Berg's *Marche macabre*", in *Perspectives of New Music* 22/1 (1983), S. 390-403.

Um das dritte der *Orchesterstücke* nach seinem Wesen und Aussagegehalt beschreiben zu können, müssen also sowohl die Suche nach einer vertrauten Strukturvorlage als auch die chronologische Bestandsaufnahme des thematischen Materials hintangestellt werden zugunsten anderer Orientierungsmarken. Hilfe bieten Bergs Tempogestaltung einerseits und der aus Rhythmik, Dynamik, Instrumentation und eingängiger metrischer Fassung resultierende unmittelbare Höreindruck.

Bergs Tempogestaltung drückt sich in drei Schichten aus. Die oberste Ordnungsebene wird bestimmt durch die Zusätze "Tempo I", "Tempo II" und "Tempo III" sowie nicht aufeinander bezogene Momente sehr ruhiger Musik. Die mittlere Ebene kennzeichnen einige großflächige Übergänge von einem der Grundtempi zu einem anderen. Auf der untersten Ebene, die hier vernachlässigt werden soll, stehen zahlreiche lokale Rubatoangaben, insbesondere das wiederholte emotionale Nachgeben mittels "ritardando / a tempo". Überblicksartig zeigt sich folgendes Bild:

ab Takt	Angabe	Grundtempo
1	*Mäßiges Marschtempo*	I
25	*subito a tempo*, steigern bis T. 36, dann rit, molto rit.	
33	*Flottes Marschtempo*	II
39	Viel langsamer; ab T. 46 zurück zu Tempo I, dann accel.	
53	*Flottes Marschtempo*	III
62	*grazioso*	
79	"Wieder zurückkehren zum beiläufigen Tempo I"	I
84	"Allmählich zum nächsten Tempo steigern"	
91	*Allegro energico*	III
	(T. 126 "Höhepunkt")	
130	"allmählich ins Tempo zurückkehren"	I
136	*Flottes Zeitmaß*	II
149	*Tempo III, aber etwas schwerer*	III
155	*Pesante*	
160	sehr langsam . . . ruhig, gedehnt . . . noch langsamer	
171	*Subito a tempo*	III

Die Liste deutet einen Ablauf mit dreifacher Steigerung an: Von Tempo I über II nach III führt die Entwicklung zunächst recht allmählich im Verlauf der ersten ca. 60 Takte, unterbrochen von einem langsameren Einschub in T. 39-46. Nach einem *grazioso* und der Rückkehr zu Tempo I folgt eine gedrängte Steigerung binnen zwölf Takten direkt zu Tempo III. Dieses wird sodann mit nur kleinen Schwankungen über 35 Takte beibehalten. Nach einer starken Verbreiterung und dem explizit markierten "Höhepunkt" in T. 126 kehrt die Musik ein drittes Mal zu Tempo I zurück.

Die dritte Steigerung erreicht das inzwischen als Zielvorstellung erkannte Tempo III erstmals nach knapp zwanzig Takten, wird allerdings kurz davor und erneut danach zu Passagen in der vermutlich langsamsten Bewegung des ganzen Satzes abgebremst. Erneut im Zieltempo des Marsches erklingt dann der viertaktige, rausschmiss-artige Schluss.

In seiner Thematik fasst Berg die erste große Temposteigerung – beginnend mit T. 15 nach der oben geschilderten Einleitung und endend vor dem *grazioso* in T. 62 – durch eine Entwicklung der bereits angelegten Komponenten zusammen. Wie die vorausgehende Einleitung wird der längere Abschnitt durch neu kombinierte und instrumentierte Versionen der vier Marschformeln eingerahmt, vgl. T. 15-18 (mit vereinzelter Fortsetzung bis T. 22) und T. 56-62 (mit Vorausnahmen ab T. 50). Zwischen diesen Eckstücken treten neben Varianten von [a], [b] und [c] drei ganz unterschiedliche neue Komponenten hinzu: Ab T. 19 führen Klarinetten und Hörner ein Aufschwungmotiv ein, das als Großterzparallele beginnt, bald auch ein- oder dreistimmig ertönt und mal den synkopischen Septsprung aus Marschformel 2, mal die im Präludium eingeführte Fanfare integriert.[27]

Drei Orchesterstücke III: Das Aufschwungmotiv

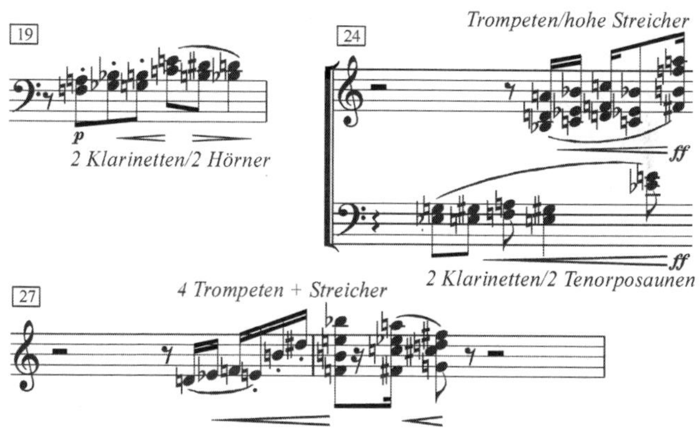

Die oben gezeigten Entwicklungsstufen verbindet Berg, indem er den zwei Klangfarben*melodien* der Einleitung zwei kumulierende Klangfarben-*akkorde* gegenüberstellt. Die dreioktavig fallende Tonfolge wird dabei von einem Streichinstrument an das nächst tiefere übergeben. Dabei werden alle

[27]Vgl. 3 Tenorposaunen; T. 30-31, 6 Hörner/2 Harfen: T. 32-33 (teils Parallele übermäßiger Dreiklänge), Geigen/Bratschen: T. 34-35 unisono, T. 37-38 diverse Umkehrungen, etc. etc.

Töne auf der tiefst möglichen Saite gestrichen, dynamisch mit *fp* < *ff* hervorgehoben und zudem tremolierend verlängert, bis sie sich mitttels Glissando zu einem Zielakkord zusammenziehen, den Klarinetten und Fagotte aufgreifen.

Drei Orchesterstücke III: Die kumulierenden Klangfarbenakkorde

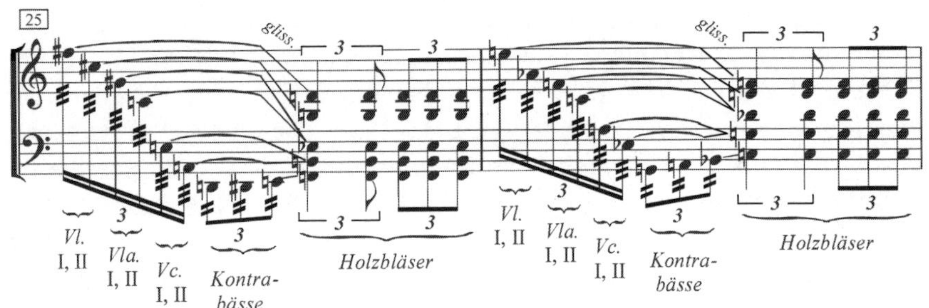

Wenig später führt die Solobratsche, kontrapunktisch zu einem Zitat von Kontur [c] aus der zweiten Klangfarbenmelodie, eine "sehr ausdrucksvoll" markierte, durch weite Intervalle charakterisierte Kantilene ein, die im "Viel langsamer" markierten Einschub – dem letzten Segment vor der Rückkehr der Marschformeln – mit zwei *pp*-Einsätzen von Solostreichern in den Vordergrund tritt und für Momente der Nachdenklichkeit sorgt.[28]

Drei Orchesterstücke III: Die Solokantilene

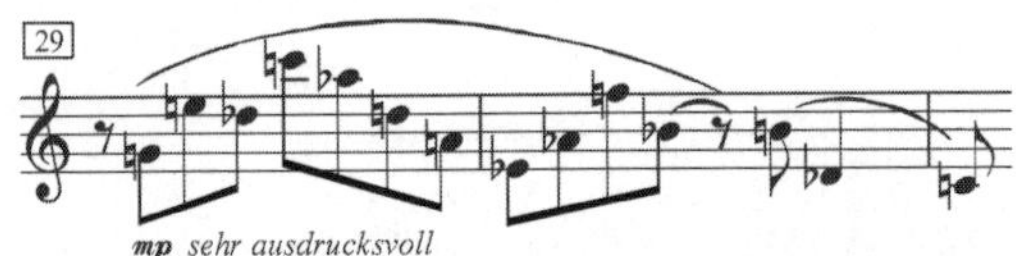

In der Folge vereinfacht sich die Textur dank wiederkennbarer Komponenten und tonaler Linien. Zunächst (T. 44) erklingt erneut das Aufschwungmotiv, jetzt in seiner diminuierten Form, flüsternd in den Bratschen mit einer Spiegelung in den Geigen. Unmittelbar darauf rufen die Posaunen mit Harfenverdopplung und Teilsequenzen in den Fagotten die Komponente [b] aus der ersten Klangfarbenmelodie in Erinnerung, und in T. 49-50 vereinen sich die hohen Streicher zu einer vielstimmigen Variante

[28]Vgl. Solobratsche: T. 40-42 und Solo-Kontrabass: T. 43-44.

der synkopischen Marschformel 2. Den letzten Anlauf zu Bergs Tempo III unterstreicht ein kurzer chromatischer Aufstieg der Bassinstrumente.[29] Kaum ist das "flotte Marschtempo" erreicht, melden sich nacheinander auch die übrigen Rahmengesten mit verschiedenen Varianten, deren Fortspinnungen sich in T. 60-61 unter Beteiligung aller Holz- und Blechbläser unterstrichen von Trommeln, Becken, beiden Tamtams, Xylophon und Harfen zum homophonen *ff* der Marschformel 3 vereinigen.

Der zentrale Abschnitt erschließt sich bereits dem ersten Hörerlebnis mit einer Kette vergleichsweise übersichtlicher Passagen. Dies sind zu Beginn das ungewöhnlich instrumentierte *grazioso*-Motiv, wenig später die sich verdichtende Engführung eines neuen Marschmotivs im *ff*, dann die periodisch gebaute Marschphrase des *Allegro energico* und zuletzt der von Berg als "Höhepunkt" markierte Abschnittschluss mit seinen Hammerschlägen.

Drei der Passagen greifen auf Parameter aus dem ersten Abschnitt des Stückes zurück. So verbindet das *grazioso*-Motiv in plötzlicher Zartheit die Variante der Aufschwunggeste, die unmittelbar zuvor der Marschformel gegenübergestellt war, mit dem Septaufsprung und getrillerten Abstieg der zweiten Marschformel, kontrapunktiert mit einem Teilzitat der ersten Marschformel in den Celli. Die Antwort mit der Umkehrung beider Komponenten bekräftigt den Eindruck einer ganz neuen Stimmung:

Drei Orchesterstücke III: Die *grazioso*-Thematik

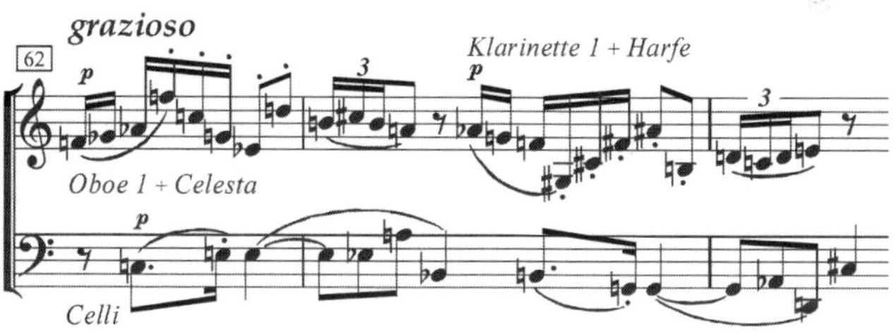

Nach einem kurzem Ritardando führen die Hörner unter Verstärkung der Pauken verstärkten ein dreitöniges Motiv ein, das in seiner Gestik an einen Jagdruf erinnert, aber hier mit charakteristischem Tritonuswechsel erklingt. Es wird von sieben verschiedenen Instrumentengruppen teils einstimmig, teils akkordisch imitiert, wobei die Imitationen zunehmend kürzer und drängender werden.

[29]Vgl. T. 46-49, Harfen: *e*; T. 50-56, Bässe, teils mit Tuba: *e-es-d-cis-c-h-b*.

Drei Orchesterstücke III: Der Hörnerruf mit seinen Imitationen

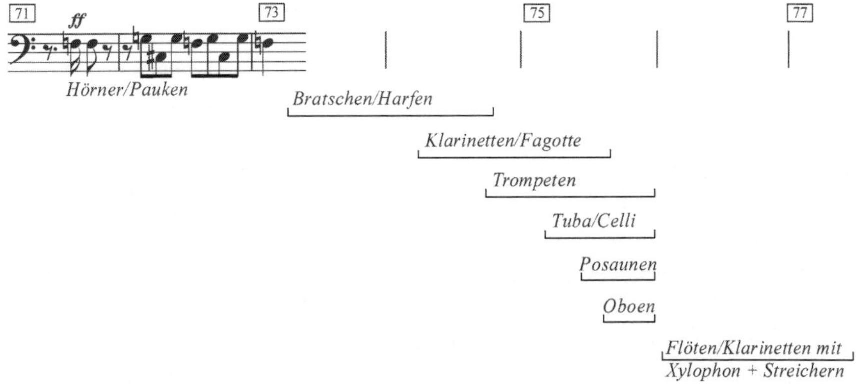

Danach setzen Pauken- und Beckenwirbel ein, die bald von Einwürfen der Trommeln, des Tamtams und der Triangel ergänzt werden und mit einem gemeinsamen Wirbel ins *Allegro energico* münden. Dieses beginnt mit zwei analog gebauten Viertaktern. Damit präsentiert Berg erstmals in diesem Marsch ein metrisch gefasstes und periodisch strukturiertes Thema, bevor er dessen Material frei weiterentwickelt. Die Oberstimme ist als Klangfarbenmelodie entworfen, die Basskontur endet mit einer Imitation des Diskantbeginns.

Drei Orchesterstücke III: Der Vordersatz des *Allegro energico*-Themas

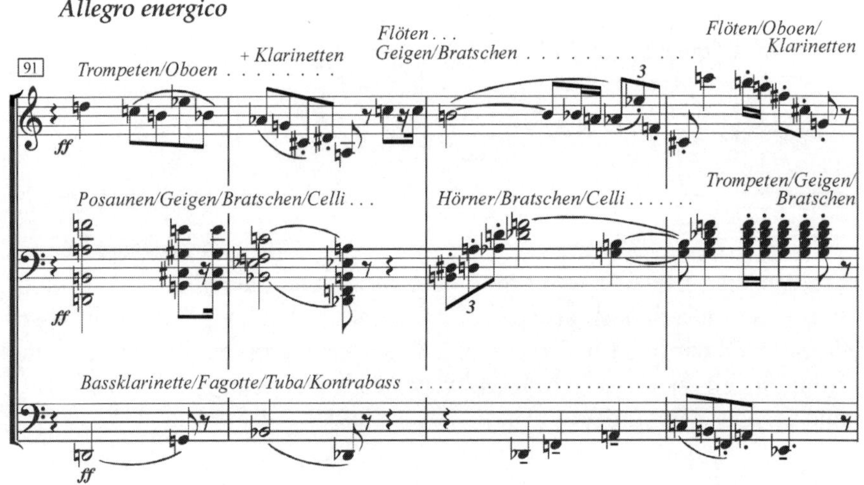

Die zentrale Passage, die sich im stabilen Tempo über weitere 21 Takte fortsetzt, sticht aus dem unruhigen Tempowogen des Stückes deutlich ab. Sie präsentiert durchwegs eingängige Rhythmen und Hintergrundkonturen. Genretypische Muster, zunehmend untermalt von Schlaginstrumenten, sind die Punktierungsgruppe ♩.♪, die an den Taktenden bald fast allgegenwärtig wird, und der Zweitakter ||: ♪♬ ♫ ♩ ♩ | ♪♬ ♫ ♩ 𝄾 ♬ :||, der ab T. 102 in verschiedenen Streichern und Bläsern mit Unterstreichung der kleinen Trommel erklingt. Den tonalen Hintergrund liefern chromatische Basslinien in T. 99-107[30] und der Orgelpunktton *f* in T. 111-125. Zwischen beiden erklingt, zur schnittigen Begleitung von *martellato*-Streichern und Rührtrommel, eine viertaktige Themenverarbeitung.[31]

Erst im kulminierenden Crescendo, für das sich eine zunehmende Anzahl an Blechbläsern den Marschrhythmen zugesellt, gibt das Tempo plötzlich nach. Der Höhepunkt, zu dem Berg erstmals das gesamte Tutti vereint, wirkt wie drastisch gestaucht: Ihm voraus geht ein Unisono von Flöten, Trompeten und Geigen mit dem oktavgespreizten Motiv [a] im *molto ritardando*, das mit einem dramatischen dynamischen und tonalen Absturz endet. Die drei synkopisch als 𝄾♪ 𝄾♪ 𝄾♪ 𝄽 platzierten Hammerschläge selbst werden von den tiefen Bläsern und Streichern sowie der großen Trommel verdoppelt und auslaufend verlängert, während die Musik im Verlauf dreier gestaffelter Einsätze des Motivs [b] aus der ersten Klangfarbenmelodie allmählich zum Anfangstempo des Satzes zurückkehrt.

Nach drei Teilsequenzen von Motiv [b] greifen die Pauken über einer ersten Realisierung des *d* in den vereinten Streichern, das als mehrfach unterbrochener Orgelpunkt die nächsten zehn Takte durchzieht, das Marschmotto aus T. 71-77 auf. Nach einem viertaktigen Einschub mit Arpeggien und Tremoli wiederholt sich die Kombination, diesmal mit dem Orgelpunkt-*d* in Pauke, Posaunen und Tuba sowie allen Holzbläsern und Streichern zum variierten Marschmotto in Trompeten und Xylophon. Auf einen weiteren, hier nur eintaktigen Einschub mit Arpeggien und Tremoli folgt der zweite Hammerschlag des Satzes, mit dem Berg eine im *fff* verstärkte Wiederaufnahme des Orgelpunkt-*d* in der Pauke initiiert.

[30]Vgl. T. 99-101, Trompete/Posaune: *f-e-es-d-cis*; T. 102-104, Tuba: *fis-f-e-es-d*, weiter in den Bässen: *d-des-c-h-b-a*; T. 105-107, Bassklarinette/Fagotte/Bässe (teils mit Tuba): *e-f-fis-g-as-a-b-h-c-cis-d-es*.

[31]Vgl. T. 107-108, Bassklarinette/Fagotte/Tuba/Bässe: aus T. 93-94 Basslinie; T. 107-110 kontrapunktierend, Posaunen/Tuba: augmentiert aus T. 91-92 Oboen/Trompeten/Geigen; T. 110, zwei hohe Posaunen: aus T. 93 Geigen.

Nach deren abruptem Verklingen überrascht Berg mit einer erneuten Aufnahme des zarten *grazioso*-Motivs, das hier einschließlich seiner Umkehrantwort im Cello ertönt. Accelerierend und crescendierend erreicht das Orchester wieder Tempo III. Nun beginnt mit Begleitung der Rührtrommel eine tonal ungewöhnliche Gegenüberstellung von langsam fallender Chromatik unter doppelt schnell fallenden Ganztonskalen.[32] Zum Zielton der Chromatik umspielen die Posaunen den Tritonusfall aus dem Marschmotto – hier mit den Tönen *b—e*, mit denen der Marsch enden wird. Ab T. 155 entsteht durch das Zusammenspiel von Trommel, Harfen und Cello eine Kombination der ursprünglichen Marschformeln, wobei das wiederbelebte Orgelpunkt-*d* der Streicher mit der Tonwiederholung der Harfen auf *ces* um die Rolle als Ankerton konkurriert.

Es folgt ein Zitat, das diesen Schluss des dritten Orchesterstückes mit dem Beginn des ersten verknüpft: Hörner und Trompeten zitieren ton- und rhythmusgetreu die aus zwei Grundzellen kombinierte melodische Gestalt, die Klarinetten und Hörner in T. 11-13 des Präludiums eingeführt haben (vgl. das Notenbeispiel oben auf S. 26). Überlappend mit dessen Ende beginnen die tremolierenden Holzbläser und die zupfenden Streicher einen langsamen, betont ausdruckslosen chromatischen Auf- und Abstieg in einer parallelen sechstönigen Quartenschichtung, vor deren Hintergrund drei solistische Blechbläser eine neuerliche Engführung des Motivs [b] aus der ersten Klangfarbenmelodie des Marsches spielen.

Die chromatische Kurve mündet für die in T. 164 noch verbleibenden Instrumente in ein neuerliches Orgelpunkt-*d*, das in T. 166-167 vom Harfenflageolett und in T. 168-170 von der Celesta bis zum Verklingen weitergeführt wird. Vor dem Hintergrund dieser flüsternden Tonwiederholung erheben sich in der momentan sehr sanften Stimmung noch einmal diverse Erinnerungen: zuerst an die von einer Bratsche eingeführte Solokantilene, dann an die lyrische Komponente aus T. 39, die Berg verteilt auf Sologeige und Englischhorn notengetreu bis auf den fehlenden Abschlusston aufgreift,, und zuletzt an die lange vernachlässigte zweite Marschformel mit ihrem synkopischen Septaufsprung vor einem trillernden Abstieg.[33]

[32]Vgl. T. 149-152, Klarinetten/Fagotte/Posaune/Tuba: *f-e-es-d-des-c-h-b-a-as* unter Celli/Bässe: *f-es-des-h-as-g-f*, *e-d-c-b-as-ges-fes*, *dis-cis-h-a-g-f*.

[33]Für die Solokantilene vgl. T. 29, Solobratsche mit T. 165: 1. Klarinette, Es-Klarinette, Piccolo, dann als Ganzes T. 166-167: gedämpfte Posaune ("*pp* sehr ausdrucksvoll"). Für die lyrische Komponente vgl. T. 39, Es-Klarinette: *fis-gis-gis-d-a—e-f-e-b* mit T. 168-169, Sologeige, Englischhorn. Für Marschformel 2 vgl. T. 2, Klarinette: *es–d-*‖:*b-es*:‖*-c* mit T. 169: Solobass, T. 170 Triller in den Pauken, Abschlusston im Solocello.

Am Ende steigen die höheren Bläser und das Xylophon sechsteilig gestaffelt in Ganztonskalen zum hohen *b*, das auf dem letzten 64tel des Schlusstaktes von allen tiefen Instrumenten im *fff* vom Kontra- bzw. Subkontra-*e*, verstärkt durch die große Trommel, die Pauken und einen letzten Hammerschlag, zum oktavgespreizten Tritonus ergänzt wird.

Das monumentale, jedes normale Aufnahmevermögen sprengende dritte *Orchesterstück* ist exakt so umfangreich wie Präludium und Reigen zusammen. Auch die Spielzeit beansprucht die Hälfte der Gesamtdauer, und die Anzahl der in ihm wirksamen thematischen Komponenten übersteigt den Reigen noch einmal um ein Vielfaches. Indem der letzte Abschnitt Elemente einer Reprise mit Spiegelungen des Satz- sowie des Werkanfangs verbindet, stellt der Marsch nicht nur für die Orientierung der Hörer bei einer Aufführung, sondern auch für Leser der Partitur eine einschüchternde Herausforderung dar. Berg bemerkte dazu:

> Wenn ich auch aufs äußerste bestrebt bin, einmal "die Thränen" zu vermeiden, so wird's vielleicht doch kein Marsch eines aufrechten Menschen, der fröhlich marschiert, sondern im besten Fall, und dann wäre es wenigstens ein Charakterstück, ein "Marsch eines Asthmatikers", der ich bin und, mir scheint, ewig bleibe.[34]

Eine musikalische Schöpfungsgeschichte

Angesichts der biografischen Bedingungen, unter denen Bergs *Drei Orchesterstücke* op. 6 entstanden, und der ungewöhnlichen teleologischen Planung des Ganzen auf einem Zielpunkt hin, ist der bei Hörern erzeugte Eindruck umso erstaunlicher: Berg zeichnet in dieser sinfonischen "Suite" ein Bild der Entstehung von Musik.

Erste Ereignisse unbestimmter Natur durchbrechen zunächst zögernd das vorausgehende Nichts und entwickeln ein Wechselspiel von Klang und Stille, bei dem sich erst allmählich die Frage der Vorherrschaft herauskristallisiert. Schon im zweiten Schritt dieses Entstehungsprozesses tritt die Idee der innermusikalischen Paarung hinzu, die umgehend eine Genealogie in Gang setzt. Die auf einander bezogenen Gegensätze reichen von hell vs. dunkel und hoch vs. tief über Metallkörper vs. Fellbespannung zunächst bis zu Luftsäulenschwingung vs. Saitenschwingung. Bald formen sich zwei Intervalle, Quart und kleine Septim – auf den ersten Blick verschieden, doch auf den zweiten Blick verwandt, sobald sich die Septim durch ihre Einbindung in einen umfassenderen Kontext als Doppelquart zu erkennen gibt.

[34]Brief vom 10. April 1914 in *Briefwechsel*, S. 482.

Zuletzt in diesem generativen Prozess entsteht eine rudimentäre Melodiezelle, die über neuen Akkorden veränderte Konturen hervorbringt.

Im umfangreichen Durchführungsabschnitt des Kopfsatzes erleben all diese Parameter zahlreiche Wiederaufnahmen, wobei sie immer öfter auch Mutationen hervorbringen. Einige erscheinen zunächst ganz neu, doch sind auch sie bei genauer Betrachtung ihrer Merkmalen als Ergebnisse einer evolutionären Entwicklung zu erkennen. Bergs Bezeichnung des Kopfsatzes als "Präludium" erhält in diesem Licht eine neue Bedeutung: In ihr spekuliert der Komponist über das 'Vor-Spiel' späterer Musikformen: die ersten Entwicklungsschritte des musikalischen Schöpfungsprozesses.

Der Reigen setzt ein mit einer Konstellation, in der schon zu Beginn zahlreiche differenzierte Komponenten nebeneinander existieren. Manche der zuvor nur angedeuteten Konturen zeigen nun eine Vielfalt dezidierter Charakteristika, während andere noch weitere Entfaltungsmöglichkeiten erproben. Verwoben mit überraschenden Neubildungen scheinen diese musikalischen Geschöpfe sich ihrer Lebendigkeit bewusst zu werden und wiegen sich bald in einer Folge langsamer Walzer, in deren Verlauf sie in vielfältige Beziehung zueinander treten oder einander in scheinbarem polymetrischen Chaos bekämpfen. Dabei ist trotz aller inzwischen erfolgten Entfaltung und Modifizierung die dreitönige Grundzelle weiterhin präsent. Indem Berg in seiner metrischen Gestaltung des Schlusses und besonders in seiner eigenwilligen Taktzählung die bogenförmige Struktur andeutet, diese jedoch sogleich in Dynamik und Tempo unterläuft, vermittelt die Musik nachdrücklich, dass evolutionäre Entwicklung ein unumkehrbarer und daher letztlich auch nicht spiegelbarer Prozess ist.

Der Marsch des Finalsatzes vermittelt ein Bild des Zustandes, der aus ungebremster Multiplikation und kumulativer Mutation zu entstehen droht. Perle glaubt, dass zu diesem Ergebnis u.a. auch die politischen Umstände beigetragen haben mögen, unter denen der Satz entstand. Er schreibt dazu:

> Der Marsch wurde in den Wochen unmittelbar nach dem Attentat von Sarajewo vollendet und ist in seinem Gefühl von Untergang und Katastrophe ein idealer, wenn auch unbeabsichtigter musikalischer Ausdruck der unheilvollen Implikationen dieses Ereignisses. Fragmentarische rhythmische und melodische Figuren, die für einen orthodoxen Militärmarsch typisch sind, verschmelzen immer wieder zu polyphonen Episoden von unglaublicher Dichte, die sich zu rasenden Höhepunkten steigern und dann zerfallen.[35]

[35] George Perle in *The Operas of Alban Berg: Wozzeck* (Berkeley: University of California Press, 1980), S. 18.

Das kunstvoll eigensinnige Crescendo der Intensität, der Länge, der Komplexität und aller Mittel trägt allerdings nicht dazu bei, den Zugang zu diesem Werk zu erleichtern. Um eine Bemerkung des österreichischen Kaisers gegenüber Mozart zu paraphrasieren: Es gibt schlicht zu viele Töne. Insbesondere gibt es zu viele synchron ablaufende Prozesse, als dass Hörer, aber auch interessierte Leser der Partitur nicht den Überblick verlieren könnten.

Berg selbst muss gespürt haben, dass er in dem Bemühen, Schönberg etwas zu beweisen, über das Ziel hinausgeschossen ist. Obwohl er lange auf die Gelegenheit warten musste, die Ergebnisse seines Strebens nach größeren Formen in einer Aufführung zu hören und eventuell selbst über die zu große Dichte zu erschrecken, schrieb er doch schon im zuletzt komponierten Reigen transparenter als in den beiden ein Jahr früher entstandenen Randsätzen des Werkes. Erst recht gilt dies für die gleichfalls 1915 begonnene, spürbar aufführungspragmatisch orientierte Musik zu seiner Oper *Wozzeck*.

Drei Bruchstücke für Gesang und Orchester aus der Oper *Wozzeck*

Eine Aufführung von Georg Büchners Schauspiel *Woyzeck* am 5. Mai 1914 in Wien beeindruckte Berg so sehr, dass er "vor Erschütterung fast sprachlos" war und sofort beschloss, den Text als Oper zu vertonen.[1] Die Arbeit wurde jedoch durch seine Pflichten während des Weltkrieges immer wieder unterbrochen, und so konnte er sich der gewählten Aufgabe erst ab 1918 konzentriert widmen. Doch bereits im Oktober 1921 vollendete er das Particell und im April 1922 die Instrumentierung; im Juli des Jahres ging auch der von seinem Schüler Fritz Heinrich Klein erstellte Klavierauszug in Druck.[2] Diesen versandte Berg in der ersten Jahreshälfte 1923 an die wichtigsten deutschsprachigen Opernbühnen, zunächst allerdings ohne den erhofften Erfolg einer Aufführungszusage.

Am 2. August 1923 wurde Bergs *Streichquartett* op. 3 in Salzburg beim ersten Kammermusikfest der Internationalen Gesellschaft für Neue Musik aufgeführt. Das Havemann-Quartett errang mit seiner Darbietung für sich und vor allem für den Komponisten einen rauschenden Erfolg bei Publikum und Presse. Dieser veränderte die Aussichten auch für Bergs Opernprojekt. Der Dirigent Hermann Scherchen regte an, eine konzertante Suite als Vorschau zur Oper *Wozzeck* zu erstellen und beim Allgemeinen Deutschen Musikverein einzureichen. Der Erstdruck dieses Triptychons erschien 1924 bei Universal Edition Wien.

Anders als zwanzig Jahre später in seinen *Symphonischen Stücken aus der Oper "Lulu"* verlässt Berg sich in *Drei Bruchstücke aus der Oper "Wozzeck"* noch nicht weitgehend auf die Aussagekraft rein instrumentaler Musik. Vielmehr stellt er dem Orchester in allen drei Sätzen eine Sopranstimme gegenüber. Diese agiert in Satz I und II als Wozzecks Geliebte Marie und übernimmt in Satz III den Singsang der nach dem tragischen Tod der Hauptfiguren unschuldig weiter spielenden Kinder. Deren Unberührtheit spiegelt dabei indirekt die Gleichgültigkeit der Gesellschaft, die Maries (und Wozzecks) Leben überschattet hat.

[1] Übersetzt nach Douglas Jarman, *Alban Berg: Wozzeck* (Cambridge: Cambridge University Press, 1989), S. 1.

[2] Willi Reich, *Alban Berg: Leben und Werk*, S. 52.

Am 15. Juni 1924 brachte Scherchen die *Drei Bruchstücke* beim Tonkünstlerfest Frankfurt zur Uraufführung. Das Werk wurde als Sensation des Festes gefeiert, "und sein Komponist war von da an als hochbedeutende künstlerische Erscheinung von den deutschen Musikern allgemein anerkannt."[3] In Österreich erhielt Berg den Kunstpreis der Stadt Wien, und am 14. Dezember 1925 schließlich leitete Erich Kleiber die Uraufführung des *Wozzeck* an der Berliner Staatsoper.

Bezeichnenderweise verleiht Berg dem konzertanten Auszug einen inhaltlich von der Oper verschiedenen Schwerpunkt. Während die Bühnenhandlung um das Schicksal eines kleinen Soldaten kreist, der durch die Sinnlosigkeit des militärischen Dienstes und die Schikanen verschiedener Vorgesetzter an den Rand des Wahnsinns getrieben wird, in einem Anflug von Eifersucht seine Geliebte Marie ermordet und anschließend selbst ertrinkt, sind die *Bruchstücke* fokussiert auf Marie mit ihrer Scham als unverheiratete Mutter und ihrer innigen Liebe zu dem gemeinsamen Kind. Auf Wozzeck selbst spielt die Musik dabei nur sehr indirekt an.

- Der erste Satz führt Maries Lebensumfeld in der Garnison ein, ihre Schwärmerei für die schneidigen Soldaten, ihre Bedrückung angesichts der ihr als unverheiratete Mutter entgegengebrachten Verachtung und ihre Beteuerung, wie viel Freude ihr dieses Kind trotz allem bereitet.
- Der zweite Satz zeigt Marie mit ihrem Kind bei der Suche nach Trost im christlichen Glauben. Beim Lesen der auf Maria Magdalena bezogenen neutestamentlichen Verse schwankt sie zwischen der Furcht vor göttlicher Verdammnis und der Hoffnung, dass auch ihr die außereheliche Hingabe an einen Mann vergeben werde. Ihre zunehmende Verzweiflung gipfelt in einem an den Heiland gerichteten flehentlichen Bittgebet.
- Der dritte Satz verbindet drei einander ergänzende Bilder von Ohnmacht und Gleichgültigkeit. Das erste Satzdrittel steht ganz im Zeichen einer ausgedehnten Untergangsmusik, in der Berg beklemmende Stasis mit Prozessen der Unausweichlichkeit verbindet. Diese Musik ertönt in der Oper zu Wozzecks Ertrinken, doch da dieses in der konzertanten Version nicht thematisiert wird, scheint sie auf den Untergang beider zu verweisen. Auf ein Kaleidoskop emotionaler Erinnerungen im mittleren Abschnitt folgt im dritten eine musikalische Darstellung der von der Tragik der Hauptfiguren unberührten, gleichgültigen Gesellschaft.

[3] Reich, *op. cit.*, S. 54.

I – (Aus dem I. Akt, 2. - 3. Scene)

Für das erste der "Bruchstücke" entnimmt Berg seiner Opernpartitur 116 Takte.[4] Bezüglich Tempo und Stimmung bildet dieser Ausschnitt eine dreiteilige Form mit Coda, wenn auch ohne die thematischen Analogien einer Bogenform. Vorerst ohne Berücksichtigung aller Modifikationen zeigt sich die folgende Gesamtstruktur:

A	24 Takte	*Langsam* (♩ = 54-60)
A/B	4 Takte	A-Ausklang ≅ 8 Takte B-Einleitung
B	28 Takte	*Marschtempo* (♩ = ca. 108)
C	40 Takte	*Langsam*
Coda	14 Takte	*Ganz langsam*

Hinzu kommen kleine und größere Abweichungen, von denen einige bereits in der Opernpartitur vorgegeben sind, während andere erst in der Bearbeitung für die konzertante Aufführung hinzugefügt wurden. Zur ersten Kategorie zählen zwei Zusatztakte, die außerhalb von Bergs sonst meist achttaktiger Phrasengliederung liegen. An den Mittelabschnitt im Marschtempo schließt sich ein fünf Viertelschläge umfassender thematischer Neuanfang, der abrupt abbricht,[5] und in Abschnitt C trennt ein auf die Hälfte verkürzter Zusatztakt die achttaktige Einleitung vom 32-taktigen Hauptsegment. Ein dritter und letzter Zusatztakt, den Berg für das Triptychon hinzufügte, beschließt die Coda nach einer Gesamtorchesterzäsur.

Von den zwei größeren Modifikationen des obigen Schemas stammt ebenfalls eine aus der Opernpartitur, die andere ist neu. Den Übergang zwischen den Abschnitten A und B bildet, wie im obigen Schema angedeutet, ein Segment, in dem Schlagzeug und Bläser im verdoppelten Tempo die Marschmusik einleiten, während der im letzten Drittel von Abschnitt A etablierte Liegeakkord in vier weiterhin langsamen Takten verklingt. Entscheidender für die Gesamtstruktur sind die Wiederholungszeichen, die Berg um die 28 Takte setzt, in deren Zentrum die Sopranstimme ihre ersten Worte singt. Abschnitt B des "Bruchstückes" präsentiert sich somit für Hörer als ein wiederholt dreiteiliger Ablauf, dessen Spieldauer genau der vorausgegangenen Kombination von [A + A/B] entspricht, erweitert nur um den oben erwähnten Zusatztakt, in dem die Musik zu einer dritten Wiederholung anzusetzen scheint.[6]

[4] Opernpartitur T. 302-417: Akt I Schluss / Verwandlung Szene 2 / Anfang Szene 3.

[5] *Bruchstücke* I und *Wozzeck* I, T. 362-363_1.

[6] Aus *Wozzeck* I, T. 334-363_1 wird T. 334a-361a, 334b-361b, 362-363_1 = 334-335_1c.

Dieser ersten Entsprechung der Aufführungsdauern stellt Berg in der zweiten Hälfte des Satzes eine zweite zur Seite. Abschnitt C beginnt, im langsamen Tempo von Abschnitt A, mit einer achttaktigen Einleitung, die sich zudem gegen Ende "allmählich beruhigen" soll. Nach dem Zusatztakt folgt ein aus zwei Phrasenpaaren gebildetes Wiegenlied, das dank der leicht verlangsamten Wechselstrophen gleichfalls etwas gedehnt ist. Zusammen mit der Coda entsteht so in den 40 + 15 = 55 Takten der zweiten Satzhälfte ein Pendant zu den 56 Takten der Abschnitte [A + A/B] + B.

Während die Thematik in jedem Abschnitt verschieden ist, sorgt die Tonalität für den Zusammenhalt. Abschnitt A beginnt mit drei Streicherakorden unter einer achttönig angereicherten, in schwerem Portamento fallenden Ganztonskala.[7] Die Akkordfolge über der Bassfolge *f-es-c* und die Skala werden oktaviert wiederholt und dann fortgesponnen. Auf eine gedehnte Hornfanfare in C-Dur folgt ein Trompetenruf, der ebenfalls von *c* seinen Ausgang nimmt, dieses zur Terz eines As-Dur-Dreiklanges umdeutet und melodisch ergänzt auf *b* endet. Von diesem *b* führt ein Einsatz der Klarinette "die Trompete nachahmend" in intervallisch fallenden Dreifachzungenstößen nach *a*. Aus der Ferne tönt ein Horn mit dem ganztönig verfremdeten Beginn des Liedes von der "lustigen Jägerei", kann sich aber gegen die Sologeige mit ihrer ausdrucksvoll variierten Imitation von Trompeten- und Klarinettenfigur nicht durchsetzen. Im Hintergrund dieser solistischen Einwürfe formieren sich die übrigen Streicher allmählich zu einem leisen Akkord, dessen Einzeltöne nacheinander aussetzen und dann, tiefoktaviert erneuert, bis zum Ende des A/B-Überganges durchklingen.

Tonal wird Abschnitt A bestimmt durch den Bassgang von *f* nach *c*, den akkordisch bestätigten 'Grundton' *a* mit seiner Dominante *e*, und den melodischen Zentralton *b*. Der 'Grundton' ist ohne Konkurrenz: Er wird als Ziel der fallenden Klarinettenfigur erstmals prominent erreicht, sofort von den Celli übernommen und unterliegt dann dem Liegeakkord bis zum Ende von Segment A/B. Sein Dominantton *e* bildet das Zentrum des vertikalsymmetrischen Streicherakkordes aus *f/a/e/h/dis*, mit dem der Satz beginnt, und krönt im zwölften Takt den ersten Aufstieg der Bässe. Der melodische Zentralton *b*, Zielton des Trompetenrufes und der 1. Geigen, wird zum Anstoß der Klarinettenfigur, bevor die 1. Solovioline ihn zu einer Kantilene entwickelt. Das umspielte hohe *b* tönt als Oberstimme des oben erwähnten Liegeklanges weiter und verklingt, nach einem Abstieg über zwei Oktaven, erst am Ende von Segment A/B.

[7] Akkord 1: *f/a/e/h/dis*; Akkord 2: *es/ges/c/f/h*; Akkord 3: *c/e/des/es/as*. Fallende Ganztonskala *dis-cis-h-a-g-f*, chromatisch angereichert zu *dis-cis-h-a-**as**-g-f-**e***.

Während des allmählichen Ausklanges der Streicher formiert sich das Klangspektrum der Marschmusik, angeführt von den Bläsern typischer Militärkapellen mit Klarinetten und Posaunen. Große und kleine Trommel sowie ein gestrichenes Becken setzen mit einem charakteristischen zweitaktigen Rhythmus ein, aus *pp* aufsteigend und dann allmählich crescendierend. Bald treten Fagotte und Hörner hinzu, bevor ein homophoner Zweitakter aus Flöten, Klarinetten, Posaune und Triangel die Steigerung vollendet, die dann abrupt abgedämpft wird.

Abschnitt B ist als rudimentäres Rondo entworfen. Der Refrain ist charakterisiert durch die Gegenüberstellung einer graziösen Piccolofigur mit einer durch zwei Synkopen und viele Akzente sehr robust wirkenden Terzenparallele in Oboen und Trompeten über Schlagzeugrhythmen und den marschüblichen Bassvierteln. Tonal stehen die in *cis* ankernden Bassquarten querständig zum G-Dur-Nonakkord, der sowohl der Thematik der melodietragenden Instrumente als auch den begleitenden Terzen der Hörner und Posaunen zugrunde liegt und eine Tonika auf *c* impliziert.

Drei Bruchstücke I: Der Refrain des Marsch-Rondos

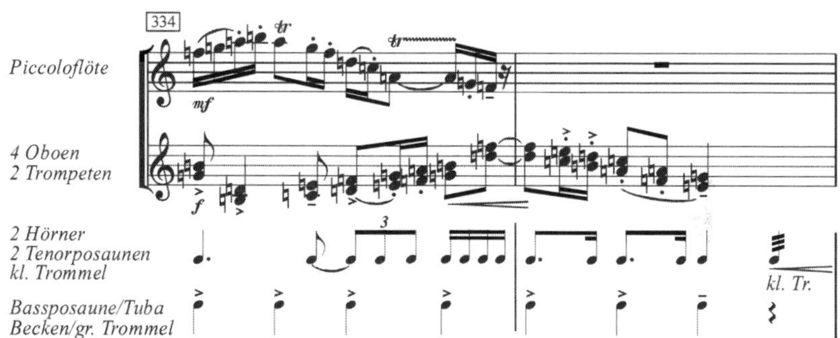

Auch in den zwei Legatophrasen des ersten Couplets führen die Trompeten, verdoppelt abwechselnd von Hörnern und Piccolo. Das zweitaktige Begleitmuster erklingt homorhythmisch in den übrigen Holzbläsern und der kleinen Trommel, die Bassquarten wieder in Posaunen und Tuba.

Drei Bruchstücke I: Die Melodik im ersten Couplet

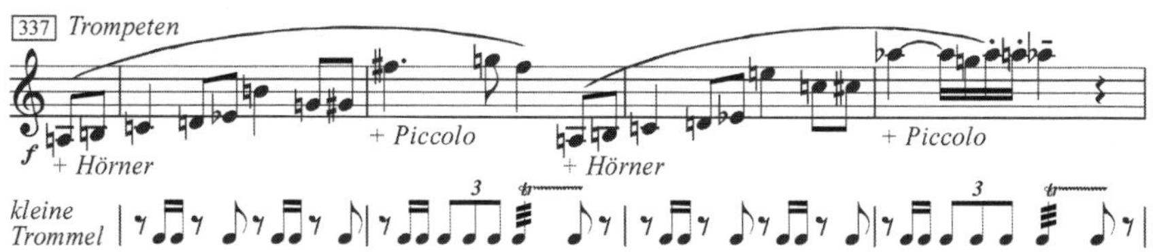

Im zweiten Refrain ist die Hauptthematik – nun *ff* in den höheren Holzbläsern unter der graziösen Piccolokontur – durch Sequenzen und Verkürzungen variiert. Die Trompeten, ebenfalls im *ff*, setzten zunächst quasi-kontrapunktisch zu einer weiteren Phrase ihrer Couplet-Thematik an, unterstreichen dann jedoch das abschließende Crescendo zum *fff*.

Wesentlich deutlicher als das erste Couplet kontrastiert das zweite mit den Refrains. Unter Bergs Überschrift "Quasi Trio" setzt im *p subito* die Sopranstimme ein. Maries Schwärmen für die schmucken Soldaten wird anfangs in den Trompeten, dann in zwei Flöten *colla parte* verdoppelt und in drei enggeführten instrumentalen Imitationen quasi verallgemeinert. Die gestimmten Begleitinstrumente sind auf Viertelschläge beschränkt. Das Militär selbst ist nur im viertaktigen rhythmischen Muster der kleinen Trommel präsent, das zu den instrumentalen Imitationen von der großen Trommel imitiert wird.

Drei Bruchstücke I: Bewunderung für die Soldateska

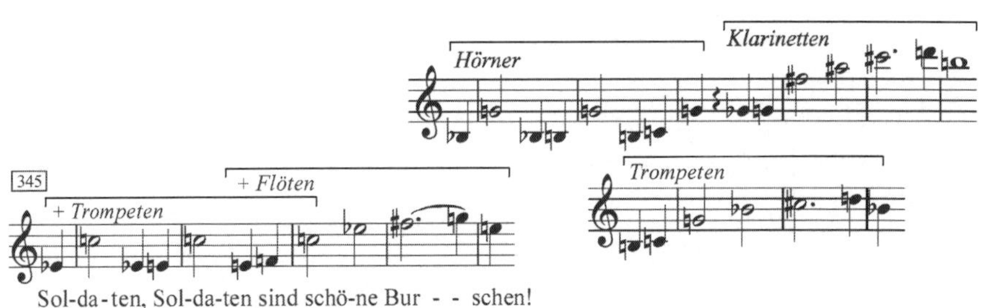

Zu den letzten Tönen der vom Orchester bekräftigten Schwärmerei setzt das zweifach synkopierte Hauptmotiv des Refrains wieder ein, dessen erste Hälfte durch Augmentation und die Besetzung mit Bassposaune und Tuba hier ins Pompöse gesteigert ist. Zwei aufsteigende Sequenzen der ersten Motivhälfte in erst vier, dann sechs Instrumenten und ein mächtiges Crescendo führen in der ebenfalls augmentierten zweiten Motivhälfte zurück ins *fortissimo*, in dem die Wiederholung von Abschnitt B bzw. der einen weiteren Durchlauf anstoßende Zusatztakt folgen.

Tonal dominiert in diesem Abschnitt die dominantische Beziehung zwischen dem G-Dur-Nonakkord der Refrains und einer implizierten Tonika *c*, die im instrumentalen Unisono vor dem "Quasi Trio" erreicht und in der Gesangsphrase bestätigt wird. Dieser Haupttonart stehen die querständig um *cis-gis* kreisenden Marschbässe vertikal und die Modulationen beider im ersten Couplet horizontal gegenüber.

Abschnitt C, wieder langsam, umfasst fünf achttaktige Segmente, deren schlichte Folge Berg auf zweierlei Weise belebt: Dem ersten, einleitenden Segment fügt er den oben schon erwähnten halben Zusatztakt hinzu, den einzig ein *b* der Solovioline durchklingt. Wie zum Ausgleich für diese Erweiterung fällt der Schlusston des fünften Segmentes mit dem Beginn der Coda zusammen. Auch stehen sich in der Abfolge drei unterschiedliche metrische Schemata gegenüber: Auf die Einleitung im 4/4-Takt folgen zwei Strophenpaare im hemiolischen Wechsel zwischen 6/8- und 3/4-Takt.

In der Einleitung spricht Marie liebevoll zu ihrem "armen Hurenkind", das ihr "so viel Freud' bringt". Dieser Text ist in eine kammermusikalische Textur eingebettet, die nach zwei Anfangstakten von chromatisch fallenden Quartsextgängen und dem aus Abschnitt A erinnerten Zentralton *b* bestimmt ist.[8] Rund um dieses *b* entwickelt Berg die trotz ihrer taktweise querständigen Harmonik volksliedhafte Gesangskontur der ersten und der abweichend endenden dritten Strophe. Sowohl die zehntönige Linie als auch die im *pp* stützenden solistischen Bläser und Streicher kreisen mit chromatisch verschobenen Dreiklängen um den B-Dur-Dreiklang, wobei die Instrumente den Romanzenrhythmus des Gesanges zunächst teilen, bevor sie ihn vorübergehend durch betonte Hemiolenviertel unterlaufen.[9] In

Drei Bruchstücke I: Das Wiegenlied[10]

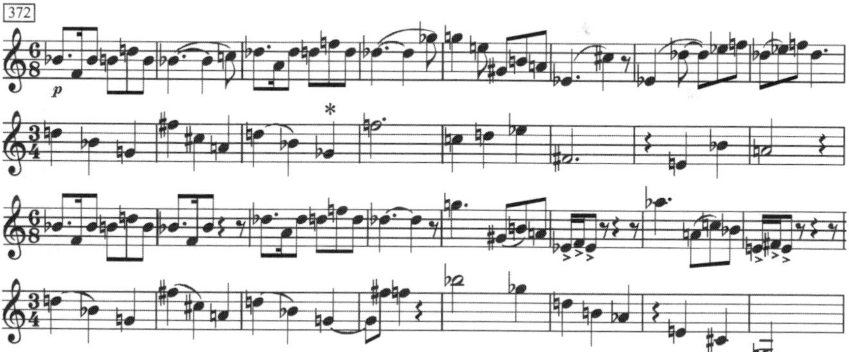

[8]Chromatisch fallende Quartsextgänge vgl. T. 365-367: Englischhorn/2. Horn/1. Posaune, T. 367-368: drei Solocelli, T. 368-370: Geigen und Bratschen. Melodischer Zentralton *b* vgl. T. 365-368 Solovioline, T. 368-369: Horntriller, T. 369-370: Flöte in accelerierender Tonwiederholung, T. 370-371: Solovioline (vor verstummtem Orchester).

[9]Vgl. T. 375-376: 1. Geigen zu Hörnern und Bratschen, T. 378: Gesang. Noch deutlicher T. 392-395: alle Holzbläser, 2. Geigen und Bratschen.

[10]Vorzeichenfehler bei *? Vgl. das *g* in Flöte/Hörnern/Posaune sowie im Gesang T. 398.

der von Berg "bedeutend langsamer" gewünschten Wechselstrophe gehen die Hemiolenviertel dann auch im Gesang in einen 3/4-Takt über. Hier schwebt die Singstimme über Arpeggien und Liegeakkorden.

Im Hintergrund des Wiegenliedes erklingen teils komplementär erzeugte Quartenschichtungen. In den Romanzenstrophen markiert Berg die Halbzeilenschlüsse mit unterschiedlichen Auszügen des Quintenzirkels rund um *cis*;[11] in den langsameren Wechselstrophen unterliegt den ersten Strophenhälften die im Quintenzirkel diametrale Quartenschichtung *e/a/d/g*, die sich jedoch infolge chromatischer Abweichungen einzelner Stimmen zuletzt auflöst. Umgekehrt führt der F-Dur-Septakkord am Schluss der Wiegenlied-Strophe dominantisch in den B-Dur-Septklang, dessen Umkehrung die Romanzenstrophen eröffnet.

In der Coda, wo die Harfe im Unisono erst mit einer Klarinette, dann mit einer Posaune und schließlich mit dem Kontrafagott den Romanzenduktus der Singstimme in drei absteigenden Sequenzen weiterspinnt, sind alle beteiligten Stimmen von Quartsprüngen als Emblemen der Volkstümlichkeit durchzogen. Dies ändert sich erst in den Schlusstakten, wo der aus der Tiefe aufsteigende Streicherklang über den gezupften Bassquarten *c-f* die vieroktavige Quint *a/e* bildet, die Berg nach einer Zäsur mit einer sechs Oktaven überspannenden *e/h/e*-Schichtung krönt.

Mit den zwei unter und über dem Ton *e* gebildeten Quinten schließt Berg den Kreis zum Beginn des Satzes: Im Zentrum des fünfstimmigen, vertikalsymmetrischen Ausgangsakkordes steht dieselbe Quintenschichtung *a/e/h*. Eine weitere, gleichfalls strukturell symmetrisch eingesetzte harmonische Klammer bildet der Akkord *a/d/g/h/dis/fis/b*, mit dem Abschnitt A ab T. 317 ausklingt und in den Beginn von Abschnitt B überleitet. Seine Quarttransposition *d/g/c/e/gis/h/es* liegt, aufgespalten in die zwei Streicherakkorde mit Gesangskrönung *d/g/c/as* und *dis/gis/h/e*, in T. 363 dem Beginn von Abschnitt C zugrunde, umschließt also den zentralen Kontrastabschnitt des Satzes.

Bedenkt man, dass es sich bei diesem *Bruchstück* um eine Kombination von 22% der zweiten mit 55% der dritten Szene der Opernmusik handelt, einen Auszug, der – nur wenig bearbeitet – dem Publikum einen Vorgeschmack auf das zu erwartende musikdramatische Werk geben sollte, so erscheint es höchst beeindruckend, welchen Grad an architektonischer Logik und Stringenz Berg erreicht.

[11]Vgl. T. 375, Fagott/Harfe/Solobratschen: *gis-cis-fis-h-e*; T. 379, Oboe/Fagott/Horn/Harfe/Solocelli: *c-f-b-es-as-cis-fis*; T. 391, Horn/Trompete/Posaune/Geigen/Celli: *gis-cis-fis-h-e*; T. 395, alle Holzbläser/Horn/Harfe/2. Geigen/Bratschen: *c-f-b-es-as-des*.

II – (Beginn des III. Aktes)

Sein zweites "Bruchstück" aus der Oper *Wozzeck* entnimmt Berg der ersten Szene des dritten Aktes, die er bis auf die zwei einleitenden Pausentakte vollständig in die konzertante Version überträgt. Es handelt sich um die Szene, in der Marie, von Gewissensbissen geplagt, in der biblischen Geschichte von Maria Magdalena zu ergründen sucht, ob ihre Beziehung zu Wozzeck und die daraus resultierende uneheliche Mutterschaft vor Gott als schwere Sünde gelten.

Berg legt dieser Szene die biblische Zahl 7 zugrunde, in Anspielung auf die Zahl der Dämonen, die Jesus der biblischen Ehebrecherin austreibt. Als Form wählt er ein Thema mit sieben Variationen und darauffolgender, thematisch verwandter Fuge. Das Grundtempo des Themas und der Fuge ist *Grave*. Die Zahl 7 spielt auch in allen Details eine überragende Rolle:

- Thema und Variationen bestehen aus je 7 metrischen Einheiten:
  - Thema sowie Variation I und V: 7 x 4/4,
  - Variation VI: 7 x 2/4,
  - Variation III und IV: 7 x 3/8,
  - Variation II und VII: 7 x 1/4.
- Das ganze Bruchstück umfasst 7 x 7 = 49 (Thema + Variationen) + 3 x 7 = 21 (Fuge) = 70 Takte.[12]
- Das dritte Motiv im Thema und das Fugensubjekt (als Kumulation des ersten Motivs) enthalten je sieben verschiedene Töne.[13]

Inhaltlich und klanglich setzt Berg im Thema eine längere von einer kürzeren Hälfte ab: Die ersten vier Takte enthalten mit den Bibelversen einen vorgegebenen Text, den Marie in Sprechgesang liest; die drei folgenden Takte fügen ihr (nun gesungenes) Gebet um Gnade hinzu. In Variation I und den ersten vier Vierteln von Variation II setzt sie die Bibellesung im Sprechgesang fort; die verbleibenden drei Viertel von Variation II enthalten ein neuerliches, wieder gesungenes Gebet. In Variation III und IV überträgt sie die Frage nach der Sünde in je sieben 3/8-Takten auf ihr uneheliches Kind. In Variation V und den ersten vier Halben aus Variation VI liest sie ihrem Söhnchen (in Sprechgesang) den Beginn eines Märchens vor, das die Situation eines Kindes schildert, dessen Vater und Mutter tot sind. Auf diese neuerlich 'gedruckten' Worte reagiert sie in den weiteren drei Halben von Variation VI, indem sie (wieder singend) ängstlich feststellt, dass der

[12]Wie wichtig es Berg war, die acht Segmente mit ihren je 7 metrischen Einheiten auf 7 x 7 Takte zu reduzieren, zeigt seine Manipulation der Taktzählung in Variation II (3/4- + 4/4-Takt = 2 Takte) und Variation VI (zwei 4/4- + drei 2/4-Takte = 5 Takte.)

[13]Motiv 3 = *e-fis-dis-[e]-g-f-c-[fis]-b*, Fugensubjekt = *g-d-f-es-[g-f]-e-fis-a*.

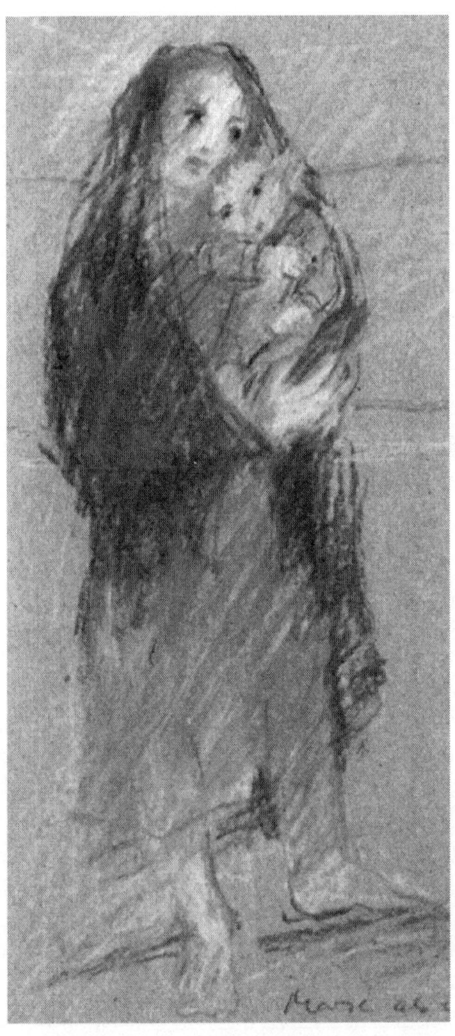

"Marie mit dem Knaben"
Bühnenbildentwurf in Jürgen Rose, *Skizzen zu Wozzeck*,
Sonderpublikation zum Programmheft "Wozzeck",
Bayrische Staatsoper 1982/83.

Vater ihres Kindes sich tagelang nicht hat sehen lassen. In Variation VII schließlich sucht sie in der biblischen Geschichte um Maria Magdalena nach einem Vorbild für eine Sühnehandlung. Im ersten Viertel der Fuge erklingt in Sprechgesang eine letzte Lesung, im zweiten Viertel folgen zwei flehentliche Anrufe des Heilands, und die verbleibende Fugenhälfte dient als instrumentales Nachspiel.

Im Thema führt Berg die drei Motive ein. Motiv 1 erklingt, sehr leise in sechsstimmiger Aufspaltung und Kumulation der hohen Instrumente, im Hintergrund des ersten Bibelverses. Maries Sprechgesang repräsentiert hier die 'siebte' Stimme. Der bitonale Ausklang mit D-Dur in den Bläsern gegen Es-Dur in den Streichern erscheint als ein musikalisches Bild ihres inneren Zwiespaltes.

Drei Bruchstücke II: Motiv 1, die biblische Ehebrecherin

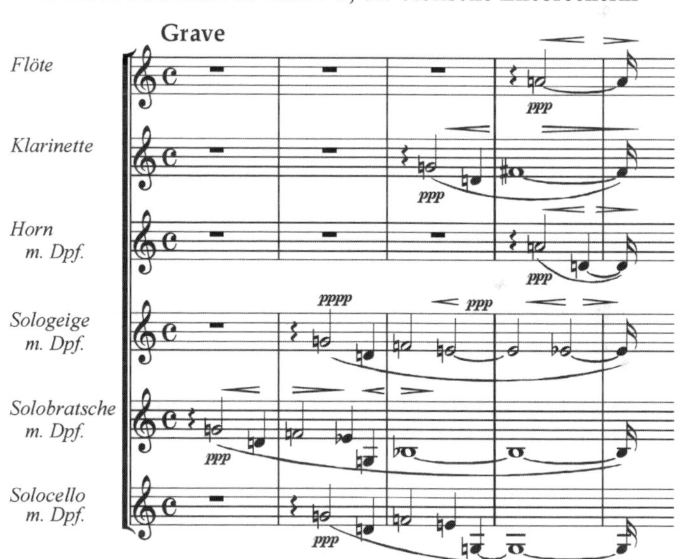

In Variation I verteilt Berg die Stimmen des polyphonen Motivs über vier Oktaven. Eine erste lineare Version des Motivs ertönt in Variation II zu Jesu biblischer Ermahnung "und sündige hinfort nicht mehr". Die wiederholte fallende Quart *g–d* fungiert dabei als Ankerton-Intervall.

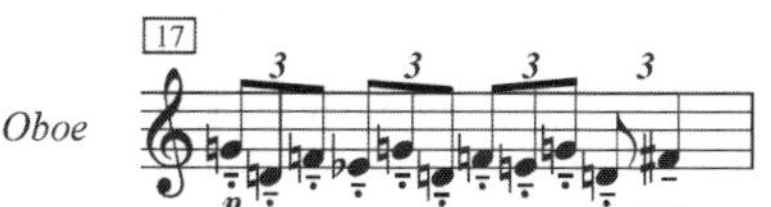

Drei Bruchstücke II: Motiv 1, sanft und leicht zu Jesu Vergebung der biblischen Sünderin

Als Maries Hinwendung zu ihrem Kind ihr Sündenbewusstsein in eine andere Richtung lenkt, erklingen in zwei Soloviolinen gefolgt von der Solobratsche die ersten zwei Einsätze der ursprünglichen polyphonen Aufspaltung des Motivs einen Halbton tiefer transponiert; der dritte, in der Oboe, ist zum Tritonus verzerrt.[14] In Variation V, wo Berg die tonale Lage des Motivs um einen weiteren Halbton absenkt, folgt der dritte Einsatz (unter Auslassung des zweiten) unmittelbar auf den ersten, und in Variation VI ist das Motiv vollends auf eine Stimme reduziert.[15]

Marie selbst singt die siebentönige Kontur für ihr Kind,[16] und auch die Fuge eröffnet sie mit dem aus Motiv 1 abgeleiteten Fugensubjekt.

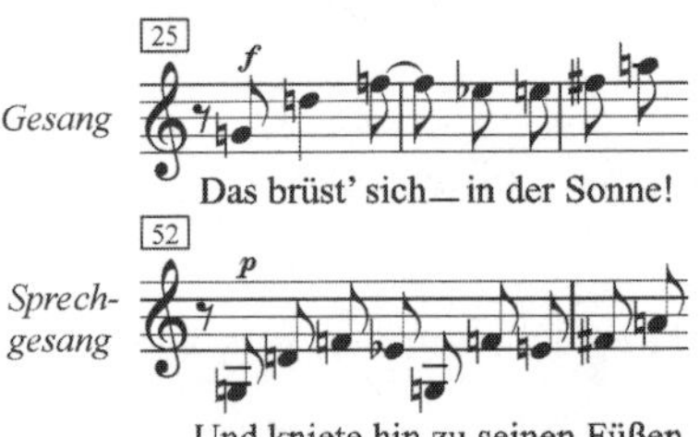

Drei Bruchstücke II: Motiv 1 als Selbstjustiz und als Versenkung in die Sühne zu Beginn der Fuge

In den die Bibellesung ergänzenden drei Thementakten mit Maries schuldbewusstem Flehen präsentieren die tiefen Streicher, mit anfänglicher Verdopplung in den drei Fagotten, das zweite Motiv: eine Zwölftonreihe, die Berg äußerst kunstvoll konstruiert. Umrahmt von einer steigenden und einer fallenden großen Sept bewegt sich die Kontur in ihrer ursprünglichen Gestalt durch acht verschiedene Tondauern, wobei sie in der ersten Hälfte in zwei fallenden Sekunden (*h-b* und *cis-c*) fällt und in der zweiten Hälfte über zwei indirekte Sekundschritte (*es-...-e-...-f*) aufsteigt. Es scheint, als wolle das Orchester Maries schamerfülltem Ausruf "Herrgott, Herrgott! Sieh mich nicht an!" ein musikalisches Emblem des zeitlosen, unergründlichen Gottes gegenüberstellen.

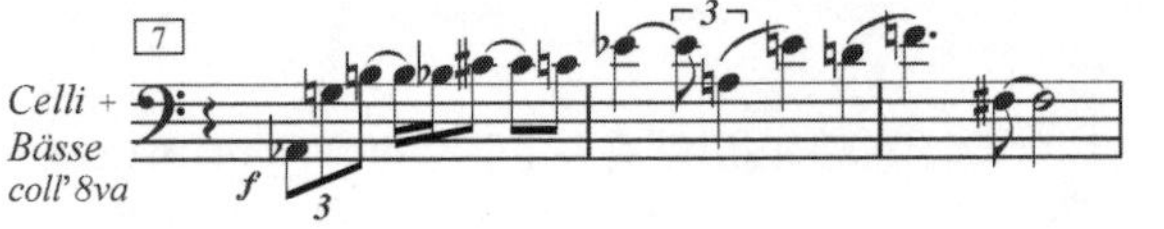

Drei Bruchstücke II: Motiv 2 als symbolische Präsenz Gottes

[14]Vgl. T. 19-20, 1./2. Solovioline: *fis-cis-e-d-fis-a*) mit T. 3-5, Solobratsche: *g-d-f-es-g-b*, T. 20-21, Solobratsche: *fis-cis-e-es* mit T. 4-6, 1. Solovioline/Solocello: *g-d-f-e*. Dagegen T. 21-22, Oboe: *fis-c-f-as* (Transposition von *g-des-ges*) statt T. 5-6 Klarinette: *g-d-fis*.

[15]Vgl. T. 33-34, 1. Horn: *f-a-es-des-f-as* mit T. 3-5, Solobratsche: *g-d-f-es-g-b*; T. 35-36, 1.Horn/1.Geigen: *f-c-e* mit T. 5-6 Klarinette: *g-d-fis*; T. 40-41, 3 Hörner: *f-a-es-des-f-as*.

[16]Berg schreibt, wohl versehentlich, *g-d-f-es-**d**-fis-a* ; vgl. jedoch Hörner/Bratschen/Celli.

Wenn das Motiv in Variation I den Gnadenspruch Jesu für die von den Pharisäern angeklagte Ehebrecherin begleitet, ertönt die Zwölftonreihe im homophonen Hörnerduett, zunächst voller zögernder Synkopen, am Ende jedoch wie beruhigend mit tonalem Einklang.

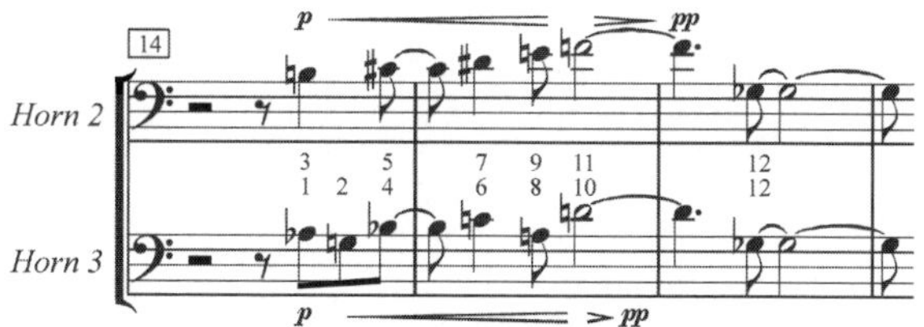

Drei Bruchstücke II: Motiv 2 als Ausdruck der Vergebung

Ab Variation II fehlt das Motiv zunächst. Es kehrt erst ganz am Ende von Variation VII wieder, als Marie sich mit den Worten "Wie steht es geschrieben von der Magdalena?" der biblischen Hoffnungsträgerin selbst zuwendet. In dieser mit vertauschten Anfangstönen verschleierten Kleinterztransposition weicht die ursprünglich ausdrucksstarke Rhythmik einem schlichten, durchgehenden Muster, und auch die umrahmenden großen Septimen reihen sich in die vorherrschenden kleinen Sekunden ein.

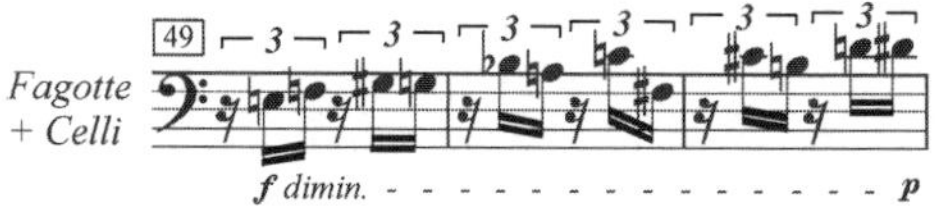

Drei Bruchstücke II: Motiv 2 als Übergang zur Sühnehandlung

Das dritte Motiv entfaltet sich in der zweiten Hälfte des Themas leicht verschoben über dem zweiten, als Ergänzung der Figur, mit der die drei Fagotte die ersten fünf Töne der Zwölftonreihe verdoppeln. Zu Bergs Anweisung *a tempo ma appassionato* spricht Marie von ihrer Scham. Darüber spielen zwei Klarinetten eine anfangs gedrängte, dann verlängerte Variante derselben Kontur. Sie ersetzt Maries Halbtonfall durch einen emphatischen Triller und ihren Schlusston durch eine Kette unregelmäßiger Tonwiederholungen, die in ihrer dynamischen Gestaltung Maries Verzweiflung übertragen, bevor sie chromatisch fallend verklingen.

Drei Bruchstücke II: Motiv 3, Maries Verzweiflung

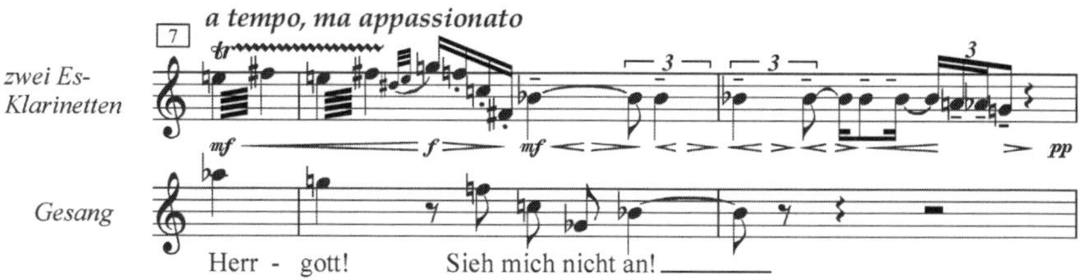

In der zweiten Hälfte von Variation I erklingt die Motiv-3-Variante mit Triller in der Flöte, an entsprechender Stelle in Variation II in der Trompete, jeweils um die Tonwiederholungen verkürzt. In Variation III singt Marie selbst zu den Worten vom "Stich ins Herz", den ihr der Anblick ihres unehelichen Kindes bereitet, den Beginn des Arpeggios. Die Trompete verdoppelt die drei Töne und ergänzt sie mit einer Erweiterung in Form gespiegelter Wiederholungen des chromatischen Schlussgliedes.

Drei Bruchstücke II: Motiv 3, Maries Selbstanklage

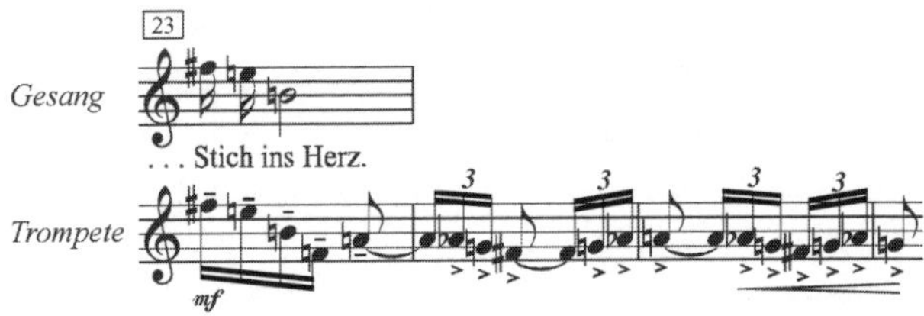

Eine entferntere, zugleich dramatischere Variante des dritten Motivs erklingt in den Variationen IV und VII und mutiert dann zum zweiten Fugensubjekt. Der crescendierend hinführende Triller ist inzwischen weggefallen; dafür intensiviert Berg die zweite Hälfte des Motivs. In Variation IV antwortet eine mit Akzenten versehene *forte*-Version der beiden großen Flöten auf Maries indirekte Selbstanklage "Das brüst' sich in der Sonne" als dritte polyphone Stimme über einer Motiv-1-Variante, in der zwei Hörner mit Solobratsche und Solocello ein durch vier Oktaven flirrendes *g* in Celesta, Harfe und 2. Geigen mit den übrigen Tönen der (hier vier) ursprünglichen Einsätze ergänzen.

Drei Bruchstücke II: Motiv 3, dramatisch über Motiv 1 in zwei Varianten

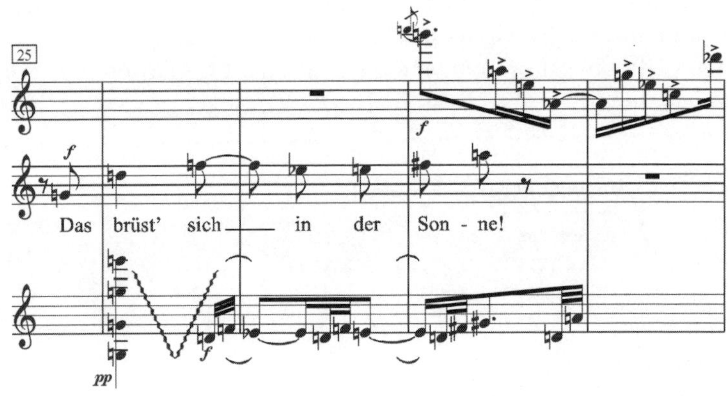

In Variation VII stellt Berg die neue Variante des Motivs in der kleinen Klarinette – nun ohne die exzentrischen Oktavversetzungen – der originalen Tonfolge in Maries Sopran voraus, die er neu erweitert.

Drei Bruchstücke II: Motiv 3 in zwei Varianten

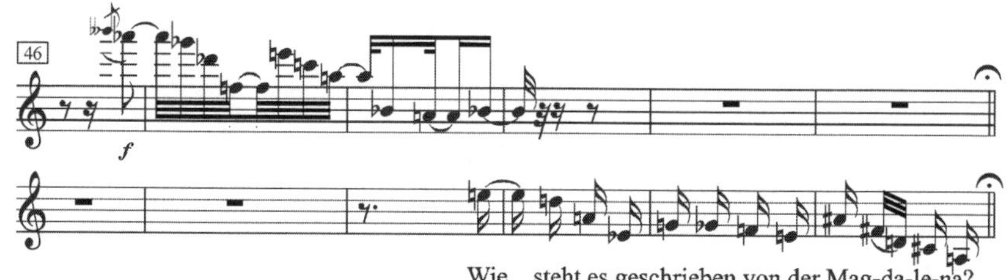

In der Fuge mutiert die so dramatisierte Motivfassung zum zweiten Subjekt. Zunächst allerdings erreicht Marie am Schluss ihrer neuerlichen Bibellesung, als dritte Entwicklungsstufe eines (später fallen gelassenen) gestischen Kontrapunktes, noch ein letztes Mal die ursprüngliche Gestalt von Motiv 3:

Drei Bruchstücke II: Motiv 3 zur Fußsalbung

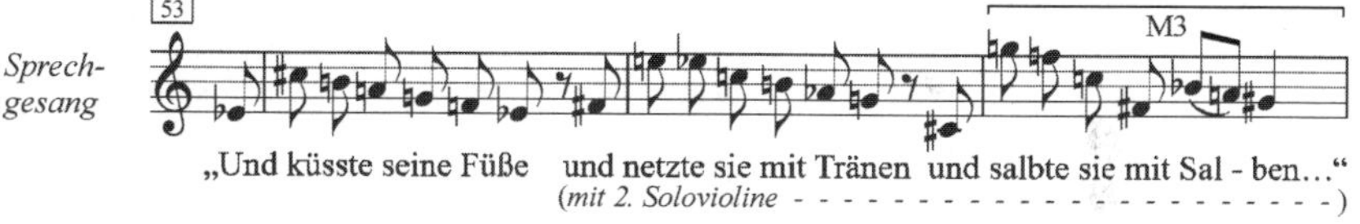

In seiner kantablen Form führt ihr Sopran die dramatisierte Motivfassung zur Eröffnung des zweiten Fugensegmentes als zweites Subjekt ein. Dieses wird hier sogleich vom Cello in Engführung imitiert, dann im Gesang (wie im Beispiel unten gezeigt) in modifizierter Form sequenziert, dabei von einer Solovioline verdoppelt und zudem in Terzparallele von der Trompete bekräftigt und umspielt.

Drei Bruchstücke II: Subjekt 2 mit der Hoffnung auf Erbarmen

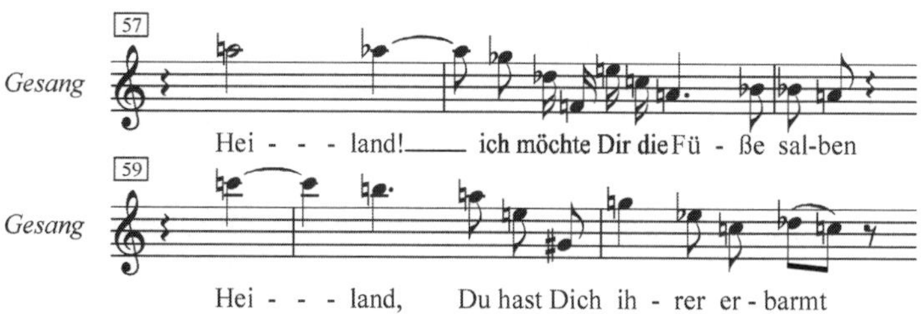

Insgesamt hat Berg die an das Thema mit seinen sieben Variationen anschließende Fuge – kaum überraschend – ebenfalls in sieben Segmenten konzipiert:

1	fünfstimmige Engführung Subjekt 1	T. 52-57_1
2	vierstimmige Engführung Subjekt 2	T. 57_2-62_3
3	erste Gegenüberstellung S2 / S1	T. 62_4-64_2
4	zweite Gegenüberstellung S2 / S1	T. 64_3-66_1
5	dritte Gegenüberstellung mit Ausklang	T. 65_4-68_4
6	Wiederaufnahme Motiv 1 aus Thema	T. 69-71_1
7	Schlussklang	T. 71_2-72

In der zweiten Hälfte der Fuge stehen sich die zwei Subjekte mit ihrer Erinnerung an die Sühnehandlung der Maria Magdalena und die Hoffnung Maries, ihr möge gleichermaßen vergeben werden, dreimal gegenüber.[17] Die dritte Gegenüberstellung bildet den Höhepunkt und endet nach einer verklingenden Erweiterung mit einer 1/8-Generalpause. Darauf folgt eine Erinnerung an Maries Bibellesung mit dem ursprünglichen, mehrstimmig aufgefächerten Motiv 1 als erste Andeutung einer Rahmensymmetrie.

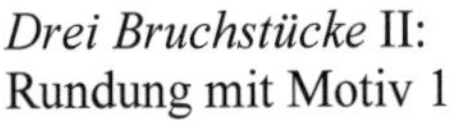
Drei Bruchstücke II:
Rundung mit Motiv 1

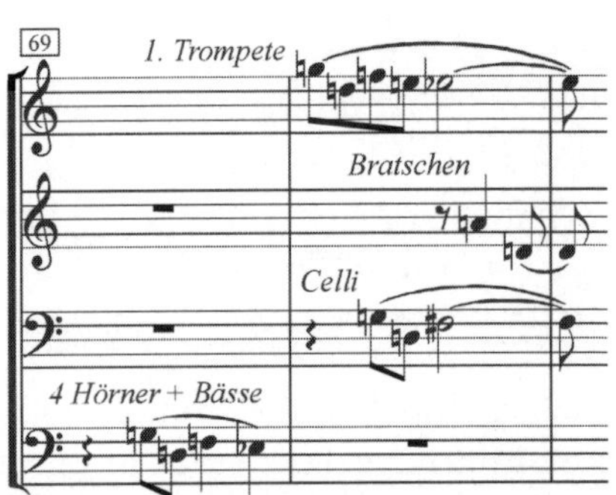

Diese mündet in eine zart verklingende bitonale Gegenüberstellung aus einem arpeggierten Es-Dur-Dreiklang der hohen Bläser und Harfe über einem ebenfalls arpeggierten D-Dur-Dreiklang in den hohen Streichern und der Celesta. Mit der Kombination dieser zwei Durdreiklänge schließt Berg den Kreis zum Beginn der Szene, gestützt vom Ankerton *d*, mit dem die tiefen Streicher das Kontrabass-*h* der Opernpartitur ersetzen.

[17] T. 62-64: S2 dreioktavig: 2. Geigen/Bratschen, S1: Celli/Bässe, akkordisch imitiert von Klarinetten, Trompeten und Posaunen; T. 64-65: S2 Sextenparallele der Posaunen, dazu S1 rhythmisch diminuiert, vierstimmig akkordisch angeführt von Oboen und Klarinetten, in Umkehrung als Terzenparallele imitiert von den tiefen Bläsern und Streichern mit Harfe; T. 65-67: S2 vierstimmig in Piccoli, Flöten und Oboen, im *ff* und ohne enggeführte Imitation vierstimmig kontrapunktiert von allen tiefen Bläsern und Streichern mit S1.

III – (Aus dem III. Akt, 4. - 5. Scene)

Die Musik des dritten Satzes, die im langsamem 3/4-Takt beginnt und in einem vergleichbar langsamen 12/8-Takt schließt, ist in ihren wesentlichen Abschnitten durch verschiedene Ausprägungen musikalischer Stasis und deren nur subtile Alterationen bestimmt. Dies beginnt mit einem über achtzehn Takte unveränderten Akkord, der bei grundlegend gleichmäßiger, nur minimal abnehmender Bewegung in kleinsten Schritten verschoben wird. Hinzu kommen subtile Veränderungen der Klangerzeugung.

Schon das Eröffnungssegment – die Hälfte des 36-taktigen ersten Abschnittes – verbindet beide Aspekte. Hier steigt ein Sechsklang, gebildet aus einem halbverminderten Septakkord mit darüber geschichteter Quint und großer Sext,[18] in einer ersten Klanggruppe chromatisch aufwärts. Dieser Aufstieg wird fünfmal, stets kurz polymetrisch überlappend, von einer anderen Klanggruppe in jeweils etwas längeren Notenwerten staffettenartig imitiert, wodurch sich sowohl die Anzahl der Schritte und als auch der Tonumfang jeder Aufstiegsbewegung verringert. Die folgende schematische Darstellung der ersten drei chromatischen Akkordverschiebungen[19] mag dies veranschaulichen:

Drei Bruchstücke III: Der Sechsklang im chromatischen Aufstieg

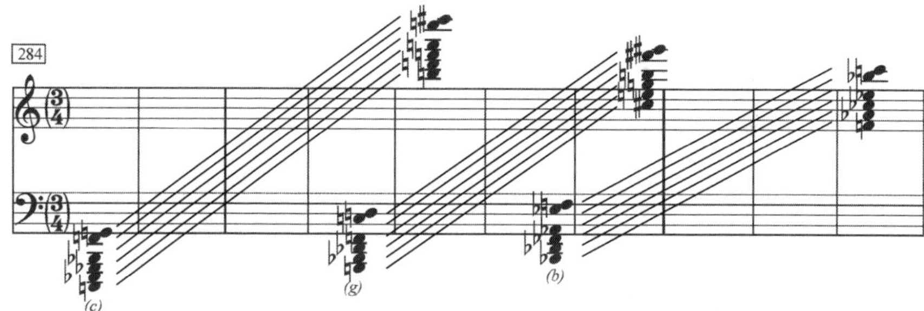

Die Imitationen in stetig verlangsamter Schrittbewegung beginnen mit einem Wechsel zwischen Streichern und Bläsern, wobei Berg die Streichereinsätze durch Differenzierungen der Spieltechnik und die Bläsereinsätze durch Unterschiede in der Kombination der Instrumente graduell abschattiert:

[18]Vgl. im Beispiel *c/es/ges/b/f/g*. Im ersten Takt des Satzes treten allerdings die Septen, die unterhalb der Reichweite der Celli liegen würden, erst auf dem dritten Taktschlag hinzu.

[19]Notabene: In T. 288-289 zeigt das Faksimile nach Bergs Handschrift falsche Schlüssel für die Bratschenstimmen; in der Opernpartitur ist dies korrigiert.

T. 284_2-288_1	Streicher am Steg, ohne Dämpfer, 60 Schritte in Sechzehntelquintolen über fünf Oktaven.
T. 287_2-290_3	Holzbläser, 43 Schritte in Sechzehnteln über 3½ Oktaven.
T. 289_3-293_1	Streicher *col legno gestrichen* mit Dämpfer, 32 Schritte in Achteltriolen über 2½ Oktaven.
T. 292_1-295_1	Fagotte und Hörner, 19 Schritte in Achteln über 1½ Oktaven
T. 293_3-296_2	Streicher am Steg, mit Dämpfer, 12 Schritte in Vierteltriolen über eine Oktave.

Das Segment endet mit acht Takten in Viertelnotenschritten, in denen die Instrumentengruppen sich mit immer kürzer werdenden chromatischen Aufstiegen des Akkordes abwechseln: Trompeten und Posaunen steigen fünf Schritte, Streicher (nun am Griffbrett, mit Dämpfer) vier Schritte, Holzbläser und Hörner drei Schritte, und sechs Solostreicher noch einmal zwei Schritte, jeweils einen Halbton höher einsetzend.

Der Zielklang der sechs Solostreicher, *b/des/fes/as/es/f*, durchzieht sodann als Liegeklang die zweite achtzehntaktige Hälfte des Segmentes. Darüber wiederholen eine Flöte, zwei Klarinetten und ein Horn ein vierstimmig polymetrisches Muster, das Berg tonal aus einer Umkehrung der Quinttransposition des Sechsklanges bildet.[20] Zudem spielen Celesta und Harfe im Zentrum dieser Passage alternative Schichtungen derselben Töne als fallende Intervallparallele.[21] Das ritardierende *b-des*-Pendel, mit dem das Segment schließt,[22] bekräftigt noch einmal den fortklingenden Zielklang der Solostreicher.

Im Übergang zum zweiten Abschnitt, dessen Bogenform sich über 52 Takte erstreckt (T. 320-371), transformiert Berg den bisher alles beherrschenden Sechsklang durch neue chromatische Schritte – fallend für drei Töne, steigend für die übrigen drei – zum Vierklang über einer Quart. Diese zwei Teilschichtungen eines d-Moll-Dreiklanges mit hinzugefügter None bestimmen die *Adagio* bzw. *Tempo I* markierten Rahmensegmente des Abschnittes. Im *Adagio* ist der Vierklang bald verschiedenen Spreizungen unterworfen; im *Tempo I* dagegen bleibt er über vier der sechs Takte intakt, indem alle höheren Instrumente das *f/a/d/e* aufgreifen und es dann in diatonischen Schritten über anderthalb Oktaven abwärts führen.

f	↘	*e*
es	↘	*d*
as	↗	*a*
fes	↗	*f*
des	↗	*d*
b	↘	*a*

[20]Vgl. T. 303-313: Flöte *es*, Klarinetten *c-h* über *ais*, Horn *gis-f*, aus *f/as/ces/es/b/c*.

[21]Vgl. T. 306-309, Celesta/Harfe: ||: *c/as-h/f-b/es-as/c-f/h-es/b* :||.

[22]Vgl. T. 316-319: Pauke, Kontrabass, Harfe.

Aus der Quart der unteren zwei Töne entwickelt Berg derweil ein Motiv, dessen Fragmente und Fortspinnungen sich über die ganze *Adagio*-Passage erstrecken. Dabei augmentiert er die Quarten zu Tritoni und die vorherigen chromatischen Schritte zur Ganztonfolge, bevor er zur reinen Quart zurückkehrt.

Drei Bruchstücke III: Das *Adagio*-Motiv

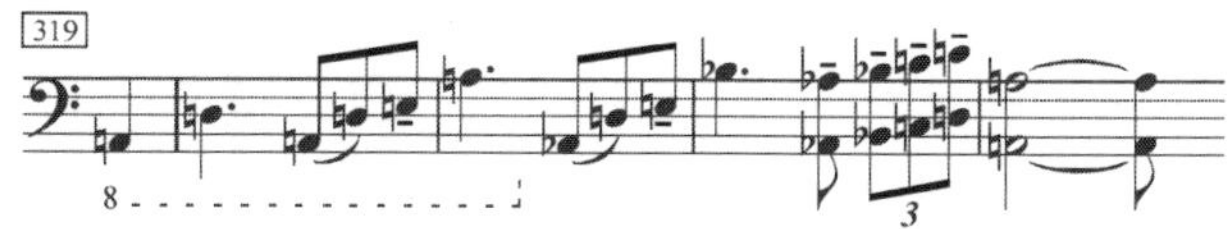

Im abschließenden *Tempo I*-Segment greift er dieses Motiv auf. Hier füllt der dreifache Aufstieg in steigenden Quarten und Tritoni, durch Teilwiederholungen und rhythmische Augmentation vergrößert und in den tiefen Bläsern und Streichern mit Pauken und Harfe zum *fff* intensiviert, fast das ganze Segment. Der Ganztonaufstieg mit fallender Quart folgt, sehr leise abgesetzt, in den höheren Streichern. Harmonisch folgerichtig führt die erste quasi-konventionelle Kadenz in T. 331-335, in den Celli und Kontrabässen gestützt durch die Stufenfolge V-♭vi-II-V-I, im *diminuendo ppp* zum Ganztonakkord über *f*.

Melodisch verwandt mit der Wendung zu Tritoni und Ganztonfolgen ist auch der einzige explizite Querverweis innerhalb der *Drei Bruchstücke*: der tonal alterierte Beginn des Liedes von der "lustigen Jägerei", das hier wie schon im ersten Satz von einem Horn "wie aus der Ferne, aber deutlich" erklingt und auf Wozzecks Verfremdungserlebnisse anspielt.

Drei Bruchstücke I und III: Das Jägerlied als Binnenzitat

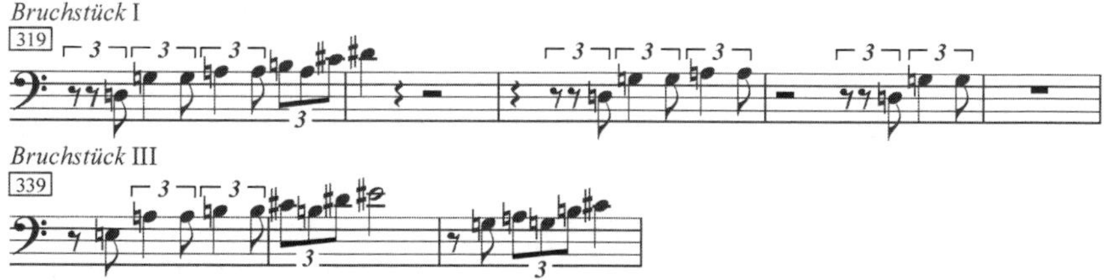

Im kontrastierenden Segment, das vom *Adagio* und seiner Kurzreprise umrahmt wird, durchschreitet die Musik einen Reigen kurzlebiger Komponenten in wechselnden Tempi. Im Kontext der vollständigen Opernmusik repräsentieren die Motive entscheidende Momente aus Wozzecks Leben, die im Augenblick des Todes aufblitzen. In der konzertanten Suite jedoch huschen sie als ein vielfarbiges Kaleidoskop vorbei.

Die ersten drei 'Erinnerungsmotive' entfalten sich über einem sechstaktigen Orgelpunkt-*cis* im Tremolo der Celli und Bässe mit Paukenwirbel. Sie evozieren das Bild des von seinem Hauptmann und dem Regimentsarzt gedemütigten kleinen Soldaten im ersten Akt der Oper.[23]

Drei Bruchstücke III: Ausgenützt und verstört

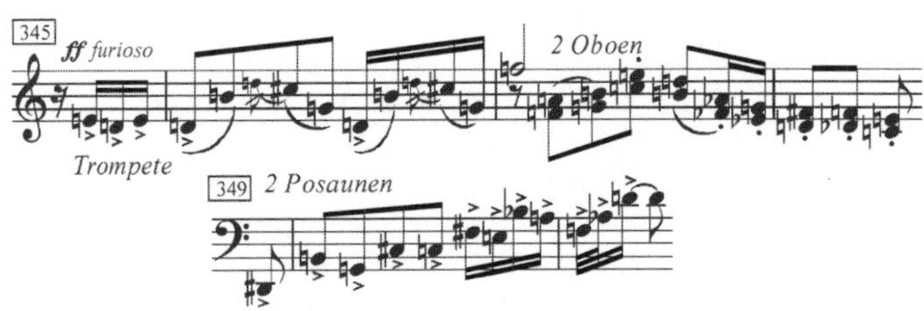

Die nächsten sechs Takte zitieren aus der Verwandlungsmusik, die auf Wozzecks 'Behandlung' durch den Regimentsarzt folgt.[24] Erinnerungen an den schnittigen Tambourmajor, den Marie ihrem verstörten Geliebten vorzuziehen droht,[25] führen zum Höhepunkt und Abschluss des Einschubs, der in der Oper die letzten Gedanken des Ertrinkenden musikalisch zusammenfasst: Über der monotonen, ins *ff* gesteigerten Tonwiederholung von Wozzecks devotem "Jawohl, Herr Hauptmann" ertönt machtvoll seine Verteidigung des kleinen Mannes: "Wir arme Leut', sehn Sie, Herr Hauptmann, Geld, Geld".[26]

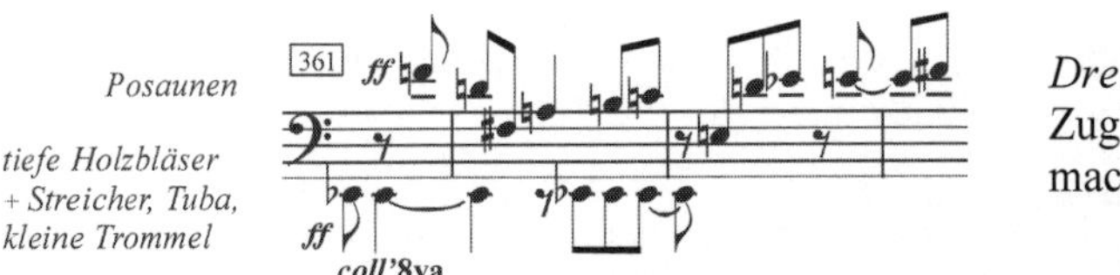

Drei Bruchstücke III: Zugleich devot und machtlos

[23]Vgl. *Bruchstücke* III, Trompete: T. 345-348 (imitiert in Flöten/Klarinetten: T. 348-349) mit Opernpartitur Akt I, T. 563-564, 1. Geigen zu Doktor: "Wozzeck, Er kommt ins Irrenhaus." Vgl. *Bruchstücke* III, Oboen: T. 347-348 (imitiert von Engführung aus Geigen T. 349-350, Hörner T. 350-351, Trompeten T. 350-351) mit Opernpartitur Akt I, T. 26-27 zu Wozzeck: "Jawohl, Herr Hauptmann" (bereits T. 4). Vgl. *Bruchstücke* III, Posaunen: T. 349-351 mit Opernpartitur Akt I, T. 486 (Zwölfton-Verwirrung zwischen Hauptmann und Doktor).

[24]Vgl. Holzbläser in *Bruchstücke* III, T. 352-357 mit Opernpartitur Akt I, T. 656-660, ausgeschmückt mit Arpeggien in Harfe und Celli, Quintpendel in den Bässen; ohne Substanzänderung vom dortigen 4/4-Takt in den hier herrschenden 3/4-Takt übertragen.

[25]Vgl. *Bruchstücke* III, Bläser: T. 357-359, mit Opernpartitur Akt I, Bläser: T. 666-667.

[26]Vgl. *Bruchstücke* III, T. 361-362 (Instrumente siehe Beispiel) mit Opernpartitur Akt I, T. 26-27, Wozzeck: "Jawohl, Herr Hauptmann"; *Bruchstücke* III, Posaunen, in Engführung imitiert von 12 hohen Holzbläsern: T. 361-364, mit Opernpartitur Akt I, T. 136-137.

Im Hintergrund dieser zwei Erinnerungen erhebt sich langsam ein Akkord, in dem Berg die Lehre seines Lehrers und Freundes Schönberg mit seiner eigenen Vorliebe für Symmetrien verbindet. Beginnend mit dem "Jawohl"-Motiv türmt sich die Tonschichtung ab T. 361 allmählich auf und erreicht auf dem letzten Achtel von T. 363 in vielfachem *forte* die volle Zwölftönigkeit. Berg bildet diesen Akkord vertikalsymmetrisch aus drei jeweils durch große Terzen getrennten verminderten Septakkorden. Angesichts der symbolischen Bedeutung der Zahl 12 als Vollendung markiert dieser Klang in der Oper den Eintritt von Wozzecks Tod, in der Konzert-Suite den der Marie.

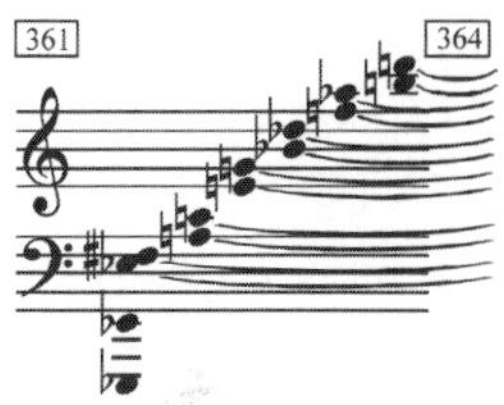

Drei Bruchstücke III:
Der Tod als Moment der Vollendung

Den Übergang zu *Tempo I* sowie dessen Schluss bilden Kadenzen, deren V-I-Schritt erneut zu der Harmonie führt, die das *Adagio* bestimmt: den Vierklang *f/a/d/e* über dem Quartauftakt *a-d* im Bass. In die Höhe schießende Arpeggien der Klarinetten, der Celesta und der Harfe münden sodann in den dritten Abschnitt des Satzes.

Diesen hat Berg, wie er in seinem *Wozzeck*-Vortrag erläutert, als ein "*perpetuum mobile*" konzipiert.[27] Die ununterbrochene Achtelbewegung im 12/8-Metrum wird belebt durch synkopische Akzente und hemiolische Überlagerungen[28] sowie zahlreiche Tempomodifikationen.[29] Dabei unterstreicht Berg wie wenig die vorausgegangenen Ereignisse von Untergang und Tod die Umwelt stören: Die Quartenseligkeit im Ringelrein der Kinder ist nur leicht 'verstimmt' und wird sogleich durch ein alle Instrumentengruppen beteiligendes fünftaktiges Orgelpunkt-*a* aufgefangen.

[27]Zitiert nach Frank Schneider, *Alban Berg: Glaube, Hoffnung und Liebe. Schriften zur Musik* (Leipzig: Reclam, 1981), S. 267-289 [288].

[28]Vgl. in T. 375-379 die Synkopen des oktavversetzten Orgelpunkttones *a* in Bläsern, Harfe und Streichern, in T. 377 unterlaufen von den synkopischen Vierteln und Halben der Solovioline und in T. 389 von den hemiolischen *a/e*-Quinten der Streicherflageoletts, dazu in T. 382-384 die ametrische Rhythmenfolge in Hörnern und kleiner Trommel, fortgesetzt in T. 386-387 von der Pauke und abgerundet in T. 390-391 mit Streicherakkorden, die dem 12/8-Takt ein faktisches (nur für die Harfe auch notiertes) 4/4-Metrum gegenüberstellen.

[29]Vgl. T. 372 "Fließende Achtel, aber mit viel Rubato", T. 375 "Plötzlich schneller, aber sofort rallentando", T. 379 "Noch langsamer", T. 380 "Wieder voriges Tempo", T. 381 "poco rit.", T. 382 "a tempo, ma sempre rubato", T. 386 "poco rit.", T. 387-388 "Etwas zögernd und molto rubato (rit. – accel. – rit. – accel. – rit. – accel. – rit. – molto rit.)", T. 389 "quasi Tempo I", T. 390 "poco accel.", T. 391 "poco rit.", T. 392 "molto [rit.]".

In diesem Segment überwiegen die anfangs chromatisch, später in wechselnden Intervallen fallenden Konturen. In den drei Anfangstakten steigen die Akkorde aus Flötenstaccati, Geigenpizzicati und Celesta-Arpeggien, ausgehend von einem Vierklang unter *as*, wenig zielgerichtet abwärts. Anschließend bildet Berg mit neuen Vierklängen unter dem nun zwei Oktaven tieferen Diskantton *gis* eine Art indirekter Spiegelsymmetrie zum Eröffnungssegment des Satzes: Während dort gestaffelte Einsätze sechsstimmiger Akkorde in schrittweise langsameren Notenwerten chromatisch aufsteigen, reiht Berg hier drei identische chromatische Abstiege aneinander, wobei er die Fallgeschwindigkeit durch später hinzugefügte Akkordwiederholungen von sieben Achteln (Streicher, *ff*) über dreizehn Achtel (Hörner und Tuba, *mf*) auf 25 Achtel (Klarinetten, *p*) verlangsamt. In T. 380-381 ertönt der dreifache *fis-cis*-Quartfall der Oboe (zum "Hopp, hopp" des sein Schicksal nicht begreifenden Kindes) halbtönig versetzt gegen das *g-d*-Pendel in Horn und Harfe. In T. 381-385 ertönen diatonisch fallende Soli, getragen von einem sehr leisen Orgelpunktklang über *a/e*, und zuletzt, erneut halbtönig versetzt als *gis-dis*, in Gesang, Xylophon und Klarinette die Wiederaufnahme des dreifachen "Hopp, hopp" .

Erst mit T. 387-388 ändert sich die Bewegungsrichtung. Hier steigt eine Fünftonfigur mit freier Fortspinnung in einer Engführung aus Solobratsche, gedämpfter Trompete und Solovioline in die Höhe, wo sich vier Stimmen, jeweils besetzt mit Flöte + Celesta, nacheinander einsetzend zum abschließenden Pendeln mit *a-h* unter *es-f, fis-a* und *h-cis* zusammenfinden. Die Pendelbewegung im hohen Register wird geankert von der vieloktavigen Quint *g/d* in Streichern und Harfe. So schließt das Werk mit einem erweiterten G-Dur-Nonakkord.

Berg hat die Musik dieses Satzes aus dem Ausklang der Szene um Wozzecks Ertrinken, der darauf folgenden Verwandlungsmusik und der die Oper beschließenden Szene um seinen verwaisten, aber sein Unglück gar nicht erfassenden kleinen Sohn gebildet. Dank dieser Auswahl erleben Hörer eine dreiteilige Form in aussagekräftigen Proportionen: Die beiden äußeren Segmente mit jeweils ca. zwei Minuten Spielzeit umschließen das knapp vierminütige *Adagio* mit seinem motivträchtigen Einschub als Zentrum einer Bogenform. Die in den thematisch unabhängigen Rahmensegmenten gespiegelten Bewegungsrichtungen der Linien unterstreichen den Eindruck eines ausgewogen gerundeten Musikstückes. Abweichend von Bergs viel kommentierten Anweisungen für die Schlusstakte seiner Oper – *sempre pp senza cresc. e dim.* und *senza rit.* – gilt im Finale der konzertanten *Bruchstücke* das Rubato bis zum Ende.

Die konzertante Suite als Porträt des zweiten Opfers

Während Kenner der Opernmusik die Titelfigur Wozzeck in den Passagen zu seinem Ertrinken und Tod erkennen können, spricht die Musik der konzertanten *Bruchstücke* ausschließlich von Marie. Berg gibt damit zu verstehen, dass zwar die Bühnenhandlung in dem vielfach schikanierten kleinen Soldaten zentriert ist, dass aber dessen Geliebte – die Mutter seines Kindes, deren Bedürfnis nach Liebe und Sicherheit er nicht gerecht werden kann und die er in einem Augenblick des Wahns ersticht – in vielleicht noch größerem Maße Opfer der Umstände ist, die ihn selbst bis zum Tod bedrängen.

Die drei Sätze präsentieren Marie zunächst in ihrem sozialen Umfeld, einer kleinen Garnisonsstadt, wo sie als ledige Mutter verurteilt wird, dann als fromme junge Frau, die ihr Leben an der Bibel zu orientieren sucht, im bangen Austausch mit ihrem Gott und Heiland, und zuletzt in ihrem als Waise zurückbleibenden Kind im Spiegel einer gleichgültigen Gesellschaft.

Musikalisch präsentiert Berg in diesem Triptychon drei Sätze, die für ein Konzertpublikum leicht zugänglich und zugleich abwechslungsreich sind. Im ersten Satz besticht die Gegenüberstellung zweier allgemein bekannter Klangmuster: im Marsch die Militärmusik mit ihren genretypischen Instrumenten und Rhythmen, im Wiegenlied die vertrauten melodischen Wendungen in 3/4- und 6/8-Metrum. Im zweiten Satz gilt die Aufmerksamkeit der Hörer der zwischen Sprechgesang und lyrischer Expressivität wechselnden Singstimme, während sich die Thematik mit Komponenten, die in zahlreichen Varianten aufgegriffen werden, vor allem dem Unterbewusstsein als tröstlicher Hintergrund einprägt. Im dritten Satz schließlich sind es die musikalischen Parameter selbst, die aufgrund ihrer Einfachheit bestechen: Der über achtzehn langsame Takte unverändert in immer neuen Anläufen aber nachlassender Energie durch die Oktaven steigende und dann über weitere achtzehn Takte im Hintergrund dräuende Akkord wirkt äußerst beklemmend und vermittelt damit ohne Worte oder direkte Anspielungen höchst eindrucksvoll eine Untergangsstimmung. Das *perpetuum mobile* mit den vom tragischen Geschehen ganz unberührten "Ringelrein-" und "Hopp, hopp"-Einwürfen der Kinderstimmen schließlich erschüttert mit seiner musiksymbolischen Anspielung auf die tragische Indifferenz der Gesellschaft.

Kammerkonzert für Klavier und Geige mit dreizehn Bläsern

Das in den Jahren 1923-1925 komponierte *Kammerkonzert* markiert einen Wendepunkt in Bergs Schaffen. Er hatte die Komposition seiner Oper *Wozzeck* im April 1922 mit der Fertigstellung der Instrumentierung abgeschlossen und wandte sich nun vordringlich dem Werk zu, das eine Hommage für seinen Lehrer, Mentor und Freund Arnold Schönberg sein sollte. Adorno charakterisiert das *Kammerkonzert* als den "Archetyp alles dessen, was er danach schrieb".[1] Dies meint die vier großen Werke, die in der letzten Dekade von Bergs Leben entstanden: die *Lyrische Suite* für Streichquartett (1925-1926), die Konzertarie *Der Wein* (1929), die Oper *Lulu* (1929-1935) und das *Violinkonzert* (1935).

Die Partitur trägt das – zweifellos absichtlich auf einen Tag mit Bergs magischer Zahl 23 verlegte – Abschlussdatum 23. Juli 1925. In die letzten Monate der Entstehungszeit fallen drei Jahrestage, die Berg mit Schönberg sowie mit seinem Mitstudenten und lebenslangen Freund Anton Webern verbinden: Schönbergs 50. Geburtstag am 13. September 1924, die 20. Wiederkehr des Jahres 1904, in dem sowohl Webern als auch Berg selbst ihre Studien bei Schönberg begonnen hatten, und Bergs eigener 40. Geburtstag am 9. Februar 1925 – der Tag, an dem er das Werk im Particell für fertig erklärte. Die Uraufführung erfolgte am 19. März 1927.

Das Kammerkonzert gliedert sich in drei Sätze: I. *Thema scherzoso con Variazioni*, II. *Adagio* und III. *Rondo ritmico con Introduzione*. In der Instrumentation experimentiert Berg mit Varianten des Solokonzertes: Im Kopfsatz agiert das Klavier als Solist, im zentralen *Adagio* die Geige, und erst im doppelt langen dritten Satz treten die beiden Soloinstrumente gleichberechtigt nebeneinander. Das begleitende Ensemble besteht aus einer maximal farbenreichen neunteiligen Holzbläsergruppe aus Piccolo- und großer Flöte, Oboe und Englischhorn, Es-, A- und Bassklarinette, Fagott und Kontrafagott sowie einem Blechbläserquartett aus Trompete, zwei Hörnern und Posaune. Im Gegensatz zu Bergs Partituren bis einschließlich der *Drei Bruchstücke* aus der Oper *Wozzeck* sind alle Bläserstimmen klingend notiert.

[1]Adorno, *op. cit.*, S. 118.

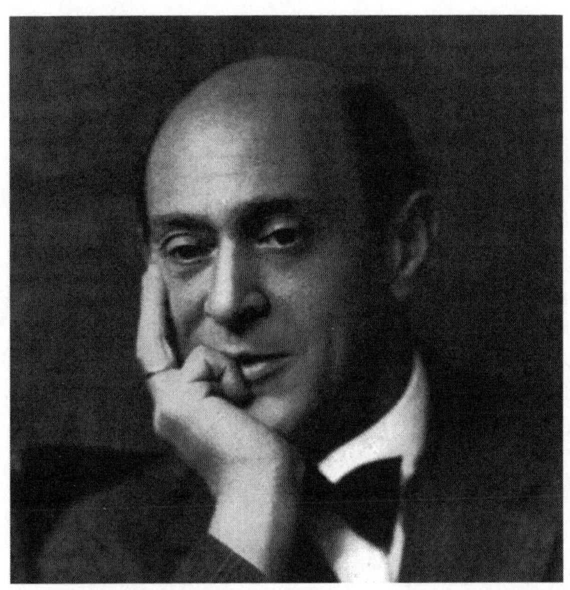

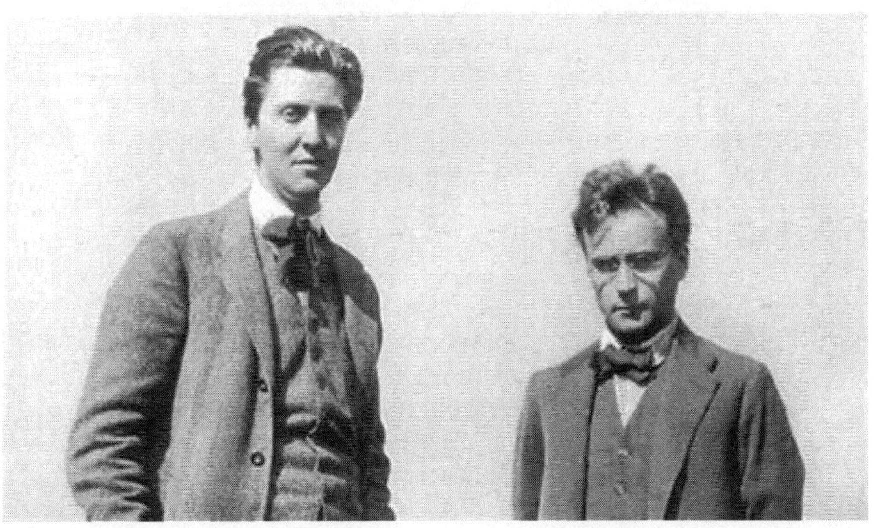

Arnold Schönberg, Alban Berg und Anton Webern
zur Entstehungszeit der *Kammermusik*

I – *Thema scherzoso con Variazioni*

Berg schickt dem Kopfsatz ein Motto voraus, zu dem er in einer Fußnote der Partitur schreibt: "Diese fünf Takte 'Motto' dürfen nicht dirigiert, müssen aber gespielt werden." Es handelt sich um eine als musikalisches Kryptogramm entworfene Widmung für den in dieser Jubiläumsgabe geehrten Lehrer und seine zwei wichtigsten Schüler. Berg evoziert die drei Namen in Tönen, reduziert auf die Buchstaben, die sich in deutschen Notenbezeichnungen wiedergeben lassen: *a*-(rnol)-*d es*-*c*-*h*-(ön)-*b*-*e*-(r)-*g*, *a*-(nton w)-*e*-*b*-*e*-(rn) und *a*-(l)-*b*-*a*-(n) *b*-*e*-(r)-*g*. Schönbergs musikalischer Name ist der umfangreichste. Er enthält acht der neun Notenbuchstaben und somit zwei Drittel einer Zwölftonreihe. Die Einführung des Lehrers ist bereits 'vollendet', bevor die beiden Schüler ihre Stimmen erheben. Zuerst folgt ihm Webern mit einer asketisch wirkenden Figur aus nur vier stark akzentuierten Tönen in der Geige. Als Dritter im Bunde tritt Berg hinzu, leise und sanft im gedämpften Horn. Die zwei Schüler scheinen zunächst im Einklang enden zu wollen, doch dann hebt sich Bergs Stimme zur kleinen Terz und bestätigt damit den Zusammenklang, den der Mentor mit seiner im ganzen Verlauf ihrer Entwicklung zuverlässig im Hintergrund stützenden Präsenz vorgibt.[2]

Kammerkonzert I: Das Motto

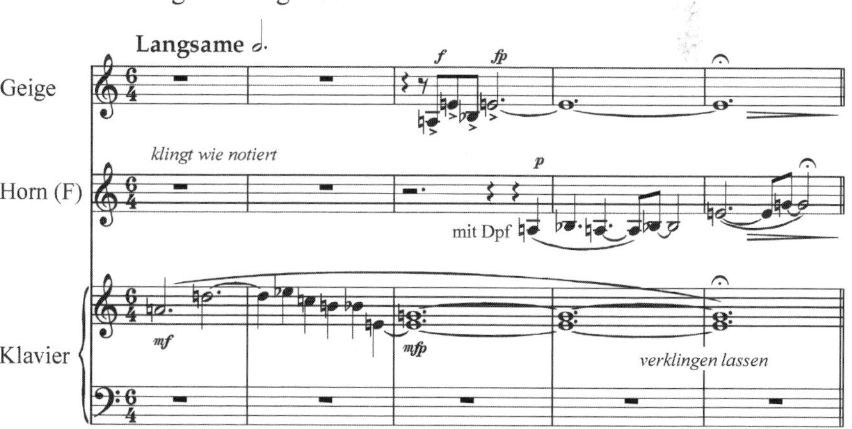

[2]Zwar ergibt sich die Abfolge der Töne in jeder Kontur aus den tatsächlichen Namen und der 'Zusammenklang' der Schlusstöne aus der Verwandtschaft der (End-)silben "-berg", "-ber" und "Berg", doch gelingt es Berg im Motto durch Staffelung, Rhythmik, Artikulation und Dynamik, die drei Freunde und ihre Beziehung signifikant zu charakterisieren.

In seinem “Offenen Brief” an Schönberg vom 9. Februar 1925,[3] in dem er sich entschuldigt, dass das Widmungswerk nicht wie beabsichtigt an dessen 50., sondern erst an seinem eigenen 40. Geburtstag fertig wurde, beschreibt Berg die Struktur des als Thema mit fünf Variationen gegliederten Kopfsatzes mit Verweis auf das Modell der Sonatenhauptsatzform in einem Klavierkonzert:

- Im *Thema* führt das Bläser-Ensemble die Substanz des Satzes ein (Tutti-Exposition).
- In *Variation I* wird das Material im Klavier allein virtuos variiert (Solo-Exposition).
- Die drei zentralen Variationen entsprechen den drei Segmenten einer Durchführung, mit Fokus auf den drei grundlegenden Transformationsprozessen Krebs, Umkehrung und Krebsumkehrung.
- *Variation V* dient als Reprise, in der komplex verdichteten Form einer Engführung mit unterschiedlichen Notenwerten.

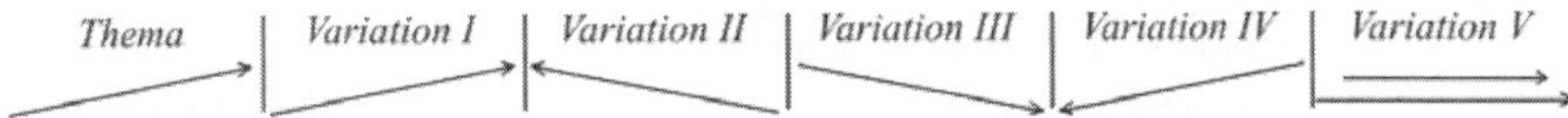

Was Berg pauschal als “Substanz des Satzes” bezeichnet, umfasst eine Fülle an melodischen, rhythmisch-agogischen und lokal-strukturellen Ideen, die dann Teil des Variationsprozesses werden.

Das 30-taktige *Thema* im 6/4-Takt besteht aus drei Segmenten, deren Umfang im Verhältnis 15 : 9 : 6 anlegt ist – ein weiteres Spiel mit der für das Werk ausschlaggebenden Zahl 3. Sie entsprechen der aus dem traditionellen Sonatensatz vertrauten Abfolge von A = Hauptthemakomplex, B = Seitensatzkomplex und C = Schlussgruppe.

T. 1-7, 8-15	A	leicht beschwingt	(Tempo I, halbe Takte = 66)
T. 16-20_3, 20_4-24	B	Schwungvoll	(Tempo II, halbe Takte = 72)
T. 25-30	C	Meno allegro	(Tempo III, halbe Takte = 60)

Der Satz beginnt mit einer Monodie, in der das Englischhorn das ‘Schönberg-Thema’ initiiert. Nachdem Berg im “Motto” dessen achttönigen Tonnamen eingeführt hatte, musste er nun noch die zur Zwölftonreihe fehlenden Töne hinzufügen. Er schickt sie als *eis-fis-gis-cis* dem kryptographischen *a-d* des Vornamens “Arnold” voraus. Dabei unterwirft er den Vierton-Vorspann einer schrittweisen Genese – die, wie sich erweisen wird, als Entwicklungsprozess thematische Funktion in diesem Satz hat.

[3] “Alban Bergs Kammerkonzert für Geige und Klavier mit Begleitung von dreizehn Bläsern”, in *Pult und Taktstock. Fachzeitschrift für Dirigenten* (1925), S. 23-28. Hier paraphrasiert nach Willi Reich, *Alban Berg: Leben und Werk*, S. 135-140 [136].

Kammerkonzert I: Das 'Schönberg-Thema' als Zwölftonreihe

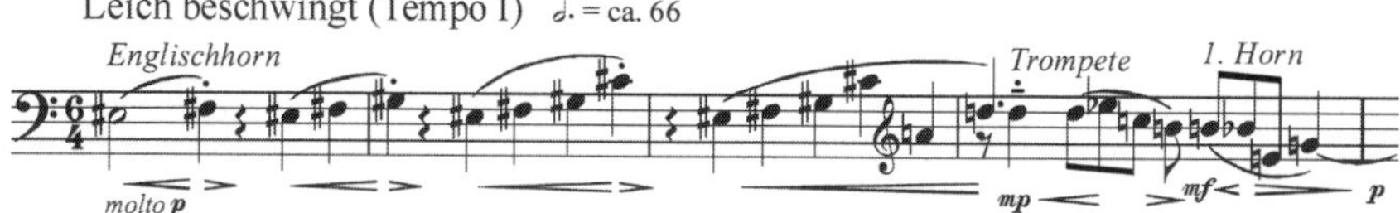

Der Ton *g* als Ziel des Schönberg-Kryptogramms begleitet das Thema in Form eines Pendels der beiden Klarinetten um die G-Dur-Terz *g/h*. Nachdem sich zuletzt die Bassklarinette dazugesellt hat, enden alle drei im Unisono-*g*. Mit einer kurzen Quintenparallele führt Berg dabei ein drittes für den Satz thematisches Element ein: die Terzenkette. Sie beschränkt sich hier auf die Fünftongruppe *fis-a-cis-e-g*. Ihr Ende mündet im neu einsetzenden Englischhorn in die (von der Oboe verdoppelte) viertönige "Webern-Figur". In die Schlusstöne beider setzt, vorbereitet vom Fagott, die Flöte mit dem sechstönigen "Alban-Berg-Motiv" ein. Dessen oktavierte Teilsequenz *a-b-e-g* erhebt sich nach dem zuvor ins *pp* verklungenen Ende noch einmal. Nach einem eintaktigem Ausklang, der auch Bergs Tonbuchstaben zur Elftönigkeit ergänzt, endet das erste Teilsegment des *Themas* in T. 7 mit einer Zäsur im Anschluss an die konsonante Sext *e/c*.

In den sieben Takten führt Berg somit drei melodische Komponenten ein: 'Schönberg-Thema', 'Webern-Figur' und 'Alban-Berg-Motiv'; dazu drei strukturelle Prozesse: die Zwölftonreihe, die schrittweise Genese einer Tonfolge und die Terzenkette. In der zweiten Hälfte von Segment A setzt er unter der Anweisung "scherzando" die Einführung der thematischen Komponenten mit drei weiteren Zwölftongebilden sowie einer Erweiterung der Terzenketten fort und fügt als dritte Kategorie eine palindromische Intervallfolge hinzu. Diese ertönt als zwölftönige Klangfarbenmelodie der Bassinstrumente, infolge eines zentralen Registerwechsels in jeder ihrer Hälften fallend. Berg verknüpft hier drei übermäßige Dreiklänge mittels kleiner Terzen zu einem spiegelsymmetrischen Muster, dass sich nach der Anzahl der Halbtöne als 4-4-3-4-4-3-4-4-3-4-4 darstellen lässt.

Kammerkonzert I: Die Terzenkette als palindromische Intervallfolge (Reihe 2)

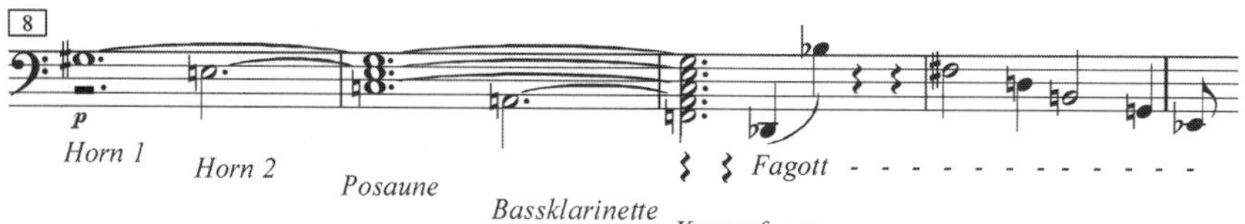

Über dem Beginn dieser fallenden Terzenkette erhebt sich das von der A-Klarinette gespielte, ebenfalls zwölftönige Seitenthema. Nach einem Vorspann, der den Anfangston *c* umspielt, ertönt eine von gespiegelten Tritoni umrahmte Phrase in der hier beginnenden *Scherzando*-Stimmung. Ihr antworten eine elftönige Oboenkontur und eine aus deren Teilimitation erwachsende, tonal freie Flötengirlande.

Kammerkonzert I: Das *Scherzando*-Thema (Reihe 3) mit zwei Antworten

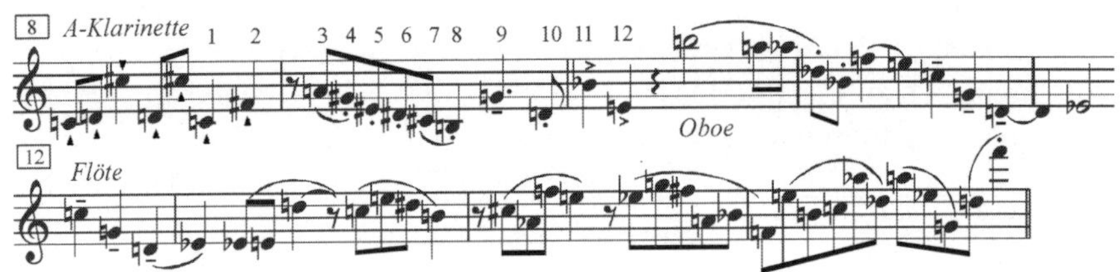

Die umgebenden Takte des Segmentes sind von verschiedenen Intervallketten bestimmt. Prominent klingen vor allem die zur Oboen-Antwort überleitenden aufsteigenden Terzenketten der drei Klarinetten in T. 10 und der rhythmisierte chromatische Aufstieg eines terzlosen Septakkordes in T. 13-15, der die Flötengirlande begleitet.

Auch im "Schwungvoll (Tempo II)" überschriebenen Segment B stellt Berg zunächst zwei unterschiedliche Zwölftonprozesse übereinander. Die Posaune fällt in den ersten vier Tönen durch Quarten, setzt zwei Oktaven höher erneut an und übergibt die letzten vier Töne den Fagotten. Wie in Reihe 2 beschleunigt sich dabei der Rhythmus.

Kammerkonzert I: Der Quartenzirkel (Reihe 4)

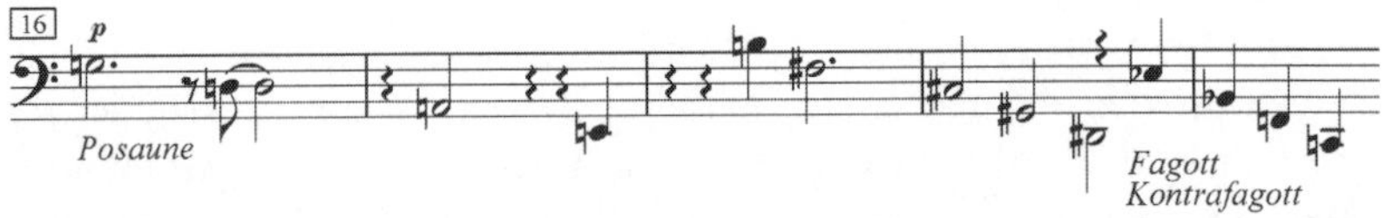

Darüber lässt Berg drei der hohen Bläser nacheinander 'versuchen', mit Kleinterzgruppen-Sequenzen in Halbtonverknüpfung eine Zwölftonreihe zu bilden. In diesen 'Versuchen' verlängert sich die sequenzierte Intervallgruppe von zwei über drei zu vier Tönen. Die ersten zwei Ansätze erweisen sich als erfolglos, da sie schon vor Erreichen des zwölften Tones wieder in den Ausgangston münden würden. Erst der dritte – die Sequenzierung eines verminderten Septakkordes – führt zur Zwölftönigkeit mit einem erneut spiegelsymmetrischen Halbtonmuster: 3-3-3-1-3-3-3-1-3-3-3.

Kammerkonzert I: Drei Versuche einer Kleinterzgruppen-Sequenzierung

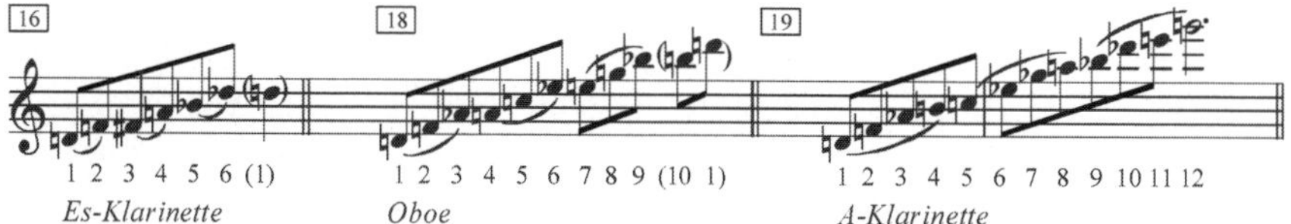

Nachdem die erfolgreiche Zwölftonreihe der A-Klarinette anfangs von der Trompete, später von der Flöte und Piccoloflöte verdoppelt worden ist, fällt der viertaktige Ausklang von Segment B in einer Mischung aus Ganz- und Halbtonschritten abwärts. Darüber entwickelt die A-Klarinette aus dem Zielton der Kleinterz-Sequenzierung eine Kantilene, die anfangs als strahlender Höhepunkt des *Themas* von der Flöte verdoppelt wird, dann jedoch schnell an Intensität verliert und schließlich vollständig verklingt. In ihr erlaubt Berg sich eine freie Behandlung der Zwölftönigkeit.

Kammerkonzert I: Die Kantilene am Ende von Segment B

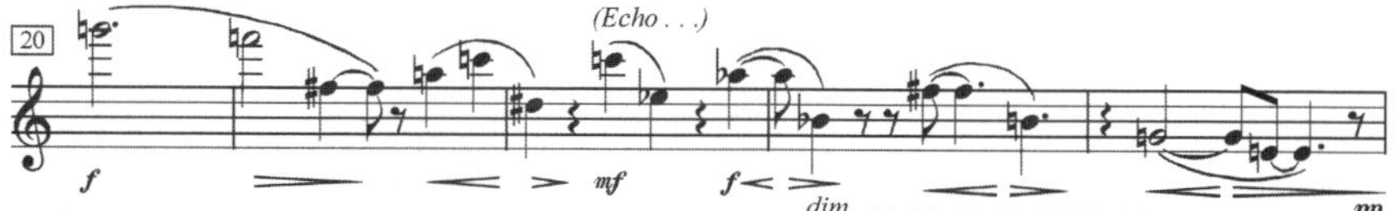

Auch das kürzere *Meno allegro*-Segment ist von den Geboten des Serialismus befreit. Das erste Motiv umspielt den Ton *d*, das zweite durchläuft erneut Terzen und Halbtöne. Mit der Unterquartimitation des ersten Motivs im Horn suggeriert Berg einen Fugenbeginn mit *Dux* und *Comes*. So kann das zweite Motiv, das in der Flöte anschließt und erst von der Oboe, dann von der Klarinette frei imitiert wird, als 'Kontrasubjekt' zum zweiten Einsatz des 'Subjektes' gehört werden. Dessen Imitation in der

Kammerkonzert I: 'Subjekt' und 'Kontrasubjekt' in Segment C

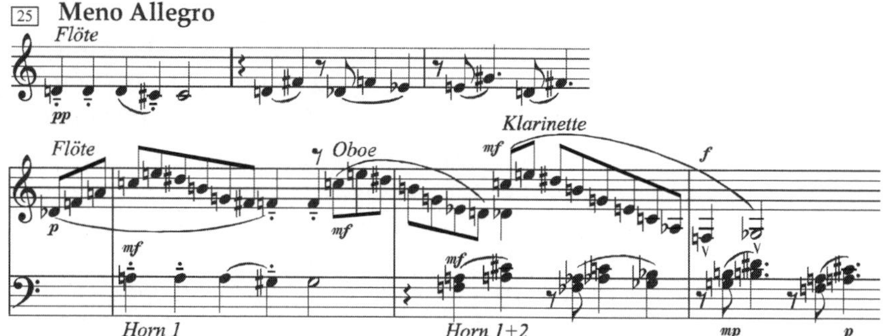

Klarinette mündet in ein wiederholtes *f-ges* und leitet damit in den *eis-fis*-Beginn der zweiten Exposition über.

Damit endet das *Thema* des Kammerkonzert-Kopfsatzes. Jedes seiner drei Segmente ist als in sich geschlossene Einheit konzipiert. Zu Bergs "Grundgedanken" gehören drei ganz unterschiedliche Arten melodisch bestimmter Komponenten, die durch ihre eloquente Rhythmik, Dynamik und Artikulation bestechen:

- die dreiteilige kryptographische Repräsentanz der Jubilare Arnold Schönberg, Anton Webern und Alban Berg,
- zwei mehrteilige Komponenten: das *Scherzando*-Thema mit seinen Antworten und die *Meno allegro*-Kontur, die sich in 'Subjekt' und 'Kontrasubjekt' eines rudimentären Fugenbeginns aufspaltet, und
- die fünftaktige Höhepunkt-Kantilene, die strahlend beginnt, bevor sie stark verlangsamend verklingt.

Dazu kommen im Zentrum des *Themas* drei weitgehend abstrakte, in Rhythmik, Dynamik und Artikulation neutrale, leicht beschleunigende Prozesse in den Bassinstrumenten, die als Grundierung fungieren:

- eine zwölftönige, in zwei Sechstongruppen fallende Terzenkette in der zweiten Hälfte von Segment A,
- die gleich anschließend in zwölf chromatischen Schritten aufsteigende Parallele eines terzlosen Septakkordes und
- ein in drei Viertongruppen fallender Quartenzirkel.

Auf der Ebene der tonalen Entwicklung erkennt man drei verschieden dimensionierte Prozesse:

- die schrittweise Genese einer Tongruppe, wie sie im 'Schönberg-Thema' als Vorspann des Namenskryptogramms erklingt,
- die allmähliche Annäherung an das Ziel, mit halbtönig verknüpften Kleinterzgruppen-Sequenzen eine Zwölftonreihe zu bilden,
- sowie eine übergreifende tonale Fortschreitung in Anlehnung an traditionelle I-IV-I-V-I-Kadenzen:
  - vom *g/h* in T. 1-4 zum *e/c*-Ausklang mit Zäsur in T. 7
  - über das erneute *g* als Beginn des Quartenfallzirkels, Zielton der Kleinterzgruppen-Sequenzierung und Beginn der Kantilene
  - und die Umkreisung des Tones *d* zu Beginn des *Meno allegro*
  - zum im Kontrafagott abschließenden *g*.

Führend in der Tutti-Exposition ist die A-Klarinette. Sie präsentiert mit dem *Scherzando*-Thema den Kontrast zu den Tonnamen-Komponenten von Schönberg, Webern und Berg, außerdem den erfolgreich zwölftönigen dritten Anlauf des Terzkettenaufstiegs, auf dem Höhepunkt die emphatische Kantilene und zuletzt die Überleitung zum nachfolgenden Abschnitt.

Variation I ist, als Solo-Exposition nach der Tutti-Exposition des Bläser-Ensembles, eng an die oben erläuterte Thematik und deren Ablauf angelehnt. In der ersten Hälfte von Segment A (T. 31-37) begleitet das Klavier die Konturen des 'Schönberg-Themas', der 'Webern-Figur' und des 'Alban-Berg-Motivs' mit ostinaten Figuren aus dem G-Dur-Dreiklang mit übermäßiger None. In der Fortsetzung (T. 38-45) variiert der Klavierbass die intervallsymmetrische Reihe 2, deren Beginn Berg hier dem im 'Schönberg-Thema' eingeführten Prozess der schrittweisen Genese unterwirft, bevor der Diskant die zweite Hälfte als Spitzentöne in Kleinfiguren integriert. Überkreuzend darüber, dann darunter erklingt das *Scherzando*-Thema, gefolgt von seinen zwei Antworten, teils in neuer Artikulation, teils unter Vertikalisierung zuvor horizontaler Intervalle.

In Segment B sind der Quartenzirkel im Bass und die dreifach ansetzende aufsteigende Kleinterzgruppen-Sequenzierung gut zu erkennen, ebenso die daraus hervorgehende emphatische Kantilene. In Segment C stellt Berg das hier nur rudimentär auszumachende *Meno allegro*-Motiv zwischen ein romanzenhaft rhythmisiertes Bassmuster und mehroktavige Arpeggio-Brillanz. Dessen Fortsetzung als 'Kontrasubjekt' mit gesteigerten Imitationen dagegen rückt er crescendierend und mit teilweiser Oktavverdopplung in den Vordergrund.

In den zwei Schlusstakten gesellt sich überraschend die A-Klarinette zum solistischen Klavier. Der Diskant reagiert – wie als Bestätigung, dass der Beginn der als Walzer konzipierten zweiten Variation unmittelbar bevorsteht – mit einer Schicht arpeggierter übermäßiger Dreiklänge im typischen "zwei-drei" dieses Tanzstils. Den Übergang zu Variation II gestaltet erneut die Klarinette, leise verdoppelt von der melodietragenden Stimme des Klaviers, mit dem *f-ges, f-ges*, das schon zuvor in den *eis-fis*-Vorspann des 'Schönberg-Themas' übergeleitet hatte.

Die folgenden drei Variationen dienen Berg als 'Durchführung' der konzertanten Sonatensatzform. *Variation II*, als "langsamer Walzer" entworfen, schließt an Bergs "Tempo III" an, wobei die sechzig 3/4-Takte des Walzers den dreißig 6/4-Takten eines Expositionsabschnittes entsprechen. *Variation III*, "kräftig bewegt" und wieder mit dreißig 6/4-Takten, greift in etwa das "Tempo II" der Exposition auf. *Variation IV* schließlich ist mit dreißig 6/8-Takten im selben Tempo nur halb so lang. Im Folgenden soll die von Berg angekündigte Zuordnung der drei Transformationsprozesse Umkehrung, Krebs und Krebsumkehrung aufgezeigt und die jeweils neue Charakterisierung einzelner thematischer Komponenten oder auch der ganzen Variationen erläutert werden.

In *Variation II* widmet Berg sich (entgegen seiner Ankündigung der Umkehrung im "Offenen Brief" an Schönberg) dem Krebs. Dies betrifft nicht etwa nur die einzelnen Komponenten, sondern den gesamten Ablauf der Musik, wobei Berg wiederholt die Binnengrenzen zwischen den Komponenten verwischt.

Eröffnend spielen Englischhorn, Oboe und A-Klarinette über den ersten Takten einer in *g* ankernden Walzerbegleitung des Klaviers den Krebs der Schlusstakte aus dem *Thema*. Dabei klingen die Holzbläser im ursprünglichen Register über einem Akkordpendel um den G-Dur-Dreiklang mit übermäßiger None vom Beginn der vorausgehenden Variation.[4] Nach chromatisch in hemiolischen Halben aufsteigenden Hörnern über fallenden Terzfiguren setzt das Klavier die Walzerbegleitung fort. Darüber erhebt sich der vierstimmige Kanon einer Kontur, die rückläufig den Anfangstakt des *Meno allegro*-Motivs mit der Kantilene vom *Thema*-Höhepunkt verknüpft.[5]

Aus Terzenketten und gegenläufigen Skalen entspringt eine wuchtige Steigerung, bei der ein Unisono fast aller Holz- und Blechbläser in doppelter Geschwindigkeit vom Klavier-Martellato imitiert wird. Danach bilden die Bläser einen dreiteiligen, durch die Oktaven fallenden Kanon auf der Basis der zweiten (Flöten-)Antwort des *Scherzando*-Themas. Was hier als "Stretta" im *ff staccatissimo* beginnt und dann zunehmend sanfter und langsamer wird, ist somit auch agogisch und dynamisch der "Krebs" des dortigen *crescendo-accelerando*.[6]

Vor dem homorhythmischen Hintergrund aus (verkürzt) steigendem Quartenzirkel in Klavier + Horn und chromatisch fallender Tritonusparallele der Flöten + Es-Klarinette spielt die Trompete den Krebs der ersten Antwort auf das *Scherzando*-Thema, gefolgt vom Krebs des *Scherzando*-Themas selbst im Englischhorn sowie dessen Vorspann mit den Intervallsprüngen *cis-d-cis* und einem abschließenden *fis-c* im höchsten Register.[7]

[4]Holzbläser T. 61-67 ≈ T. 30-27, Klavier T. 61/63/65/67-68 ≈ Klavier T. 31-33.

[5]Flöte (zuletzt mit Englischhorn) T. 71-72/73-81 ≈ Flöte T. 26-25 + A-Klarinette/Flöte T. 24-20; verkürzt imitiert in Oboe (zuletzt mit Fagott) T. 73-81; stärker verkürzt imitiert in A- + Bass-Klarinette T. 75-81, zuletzt augmentiert imitiert im Klavierbass T. 77-81, fortgeführt von der Posaune in T. 81-85.

[6]Flöte/Es-Klarinette (teils + Oboe) T. 91-97 ≈ Flöte T. 15-12, in Engführung teil-imitiert von zwei Hörnern in T. 93-95, von Bassklarinette/Fagott in T. 95-97. (Der Segment-Anschluss *e-dis* in T. 14, als *e-es* beibehalten in *Variation I*, ist hier zu *e-e* geglättet.)

[7]Klavier/Hörner T. 98-102: *g-c-f-b-es-as-des-ges* ≈ Posaune T. 16-19; Trompete T. 98-101 ≈ Oboe T. 12-10; Englischhorn T. 102-104 (Schlusstonpaar modifiziert) + Klavierdiskant, Flöte, Es-Klarinette, Piccolo T. 105-107 ≈ A-Klarinette T. 10-8.

Das Klavier nimmt das *c* der Piccoloflöte zum Ausgangspunkt eines emphatisch gesteigerten Krebses des erweiterten 'Alban-Berg-Motivs' (vgl. *molto cresc. ff molto dim. pp* und "Vorwärts – rit.").[8] Damit mündet die Musik in die letzten elf Takte von *Variation II*, die einem sehr freien Retrograd der drei Namenskryptogramme vorbehalten sind. Das alle drei Freunde verbindende *e/g* ertönt im Klavier schon zum *ff*-Höhepunkt in T. 109. In T. 110-111 folgt die Trompete, sehr still, mit Bergs *a-b-a-b-e-g* im Krebs. Weberns Kryptogramm ist tonal auf die Quint *a/e* beschränkt, doch weist die überraschend für zwei Takte hinzutretende Geige, die dem Mitschüler schon im "Motto" zugeordnet war, klanglich unverkennbar auf ihn hin. Schönberg als Hauptwidmungsträger des Werkes beherrscht die Textur der letzten sieben Takte in einer vertikalen Durchmischung, die alle Instrumente beteiligt – die Bläser mit dem sechstönigen Nachnamen, das Klavier mit dem Tonpaar des Vornamens und dem die Zwölftonreihe ergänzenden Vorspann, der hier spiegelbildlich zur schrittweisen Genese in kürzer werdenden Fragmenten ausklingt.[9]

Variation III wird eingeleitet von der Trompete. Sie lenkt mit einer explodierenden Steigerung des Ausgangstones *f* maximale Aufmerksamkeit auf den Übergang und stößt dann mit dem fallenden Halbtonschritt zum *e* die Umkehrung der Kryptogramme an. Der Spiegelungston aller Komponenten ist also *f*, der enharmonisch gelesene Ausgangston des Satzes. Darauf erklingen die ersten fünf Töne des 'Schönberg-Themas'. Zum Prozess der schrittweisen Genese tragen hier verschiedene Instrumente bei, die in den Nebenstimmen zudem mit Permutationen jeweils derselben Tongruppe unterlegt sind. Das Klavier setzt die thematische Linie im Diskant seiner aufsteigenden Akkorde mit den Tönen 6-10 fort und krönt sie zuletzt mit den Tönen 11-12 in der Oberstimme eines ganztaktigen Akkordtrillers. Unter dessen Diminuendo crescendiert die A-Klarinette ein oktaviert verdoppeltes *cis-c*, das die Posaune wenig später mit *ges-es* zur Umkehrung des Alban-Berg-Motivs ergänzt.

Im *a tempo* ab T. 128-129 präsentiert das Klavier allein eine Passage in Sekundparallelen, deren Oberstimme eine Umkehrung des *Scherzando*-Themas aus T. 8-10 ist. Die im *Thema* folgende Oboen-Antwort, die hier als Umkehrung aus der Tiefe aufsteigend statt aus der Höhe fallend ertönt, wird von den zwei Klarinetten mit der Imitation des *Scherzando*-Themas

[8] T. 107 Piccolo (*c*) + T. 107-109 Klavierdiskant *d-as-des-h-es-f-g-e-b-a* ≈T. 6_4-7 Flöte.

[9] Vgl. die Umkehrung von *es-c-h-b-e-g* im komplementären Bläserspiel von T. 113-120; vgl. dazu *a-d* im Klavier T. 114-115, auch Oboe/Es-Klarinette T. 117; *eis-fis-gis-cis, fis-gis-cis, fis-gis* rücklaufend in Klavier T. 115-120.

in Sekundparallele kontrapunktiert. Die im *Thema* anschließende zweite (Flöten-)Antwort beginnt in vier hohen Holzbläsern und setzt sich mit einer Klavierkontur fort, die zwischen den Oberstimmen der beiden Hände hin und her springt.[10] Dynamisch und agogisch übernimmt die Umkehrungsvariante das *crescendo-accelerando* der Vorlage.

Segment B beginnt mit den Kleinterzgruppen-Sequenzierungen in Form einer Klaviertoccata in *ff martellato* zu vierstimmigen Bläsertrillern, unterbrochen von einer Imitation der komplementärrhythmischen Textur im Klangfarbenwechsel der hohen Blech- und Holzbläser.[11] Den Schlusston verdoppelt die Posaune, die daraus eine Umkehrung der Kantilene entwickelt, modifiziert durch eine überleitende Staccato-Skala beim Oktavwechsel und ein Glissando vor dem wiederholten Tonpaar. Dabei kehrt Berg den im *Thema* angelegten Verlauf, der im *allargando* von *f* zu *pp* verklingt, zu einem *poco a poco accelerando* von *p* nach *ff* um. Zudem wird diese Variante der Kantilene zum Initiator eines ungewöhnlichen Kanons: Bassklarinette, Hörner und Fagott folgen in je ganztaktigem Abstand mit halbtönig absteigenden Transpositionen.

Das *Meno allegro* bietet eine Überraschung: Sein schlichtes Motiv, das im *Thema* als fugiertes 'Subjekt' dient und bei seiner Imitation kontrapunktiert wird, springt hier im homophonen Tutti zwischen dem Klavier und immer anderen Bläsern über vier Oktaven auf und ab. Dabei entsteht durch die ungewöhnliche Bläserinstrumentierung – den recht hohen Ton der Posaune und die recht tiefen Töne von Piccoloflöte und Trompete – eine Art musikalischer Ironie. Zudem sind erneut nicht nur die thematischen Intervalle gespiegelt. Auch die Dynamik ist in ihr Gegenteil verkehrt, insofern statt der allmählichen Steigerung von *pp* bis *f* im *Thema* ein Bläser-*fortissimo* bis zum ausgedünnten *ppp* abgedämpft wird.

Kammerkonzert I: Eine schlichte Kontur und ihre exzentrische Umkehrung

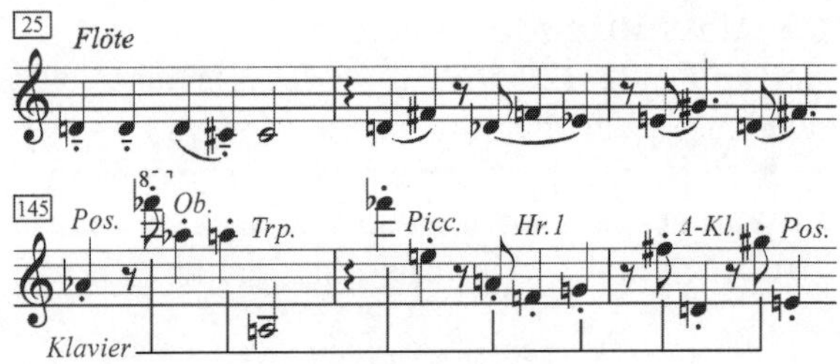

[10] T. 132-133 Flöten/Klarinetten + T. 133-135 Klavier ≈ T. 15-12 Flöte.

[11] T. 136-137 Klaviertoccata ≈ T. 16-17 Es-Klarinette, T. 138-139 Trompete im Wechsel mit Oboe/Englischhorn ≈ T. 18 Oboe, T. 139-140 Klaviertoccata ≈ A-Klarinette^{++}.

Die drei Bläserkonturen, die im *Thema* den Kontrapunkt und seine modifizierten Imitationen bilden, sind hier horizontal und vertikal erweitert: Sie bilden eine nicht nur drei- sondern vierteilige Engführung und unterstreichen zudem das durchgehende Diminuendo durch eine abnehmende Anzahl homorhythmischer Nebenstimmen.[12]

Variation IV verhält sich zu *Variation III* ähnlich wie *Variation II* zu den 'Expositions'-Segmenten *Thema* und *Variation I*. Die in *Variation III* in Umkehrung aufgegriffenen thematischen Komponenten erklingen in *Variation IV* in zusätzlicher vertikaler Spiegelung, als Krebs der Umkehrung. Auch diesmal betrifft die Rückläufigkeit nicht nur die einzelnen Komponenten, sondern ebenso den Ablauf der Musik; auch hier verwischt Berg häufig die zuvor etablierten Binnengrenzen zwischen den Bausteinen seiner Thematik. Zudem kontrapunktiert er einige Krebsumkehrungen mit ihren Spiegelungen, andere mit einer Komponente, die in vorausgehenden Variationen ohne konkurrierende Zweitstimme zu hören war. Und als sei all dies noch nicht genug der Komprimierung, verläuft *Variation IV* im 6/8-Takt; alles ertönt in doppelt raschen Notenwerten.

Den Anfang bilden, nach dem durch die Klarinetten aufsteigenden Überleitungstonpaar *e-f*, die Krebsumkehrungen der drei Varianten des 'Kontrapunktes' aus dem *Meno allegro*-Segment: Das Klavier spiegelt in T. 152 die Bassklarinettenfigur aus T. 150, die A-Klarinette stellt darüber den Krebs der Hornfigur aus T. 148-150, und die Es-Klarinette folgt mit dem Retrograd des Klavierdiskants aus T. 147-148.

Die drei Girlanden führen in den Krebs des kurzen Motivs, das im *Thema* den Ton *d* umkreist. Seine Krebsumkehrung im Unisono aus Oboe und Englischhorn klingt melodisch schlicht, wenn auch der Synkopenbeginn drängend wirkt. Exzentrisch sind vor allem die Begleitschichten. Den übermäßigen Dreiklang *des-f-a*, der die Girlande der Es-Klarinette abschließt, greift die Piccoloflöte für zwei oktavierend steigende Echos auf, während die A-Klarinette dessen Umkehrung an die oktavierend fallende Folge von Bassklarinette, Fagott und Kontrafagott weiterreicht. In einer dritten Schicht ergänzt das Klavier seine zweimal in halbtonverknüpften kleinen Nonen sechsoktavig steigende chromatische Skala mit einer in rasenden Staccati konvergierenden Gabel aus den beiden komplementären Ganztonleitern (*GT-h* über *GT-c*). Die Zielsekunde *d/e* durchklingt sodann die nächsten zehn Takte.

[12] T. 147-148 Klavierdiskant *a-f-des-b-ges-g-h-dis-e-f* (+ 3 Stimmen) ≈ T. 27-28 Flöte, T. 148-149 1. Horn (+ 2 Stimmen) ≈ T. 28-29 Oboe, T. 149-150 Es-Klarinette (+ 1 Stimme) und T. 150-151 Bassklarinette (ohne Begleitstimme) ≈ T. 29-30 A-Klarinette.

Rund um diese im Klavier sehr leise und rhythmisch unbetont wiederholte Liegesekunde bildet Berg ein dreistimmiges polyphones Gewebe auf der Basis der Kantilene aus dem Höhepunkt des *Themas*. Der Klavierbass spinnt seine Staccato-Sechzehntel weiter mit dem Krebs der Umkehrung, im halbtaktigen Abstand und einen Tritonus höher imitiert vom 1. Horn. Homorhythmisch mit den Tonwechseln des Klaviers stellt die Piccoloflöte eine sehr leise Legatoversion der Umkehrung dagegen.[13]

Im nächsten Schritt wird das *es*, mit dem die Krebsumkehrung der Kantilene im Klavier endet, zum vorübergehenden Orgelpunkt. Zusammen mit der Sekunde *d/e*, die nach einer sechsoktavig ausschlagenden Kurve nun zum Vorschlag wird, entsteht ein Basscluster. Neu angestoßen nach jeweils zehn Staccato-Sechzehnteln stellt sich diese Bassfigur dem herrschenden 6/8-Metrum entgegen; Berg schreibt "quasi 5/8". Darüber erheben sich, flüsternd aber wie in der hier gespiegelten *Variation III* in zunehmender Stimmenzahl zur Dreioktavenparallele anwachsend, die Krebsumkehrungen der drei Terzenketten.[14] Führend über beidem und dynamisch trotz Dämpfern im *poco f* deutlich von den *pp*-Stimmen abgesetzt spielt ein von der Posaune initiiertes, gleichfalls zu Oktavparallelen anwachsendes Blechbläsertrio eine phrasierte Legato-Kontur. Sie entpuppt sich als ausgeschmückte Krebsumkehrung der im *Thema* eher unauffälligen Fortspinnungen der beiden Kleinterzgruppen-Sequenzierungen, die nicht zur Zwölftönigkeit führen – also der Vorläufer der Kantilene, die dort aus dem erfolgreichen dritten Anlauf erwächst und hier vorausgeht.[15]

In der folgenden Passage setzt Berg die kontrapunktische Gegenüberstellung früher separat gehörter Komponenten fort. Die Flöte spielt, leise aber im Legato höchst ausdrucksvoll, das Tonkryptogramm Schönbergs, ohne den zur Zwölftönigkeit ergänzenden Vorspann, dafür mit einer rhythmischen Pause zwischen Vor- und Nachnamen schlichter und 'verständlicher' als je zuvor in diesem Werk. Das 1. Horn stützt die Kontur mit der Umkehrung (ohne den Schlusston). Begleitet werden diese thematischen Stimmen von der dreistimmigen Parallele eines Mollsextakkordes in Fagott und Klarinetten. Führend über allem ertönen im Klavierdiskant die letzten 23 Töne der zweiten (Flöten-)Antwort auf das *Scherzando*-Thema, als Krebsumkehrung in brillanten Staccato-Sechzehnteln.

[13] Für diese Umkehrung müsste es in T. 157 *h-fis* (statt *h-dis*) heißen. Ein Druckfehler?

[14] T. 161-162 Bassklarinette ≈ T. 19 A-Klarinette + + , T. 163 Bassklarinette/Fagott ≈ T. 18 Oboe, T. 165 Bassklarinette/Fagott/Oboe ≈ T. 16 Es-Klarinette.

[15] Vgl. T. 161-165 Posaune, + 2. Horn, + Trompete. Darin T. 161_3-163_1: *a*-[b]-*c*-*h*-*c*-*d*-*c* ≈ T. 18 Oboe: *b-as-b-h-b-cis*, T. 164-165: *h-c-b-a-g-fis* ≈ T. 16 Es-Klarinette: *e-es-des-c-b-h*.

Nach einer oktavierten Echo-Wiederholung dieser Staccatokette mit frei gespiegelter Gegenstimme zu Quartenketten und Chromatik in den Bläsern fügt das Klavier – im Kanon mit der Unterquintimitation – die Krebsumkehrung des *Scherzando*-Themas selbst hinzu, während die Bläser im komplementären Spiel ausladende Wellen aus einer Terzenkette in Staccato-Sechzehnteln gestalten. Mit einer weiteren Klangfarbenkontur fügt Berg die Krebsumkehrung seines eigenen Kryptogramms hinzu.[16] Während einer freien Krebsumkehrung von Weberns Figur[17] wartet ein betontes *es*, durch die Oktaven aufsteigend weitergereicht von Horn/Fagott über Bassklarinette/Flöte an die Piccoloflöte, auf die Ergänzung zur vollständigen Krebsumkehrung des 'Schönberg-Themas'. Hervorgehoben durch *ffp*-Akzente folgen die elf weiteren Töne, dem Vorbild entsprechend mit einer schrittweisen Auflösung des viertönigen Vorspanns. Im abschließenden Diminuendo untermalt mit oktavspringenden chromatischen und ganztönigen Skalen beschließt "Schönberg" diese Variation und mit ihr die "Durchführung" der bergschen Sonatensatzform.[18]

Die drei Variationen, die diese "Durchführung" bilden, unterscheiden sich über die jeweils zugrunde gelegte Transformation der Dodekaphonie hinaus auch in ihrer Stimmung und Intensität.

- *Variation II* ist mühelos als Walzer zu erkennen: 25 seiner 60 Takte sind charakterisiert durch das volkstümliche Charakteristikum des "humb-da-da"-Stils. In seinem Zentrum verkehren Posaunenglissandi im Krebs der Kantilene die einstmals souverän 'strahlende' Kontur ins Komische. Und während sich die aufgesplitterte Textur am Zielpunkt der Krebstransformationen ins fast Unhörbare zurückzieht, kommt der Walzer plötzlich aus dem Takt: Die konventionell auf die Schläge "2-3" fallende Akkordwiederholung verzahnt sich zu einer hemiolischen Kette, bevor auch sie verklingt.[19]
- *Variation III* ist das agogisch am stärksten bewegte Segment des Satzes; Bergs Anweisungen enthalten neben den "*rit. / a tempo*"-Markierungen an den Binnenübergängen eine besondere Dichte von fünf Tempoänderungen binnen fünf Takten (T. 132-136) und ein ausgedehntes Accelerando, das dann plötzlich abgebremst wird.

[16]T. 175-176 Horn, Klavierdiskant, Trompete: *es-fis-c-cis-c-cis* ≈ T. 5-6 Flöte: *a-b-a-b-e-g*;

[17]Vgl. in T. 176 das Spiel der Oboe um *cis-c-fis-cis.*

[18]Vgl. T. 176-180 aus der Krebsumkehrung des Schönberg-Themas *fis* (Trompete), *fis-c* (Oboe/Trompete), *h-b-g* (Oboe/Trompete/Posaune), *gis* (Oboe/Trompete/Hörner/Posaune/Klavier), *cis-a-d-e-f* (Klavier/Horn), *a-d-e-f, d-e-f, e-f.*

[19]Vgl. T. 116-119: ||: Klavier "2-3", Fagott/Hörner "1-2", Flöte/Es-Klarinette "3-1" :||.

Ein weiteres Merkmal sind die betont rhythmischen Passagen. Hierzu tragen sowohl die ungewöhnlichen Sekundparallelen als auch die mit Permutationen ihrer Töne unterlegten Konturen bei. Einen Höhepunkt bildet die durchgehend im *ff* gehaltene Homophonie der akkordimmanenten Klangfarbenmelodie.

- *Variation IV* ist mit der Überschrift “Sehr rasch” und einer auf die Hälfte reduzierten Spieldauer gleichzeitig brillanter Abschluss und Rückleitung zur “Reprise” in der gewichtigeren Variation V.

Faszinierend ist Bergs immenses Spektrum unterschiedlicher Charakterisierungen bei der dreifach transformierten Wiederkehr der thematischen Komponenten. Am vielfältigsten zeigt sich dabei das ‘Schönberg-Thema’. In *Variation II* ist es aufgrund der Verteilung der (zudem oft wiederholten) Töne auf die verschiedenen Stimmen zunächst hörend nicht zu erfassen. In *Variation III* jedoch krönt das Klavier die Diskantlinie seiner aufsteigenden Akkorde mit den zwei Zieltönen in der Oberstimme eines ganztaktigen Akkordtrillers und zollt so dem Widmungsträger durch höchsten Nachdruck besonderen Respekt, unterstrichen noch durch die Abgrenzung vor dem folgenden *calando.* In *Variation IV* schließlich erklingt “Schönberg” ohne den hinzugefügten Zwölfton-Vorspann im leisen Legato der Flöte, betont ‘sprechend’ mit einer rhythmischen Zäsur zwischen den Tonbuchstaben von Vor- und Nachnamen und betont harmonisch dank der Begleitung mit einer dreistimmigen Mollsextakkordparallele.

Die überraschendste Variante des *Scherzando*-Themas erklingt in *Variation III,* wo das Klavier und die imitierenden Klarinetten die Kontur rhythmisch zerrissen in Sekundparallelen wiedergeben. Eine ähnliche Überraschung bietet Berg in derselben Variation mit der Verwandlung der Kleinterzgruppen-Sequenzen zu einer *ff martellato*-Toccata, die im Wechsel zwischen dem Klavier und einem Klangfarbenpendel der hohen Blech- und Holzbläser in größtmöglicher Intensität ertönt.

Die Kantilene aus dem Höhepunkt des *Themas* klingt in *Variation II* seriös als vierstimmiger Kanon, in *Variation III* dagegen humorvoll in der Posaune, ornamentiert mit einer überleitenden Staccato-Skala und einem aufwärts gerichteten Sextenglissando. Einen noch stärker ins Bizarre spielenden Effekt erzeugt Berg mit dem in seiner Urform eher schlichten *Meno allegro*-Motiv. In *Variation III* lässt er die Kontur im homophonen Tutti zwischen dem Klavier und immer anderen Bläsern über vier Oktaven auf und ab springen. Dabei weist er einige Töne den extremen Registern der Blasinstrumente zu und erzeugt damit den Eindruck, als wollten die Instrumente in dieser hochachtungsvollen Jubiläumsgabe auch einmal ihren Spaß haben.

Variation V stellt nach Bergs eigener Aussage die "Reprise" dar. Die Tempoabfolge ist mit "Tempo I" (T. 181), "Schwungvoll" (T. 211) und "Meno allegro" (T. 220) dieselbe wie im *Thema*, das Metrum jedoch, wie schon erwähnt, ein der Walzer-Variation II entsprechender 3/4-Takt. Darin laufen Komponentenfolgen in unterschiedlicher Geschwindigkeit und Dichte neben- und übereinander her. In den beiden Strängen stehen sich im Wesentlichen das Bläsertutti und das Solo-Klavier gegenüber, doch ist die Trennung nicht absolut.

Die Variation beginnt über einem *e-f*-Tremolo als Klaviertriller über einem ritardierenden Flatterzungentremolo der Klarinetten, mit dem arpeggierten *ges* (*fis*) als drittem Ton für beide Schichten. Die Fortsetzung des 'Schönberg-Themas' erklingt in der Oboe, wobei jeder Ton vom (enharmonischen) *fis*-Auftakt des Klaviers angestoßen wird. Schon im sechsten Takt führt der Diskant die für diese Variation charakteristische quintolische Doppelschlagverzierung ein, die von Piccolo und Flöte sofort für die Ausschmückung der zweiten Themenhälfte übernommen wird und im Übergang von "Sch[ön]-" zu "-be[r]g" erstmals als für die Variation konstitutive Mollsextakkordparallele gesetzt ist.[20] Zu dieser, und damit kurz vor dem Ende des Hauptthemas, spielt der Klavierdiskant seinerseits das 'Schönberg-Thema' – gleichfalls mit *fis*-Auftakten vor jedem Ton der ersten Hälfte. Wie als Kontrapunkt schließen sich im Bläser-Ensemble die Trompete mit der Webern-Figur und die beiden Flöten mit dem Alban-Berg-Motiv an. Auch im Klavier folgt 'Webern', 'Berg' jedoch nur vertreten durch die Ergänzung seines Motivs aus T. 6-7.

Nach einer Zäsur des Bläsersatzes folgt in der originalen Besetzung durch die A-Klarinette aber einem noch exzentrischeren Vorspann das *Scherzando*-Thema, nach überleitenden Doppelschlagfiguren im Klavier gefolgt von dessen Präsentation derselben Komponente. Nachdem der Abstand des Klaviers zum Bläserensemble im 'Schönberg-Thema' anfangs acht und am Ende noch sechs Takte und in der 'Webern-Figur' nur noch fünf Takte betragen hatte, ist er beim Einsatz des *Scherzando*-Themas bereits auf drei Takte geschrumpft. Dessen erster Antwort in der Oboe folgt schon nach einem Takt dieselbe Komponente in einer (den Klavierstrang hier komplementierenden) Horn-zu-Bassklarinette-Kontur; im Falle der zweiten Antwort (Flöte zu Es-Klarinette bzw. Bassklarinette zu Horn) beträgt der Abstand dann sogar nur noch fünf Achtel.

[20] Die Doppelschlagverzierung, bei fallenden Schritten in Umkehrung, durchzieht das ganze Tempo I-Segment bis auf wenige Rahmentakte. Für die Mollsextakkordparallele vgl. T. 188, 193 (Bläser, dann Klavier) und 194 (zweimal).

Im “Schwungvoll” überschriebenen zweiten Segment jagen sich die verschiedenen Kleinterzgruppen-Sequenzierungen – mit den Bläsern in Achteln, dem Klavier in Triolen – lange genug, um dem Klavier Gelegenheit zum ‘Überholen’ zu bieten. So setzt der Diskant mit der Kantilene aus dem Höhepunkt des *Themas* ganze vier Takte früher und zudem gedrängter ein als die Flöte, die damit wie unbeabsichtigt zum Kontrapunkt des *Molto allegro*-Motivs im Klavier wird. Das Soloinstrument nutzt den Vorsprung, um sowohl die Comes-Antwort als auch das Kontrasubjekt mit seinen Imitationen zu rekapitulieren, wofür dem langsameren Bläsersatz Zeit und

Kammerkonzert I: Variation V als “Überhol-Kanon”

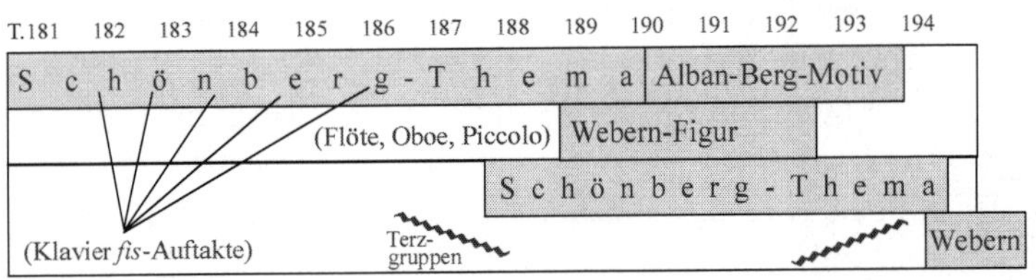

T.195 196 197 198 199 200 201 202 203 204 205 206 207 208 209 210

Vorspann+*Scherzando*-Thema | Antwort 1 | Antwort 2

(A-Klarinette) | (Oboe) | (Flöte, Es-Klarinette, A-Klarinette)

Vorsp.+*Scherzando*-Th. | (Horn, Bassklar.) | (Bassklar., Hörner, Fagotte)

Berg-Ergänzg. | (Toccata, Diskant) | Antwort 1 | Antwort 2

T.211 212 213 214 215 216 217 218 219 220 221 222 223 224 225 226 227 228

K a n t i l e n e

(Ob./Englh) | (Flöte)

K a n t i l e n e | *Meno Allegro*-Motiv (Dux) | ‘Kontrasubjekt’ + Imi-

(Klavier) | (Diskant) | (Diskant) | Motiv (Comes)

T.229 230 231 232 233 234 235 236 237 238 239 240

Meno Allegro-Motiv (Dux) | ‘Kontrasubjekt’ + Imitationen

(Horn) | (Horn, A-Klar., Oboe, Englh./Horn)

-tationen | ‘Kontrasubjekt’ + Imitationen im Krebs

Klavierbass “Walzerbegleitung”

Raum fehlen. In einem Anflug von Übermut geht das Klavier zum Schluss sogar in eine Walzerbegleitung über, unter Krebsbildungen des Kontrasubjektes, die an *Variation II* erinnern.

In den letzten 18 Takten vereinigen sich Tutti und Solo zu einem mächtigen Crescendo bis zum *fff* und darüber hinaus. Ihr Klang soll jedoch, so Bergs Partituranweisung, in den Holzbläsern, dem 1. Horn und dem Klavier rasch abgedämpft werden. Erst in der plötzlichen Stille hört man den schon zuvor unmerklich hinzugetretenen, über dreieinhalb Oktaven gespreizten Klang *e/gis/fis/h*. Mit ihm bilden das gedämpfte Blechbläsertrio und die hoch darüber schwebende Geige im *ppp* die Überleitung in den *Adagio*-Satz des Kammerkonzertes.

Beim Gang durch die immer neu verwandelte Thematik in diesem Variationssatz überrascht nicht zuletzt die Entwicklung der tonalen Ankertöne. Das *Thema* beginnt über einem Intervallpendel, dessen 'Grundton' *g* mit dem *e* wechselt, das ihm schon am Ende des "Mottos" gegenübersteht. Die Reprisenvariation beschließt den Satz mit einem Klang über *e*, der sich vorhaltartig in den Ganztontetrachord *f/a/g/h* zu Beginn des *Adagio* auflöst, über dem das führende *h–g* der Geige auf *g* als 'Grundton' weist. Auch dazwischen erzeugt Berg in größeren Abständen kurze harmonische Ruhepunkte mit Bezug zu *g* und *e*:

- Zum *Meno allegro*-Motiv umspielt der Bass den 'Grundton' *g* in Halbtonpendeln, vgl. in *Thema, Variation I* und *Variation V* die über *fis-g-fis-g* pendelnden Quinten (T. 25-27, 55-57, 220-225).
- In *Variation II* erklingen zweimal, zum Beginn jeder Hälfte, erweiterte Durakkorde über *g-as-g-as-g*, der Umkehrung der das *g* umspielenden Halbtonpendel (T. 61-68, 91-98):
- In *Variation III* durchklingt *g* als indirekter Orgelpunkt wechselnder Instrumente eine Passage von sieben Takten (T. 133-139).
- Dazu konzipiert Berg zwei ausgedehnte chromatische Cluster über und unter *e*: die sechsmal ametrisch platzierte Tonwiederholung mit Vorschlag *d/es/e* zur Begleitung der Kleinterzgruppen-Sequenzen in *Variation IV* (T. 161-165) und das aus Tremolo und wiederholter Oktave gebildete *e/f/ges* zur Begleitung des 'Schönberg-Themas' am Beginn von *Variation V* (T. 181-191).

Dies ergibt eine gespiegelt von *g-e* und *e-g* eingerahmte Abfolge mit vielfachen kurzen Wiederaufnahmen des primären Zentraltones *g* und einer Betonung des Halbtonschrittes sowohl in den Basstonpendeln um *g* als auch in der Beziehung der beiden chromatischen Cluster und des Überleitungsakkordes zum sekundären Zentralton *e*.

II – *Adagio*

Nach dem eröffnenden “Klavierkonzertsatz” folgt im Zentrum des *Kammerkonzertes* ein Satz mit solistischer Violine. Zu dessen Aufbau schreibt Berg in seinem “Offenen Brief” recht knapp das Wesentliche:

> Auch der Bau des *Adagio* beruht auf dem “dreiteiligen Lied”: A_1 – B – A_2, wobei A_2 die Umkehrung von A_1 vorstellt. Die Wiederholung dieser ersten Satzhälfte von 120 Takten geschieht krebsförmig, und zwar teils in freier Gestaltung des rückläufigen Themenmaterials, teils aber, wie zum Beispiel beim ganzen Mittelteil (B), im genauen Spiegelbild.

Dazu zeichnet Berg eine “tabellarische Übersicht”, in der er u.a. sein Spiel mit den Vielfachen der Zahl 3 im Umfang der Segmente betont:

Dreiteilig			*Krebs davon*		
A_1	B	A_2 Umkehrg. von A_1	A_2	B Spiegelbild des vorh. B	A_1
30	12 + 36 + 12	30	30	12 + 36 + 12	30

In der folgenden Analyse sind die Rahmenpassagen um B mit Y und Z und die Segmente entsprechend ihrer Transformation als Original, Krebs, Umkehrung und Krebsumkehrung mit O, K, U und KU identifiziert:

$$A_O \quad Y_O \quad B_O \quad Z_O \quad A_U \parallel A_{KU} \quad Z_K \quad B_K \quad Y_K \quad A_K$$

Dieses überaus kreative und alles andere als schlichte Palindrom ist das berühmteste in Bergs Gesamtwerk. Es ist deutlich freier als andere, aber auch wesentlich umfangreicher als die Spiegelungen in der Konzertarie *Der Wein* und in der Oper *Lulu*. Dabei hindert die komplexe Struktur Berg nicht daran, einen Satz von großer lyrischer Schönheit, Wärme und Leidenschaft zu schreiben, der in seiner Beziehung des Geigensolos zum Bläserensemble bereits auf das *Violinkonzert* vorausweist. Zudem gibt es zahlreiche Überraschungen, die Berg nicht im Voraus verrät. So markiert das Klavier, das sonst in diesem *Adagio* schweigt, die sechs zentralen Takte um den Umkehrpunkt zwischen den beiden Hälften mit zwölf spukhaften ‘Glockenschlägen’ auf dem tiefsten *cis* der Tastatur.

Der von Berg mit A1 bezeichnete Abschnitt ist in sich zweigeteilt. Die beiden Segmente (T. 241-260_1-270), die auf einer je eigenen Zwölftonreihe basieren, sollen hier als Hauptsegment und Codetta bezeichnet werden. Das Hauptsegment zeigt eine aktive Entwicklung von Harmonie, Agogik und Dynamik, während die Codetta über einem Orgelpunktton verklingt.

Die Violine eröffnet den Satz mit drei Varianten und einer Fortspinnung des zwölftönigen Hauptthemas. Es beginnt vor dem Hintergrund des Ganzton-Tetrachords *f/g/a/h* mit dessen zwei Großterzintervallen, die Berg in den drei Varianten von einer Oktave in die andere versetzt, wobei er die zweite Terz zweimal spreizt und einmal auch spiegelt. Die Reihentöne 5-11 bleiben in Lage, Kontur und Rhythmus unverändert, nehmen jedoch Teil an der metrischen Verschiebung, die sich durch den Umfang von 21/8 ergibt. Die drei Varianten sind identisch in der Nuancierung des Tempos, bei schrittweise zunehmender Lautstärke. In den Teilwiederholungen der Fortspinnung führt Berg die Steigerung weiter und beschleunigt zuletzt sogar die Notenwerte. Die Begleitschicht wechselt klangfarblich und entwickelt sich dabei in ihrer tonalen Komplexität:

Kammerkonzert II: Das Hauptthema der Violine (Reihe 1)

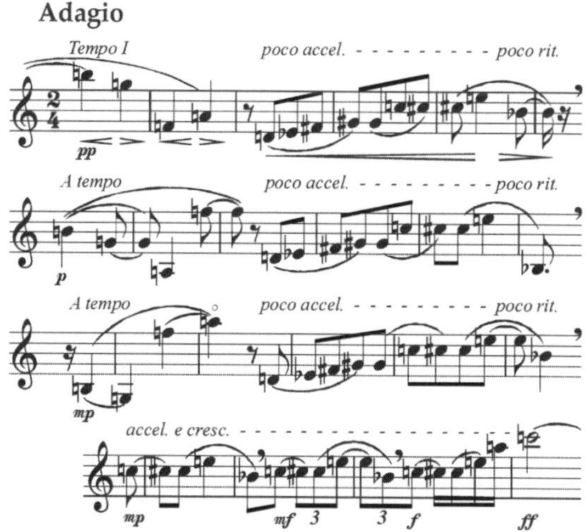

dazu Blechbläsertrio mit chromatisch steigendem schwebenden Klang

dazu Klarinetten-Trio mit As-Dur-Tremolo

dazu Trio hoher Holzbläser mit chromatisch steigendem verminderten Septakkord

dazu Holz-/Blechbläser mit verminderten Septakkorden auf *cis* bzw. *c*.

Am Beginn der A_O-Codetta etabliert die Posaune mit *fp* den Orgelpunktton *c*, den das Fagott später mit zehn als "deutlich" markierten Portato-Viertelschlägen übernimmt. Dieser Ankerton fällt erst am Ende des Abschnitts zum tiefen *a*, der Quint unter dem drei Oktaven höher chromatisch steigend erreichten *e* der Violine. Melodisch führend in der Codetta ist die Oboe mit der zweiten Zwölftonreihe in A_O. Nach Ton 12 setzt die Oboe kurz zur Wiederholung an, übergibt dann jedoch an die Trompete, die zusätzlich zur Richtung der Intervallsprünge den Rhythmus variiert. Dabei verlaufen beide Varianten in fünfstimmiger Parallele, mit der tragenden Stimme als Quart über einem verminderten Septakkord. Diese Intervallschichtung wird im Folgenden als 'Akkord x' gekennzeichnet.

Kammerkonzert II: Das Codetta-Thema der Bläser (Reihe 2)

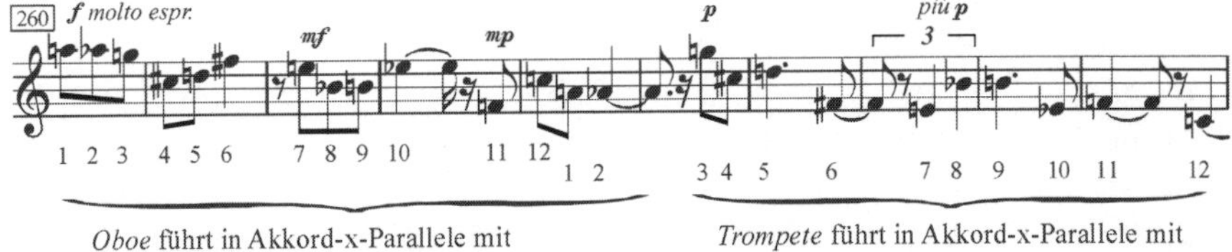

Abschnitt B besteht, wie Berg in seiner Strukturübersicht ankündigt, aus drei Segmenten, deren Umfang im Verhältnis 1 : 3 : 1 entworfen ist. Im zwölftaktigen Vorspiel (Y_O) präsentiert die Violine, im hohen Register und "ganz langsam", eine sehnsuchtsvoll klingende elftönige Kontur, die unmittelbar anschließend eine Duodezime tiefer und etwas kräftiger von der Trompete und dann noch einmal, eine weitere übermäßige Oktave tiefer und nun im *forte*, vom Fagott imitiert wird.

Kammerkonzert II: Die 'sehnsuchtsvolle Kontur' im Vorspiel zu B

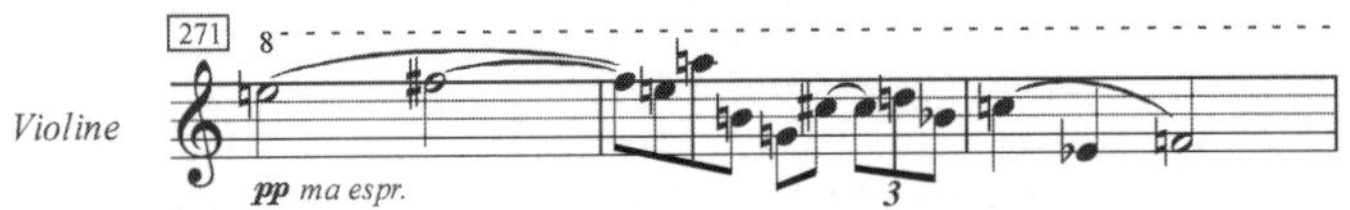

Während dieser drei Einsätze spielen die jeweils begleitenden Instrumente neutrale Tonpendel. Allerdings ertönt in den tiefen Holzbläsern eine gewichtige Gegenstimme: eine leicht verkürzte und stark augmentierte Variante des Codetta-Themas als Kontrapunkt und Verknüpfung der Abschnitte.[21] Erst in den vier letzten Takten dieses Rahmensegmentes tritt die Violine allmählich wieder in den Vordergrund. Sie präsentiert eine überraschende Entwicklung: eine Folge aus vier Tongruppen, die jeweils nach dem Taktschwerpunkt auf dem hohen *c* einsetzen und den anschließenden Abstieg von einem ganztönigen über ein diatonisches und ein chromatisches auf ein vierteltöniges Skalensegment verengen. Die vier tiefen Bläser reagieren mit plötzlichen *ffp*-Akzenten und einem Abstieg des Kontrafagotts zum tiefsten *d*.

Das "etwas belebter, aber immer noch sehr langsam" markierte zentrale Segment B_O beginnt quasi-tonal mit einem D-Dur-Nonakkord als Ausgangspunkt eines vierstimmig homorhythmischen Bläsersatzes, in dem die Flöte den Abschlusston der Violine aufgreift. Einzig das Horn stellt ein akkordfremdes, oktavierend auf und ab springendes *b* dagegen. Über allem

[21] Vgl. Kontrafagott T. 270-273: Ton 1-3, weiter Bassklarinette T. 274-278: Ton 3-10.

initiiert die A-Klarinette das Hauptthema dieses Kontrastabschnittes in Form einer Zwölftonreihe, die – von schönbergscher Askese befreit – durch Umspielung mit den wiederholten Tönen 1-4 zur lyrischen Phrase aufblüht.

Kammerkonzert II: Die 'lyrische Phrase' in Abschnitt B

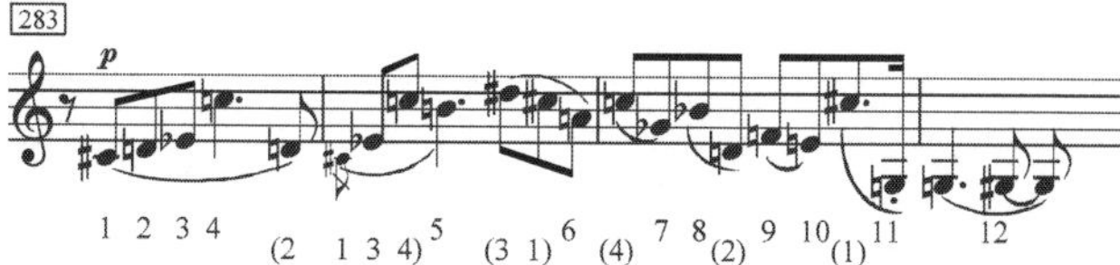

Auch hier folgen zwei Imitationen. Der Anschluss im 1. Horn erzeugt trotz seines Wechsels zwischen Tritonus- und Quintabstand eine eigene umspielte Zwölftonreihe in gleicher Stimmung, während die in Engführung mit dem Horn einsetzende Violine sich bald von der tonalen Vorgabe emanzipiert. Der eindringliche Auftakt dieses Themas allerdings bestimmt noch zahlreiche Folgetakte im "wieder *a tempo* und *accel* - - - (Vorwärts!)" markierten Übergang zu drei *molto rubato*-Takten.

In diesen drei bewegten Takten präsentieren Geige und A-Klarinette dreimal im Wechsel den Abstieg *d—h-ais-gis-e* in dem Rhythmus, den Berg unmittelbar darauf – nun in Kontrafagott und Posaune, ohne jedes rubato und zur oktavierten Tonwiederholung *a* neutralisiert – als "Hauptrhythmus" identifiziert. In dieser quasi offiziellen Fassung erklingt das Muster sechsmal,[22] je dreimal im Wechsel mit dem Auftakt der 'lyrischen Phrase' und zu der Dreifach-Engführung, in der Berg die variierte Umkehrung der 'lyrischen Phrase' in drei Tempi – augmentiert, original und diminuiert – übereinander stellt.[23] Danach münden gestaffelt steigende chromatische Linien accelerierend in den "Höhepunkt". Im *ff* und "sehr breit" ertönt noch einmal eine Dreifach-Engführung, kontrapunktiert von vier ominösen Posaunenstößen.[24] Schließlich verklingen Solist und Bläser-Ensemble mit immer kürzeren Teilsequenzen ins *pp*, aus dem sich das Nachspiel erhebt.

Kammerkonzert II: Der "Hauptrhythmus"

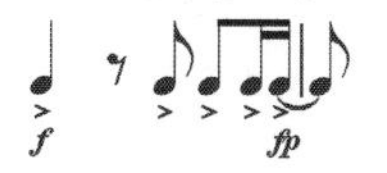

[22]Hauptrhythmus T. 297-298: Kontrafagott/Posaune, T. 299-301/301-303: Trompete/Posaune, T. 304-305 Violine, T. 306-307 augmentiert/T. 308-309: Bassklarinette/Fagott.

[23]Vgl. in T. 303-308 die 'lyrische Phrase', augmentiert in Trompete/Posaune von *b*, etwas verkürzt in den ursprünglichen Notenwerten in Es-Klarinette/Hörnern von *gis/h/dis*, stark verkürzt und rhythmisch diminuiert in Fagott/Bassklarinette von *c*, fortgesetzt in der Violine.

[24]Vgl. die Umkehrung des ersten Segmentes der 'lyrischen' Phrase in T. 314-316, augmentiert in der Trompete (A-Klarinette kürzer verdoppelt, Flöten noch kürzer), zugleich im originalen Tempo in Violine/Es-Klarinette und rhythmisch diminuiert in einer Sextenparallele von Oboe und Englischhorn. Dazu Posaune *a-h-d-e* verklingend in *ffp-ffp-fp-mfp*.

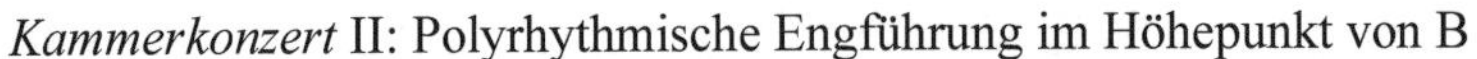
Kammerkonzert II: Polyrhythmische Engführung im Höhepunkt von B

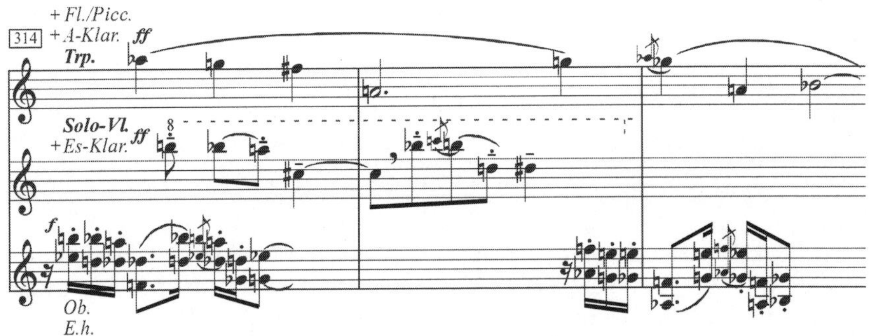

Im Nachspiel Z_O ertönt im Englischhorn eine dreiteilige, *senza espr.* markierte Phrase, die frei imitiert und fortgesponnen wird, wobei Ton 10-12 zugleich als begleitender Orgelpunkt der Passage und als Ausgangspunkt der folgenden Geigenkontur dient.[25] Deren Fortsetzung mündet schließlich in einen siebenfachen Septfall *as-b*, der die Segmente Z_O und A_U verbindet.

Bergs Erklärung, er habe "A2 als Umkehrung von A1" entworfen, trifft grundsätzlich zu, ist jedoch stark verkürzt. Besonders die Nebenstimmen folgen nicht einfach der Vorlage. Einerseits sind selbst die allgegenwärtigen chromatischen Gänge verändert, indem z.B. der in A_O vierstimmig parallele Aufstieg im Hintergrund des *Adagio*-Hauptthemas in A_U zu gegenläufiger Chromatik wird. Andererseits nehmen die zuvor eher neutralen Bläser jetzt durch Beteiligung an Klangfarbenmelodien wesentlichen Anteil an der Thematik:

- In den drei Umkehrungs-Varianten des *Adagio*-Hauptthemas trennt Berg nicht nur das unterschiedlich oktavierte erste Reihendrittel vom weitgehend unverändert bleibenden Rest, sondern wechselt zudem die Instrumentation: Ton 1-4 erklingt wie zuvor in der Violine (im zweiten Einsatz sogar in Sextenparallele), Ton 5-12 folgt zuerst einstimmig in der A-Klarinette, dann zweistimmig mit der Umkehrung in unabhängiger Rhythmik über der Reihe (Oboe = U_0, Posaune = R_0) und zuletzt als dreistimmige Engführung: Violine = R_0, Trompete = U_0, Piccoloflöte = R_0.
- In der Fortspinnung stellt Berg die originale Reihe R_0 in Flöte, Oboe und A-Klarinette über die Umkehrung U_0 in der Violine.

[25]Vgl. T. 323-325, Englischhorn: *g-d-f-a, [f-a]-cis-e-es-b, as-fis-c-h* + Imitation Bassklarinette; T. 327-328, Geige: *c-fis-h-es-a-f-e-cis-d*, Flöte: *e-cis-d-f*, Fagott: *cis-d-f-e*; darunter T. 322-324, Bassklarinette/Fagott/Kontrafagott, T. 325-329, Horn/Englischhorn/Oboe: *c/h/fis*.

Ähnlich verfährt Berg mit dem Codetta-Thema: Während die zwei Hörner mit der Umkehrung führen, stellt die Flöte in Flatterzunge die Originalform dagegen. Der zuvor fünfstimmig parallel geführte 'Akkord x' ertönt hier separat in Form eines chromatisch fallenden Staccatomusters in Oboe, Englischhorn und Es-Klarinette. Die wie in A_O ab Ton 3 die Klangfarbe wechselnde Wiederholung der melodischen Reihe 2 spaltet sich hier in die Umkehrung (Trompete und A-Klarinette) über der Originalform (Bassklarinette und Fagott), allerdings in beiden Richtungen ohne das letzte Reihendrittel mit den Tönen 9-12.

Der in A_O diese ganze Passage durchziehende Orgelpunktton auf dem tiefen *c* fehlt hier ganz. An seine Stelle tritt für die letzten drei Takte das sonst in diesem Satz schweigende Klavier mit dem schon erwähnten *cis*, das nach einem machtvollen Sturz durch sechs Oktaven mit zwölf geheimnisvoll flüsternden Anschlägen das Zentrum des *Adagio* markiert.

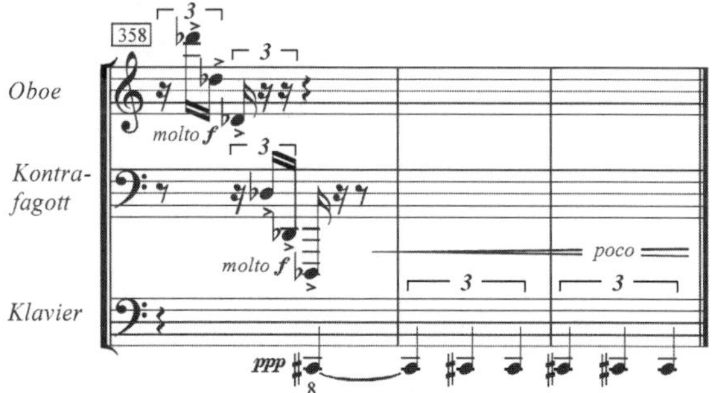

Kammerkonzert II: Die Glockenschläge des alternativen Solisten

Die zweite Satzhälfte beginnt mit einem tongetreuen Retrograd. Berg behält hier auch die Instrumentierung bei und fügt noch keine der späteren Verzierungen hinzu. Durch das Arrangement auf gegenüberliegenden Seiten der Partitur ist diese Spiegelung auch visuell höchst eindrucksvoll. Jenseits des viertaktigen Beginns allerdings verlässt Berg die kompromisslose Rückläufigkeit zugunsten immer neuer, fantasievoller Umgestaltungen. Die Entsprechungen betreffen vor allem die Themen, während die Begleitstimmen oft eigene Wege gehen und die Violine außerhalb der primären Komponenten leidenschaftliche Virtuosität entfaltet.

Wo in T. 350-355 eine Gegenüberstellung des Codetta-Themas in einer Flatterzungenparallele von Flöte und Piccolo über der Umkehrung in den zwei Hörnern erklang, konzipiert Berg in T. 366-371 eine dreistimmig gestaffelte Gegenüberstellung: Das 1. Horn beginnt mit der Krebsumkehrung, nach einem halben Takt gefolgt von Fagott und Kontrafagott mit dem Krebs, den Piccolo und Flöte einen Takt später im Kanon imitieren. Mit teilweise abweichender Oktavzuweisung und einem Tontausch im ersten Segment aller Stimmen erzeugt Berg eine interessante Polyphonie, die allerdings den Bezug zur Vorlage verschleiert. Trotz ihres gestaffelten Beginns enden die drei Transformationen dank einer rhythmischen Beschleunigung am Ende der zwei Krebsverläufe und einem chromatischen Anschluss in den Fagotten synchron. Die Violine untermalt diesen "leidenschaftlich bewegten" Krebs der Codetta-Umkehrung aus Abschnitt A_U mit ausladenden Arpeggien anstelle ihrer zuvor betont ruhig in die Tiefe abstiegenden chromatischen Linie.

Wo in A_U die Töne 1-4 der Hauptthema-Umkehrung der Violine von erst einem, dann zwei und zuletzt drei Instrumenten mit einer Mischung aus Umkehrung und Original ergänzt wurden, beginnt das Soloinstrument in A_{KU} mit einer schrittweisen Wiederherstellung der (rückläufigen) Fortspinnung. Schon bevor diese abgeschlossen ist, setzt in T. 375 die Bassklarinette mit Ton 1-8 der Krebsumkehrung ein, zwei Takte später beschleunigt imitiert von denselben Tönen in der Violine, die sodann (auf der *g*-Saite und wie früher *molto espressivo*) die Ergänzung mit Ton 9-12 hinzufügt. Die zwei Varianten der Krebsumkehrung präsentiert die Violine selbst, die Töne 1-8 wie zuvor zu Sechzehnteln diminuiert, die ergänzenden Töne 9-12 erneut *molto espressivo* in (teils synkopischen) Viertelnoten. Über dem Gesamt der drei Varianten schweben, vielfach augmentiert, die Töne 1-8 des Krebses der Reihe, anfangs im *pp-p* von Flöte und Piccolo kaum zu hören, dann im *ff* der Trompete alles übertönend. Als wäre all dies noch nicht genug der Kunstfertigkeit, harmonisiert Berg die augmentierte Flötenkontur in dreistimmiger Homophonie mit den beiden Klarinetten – derart, dass Ton 1 über Ton 3 und 5, Ton 2 über Ton 4 und 6 erklingt. Die Blechbläser übernehmen zunächst diese Vertikalität mit Ton 6 über Ton 8 und 10, bevor die Hörner am Schluss des Abschnitts abweichend fortfahren.

Im anschließenden Rahmensegment Z_K greift Berg das zuvor als Nachspiel Gehörte ebenfalls ausschnittweise auf. Nach der auffälligen, mehrfach wiederholten Sept *b-as*, die erneut die Nahtstelle zwischen den Segmenten A_{KU} und B_K überbrückt,[26] ist in diesen zwölf Takten vor allem die in der ersten Satzhälfte vom Englischhorn *senza espr.* eingeführte, hier *col legno* markierte Phrase melodisch einprägsam, zumal sie vom Soloinstrument aufgegriffen wird. Auch deren nondodekaphone Imitation und die noch freiere Fortspinnung sind neu instrumentiert.[27]

[26]Vgl. Englischhorn–Oboe–Piccolo T. 390-394 mit Flöte–Fagott–A-Klarinette T. 328-332.

[27]Vgl. Klarinettentrio–Violine T. 394-398 mit Englischhorn T. 323-325, frei imitiert in Bassklarinette T. 325-327.

Segment B_K, das Zentrum der zweiten Satzhälfte, hat Berg tatsächlich wie angekündigt weitgehend unverändert gespiegelt. Nach fünf Takten einer noch vielfach modifizierten Krebstransformation und zwei weiteren Takten, die nur leicht variiert und abweichend instrumentiert sind, folgen 28 Takte, die das zuvor Entworfene ton- und klanggetreu rückläufig wiedergeben.[28]

Das anschließende Rahmensegment Y_K beginnt in der Violine mit der rückläufigen Dreitonchromatik, die in T. 281-282, den Schlusstakten des palindromisch entsprechenden Y_O, auf den vierfach verengten Abstieg folgen. Hier ertönt gespiegelt ein vierfacher Aufstieg, der sich vom vierteltönigen über ein chromatisches und ein diatonisches zum ganztönigen Skalensegment weitet. Während diese Skalensegmente in der ersten Satzhälfte durch Pausen getrennt waren, schickt die Geige ihnen hier dreimal elftönige Sechzehntelgruppen voraus, gefolgt von noten- und rhythmusgetreu retrogradierten Konturen in Kontrafagott und 1. Horn. In der Gegenüberstellung mit der 'sehnsuchtsvollen Kontur' übernimmt die Bassklarinette (T. 442-444) den augmentierten Part des Fagotts aus T. 277-279 und das Englischhorn (T. 445-447) den Part der Trompete aus T. 274-276. Zuletzt umspielt die Violine in T. 448-449 ihren initiierenden Einsatz aus T. 271-273, hier ergänzt durch die Oboe. Die *cantus firmus*-artig kontrapunktierende Gegenstimme des augmentierten Codetta-Themas ertönt auch in der Krebsform in den tiefsten Bläsern.[29]

A_K, der Krebs von Abschnitt A_O, beginnt mit dem Codetta-Thema, das bald vom Kontrafagott mit den Portato-Vierteln des Orgelpunkttones *c* untermalt wird. Das Thema ertönt hier als Klangfarbenmelodie: Die Zielpunkte aufwärts schießender Arpeggien in verschiedenen Bläsern bilden linear die Töne 1-7,[30] wobei der für dieses Segment charakteristische, aus vermindertem Septakkord mit krönender Quart gebildete 'Akkord x', der die Thementöne zu Beginn des Satzes in Form einer fünfstimmigen Parallele stützt, diesen Zieltönen nun in Form der Arpeggien vorausgeschickt ist. Die verbleibenden fünf Reihentöne sowie ein Neubeginn mit Ton 1 folgen in der Trompete. Die Flöte, mit Tremoli und Arpeggien umspielt, ergänzt

[28]Vgl. in T. 403-407 die sehr freie Spiegelung von T. 314-318, in T. 408-409 eine Krebsvariante, in der hohe Holzbläser und Violine die ihnen in T. 312-313 zugewiesenen Parts tauschen, und schließlich in T. 411-438 das genaue Retrograd von T. 283-310.

[29]Vgl. Posaune zu Kontrafagott in T. 443-447/447-451_1 mit Kontrafagott zu Bassklarinette in T. 270-273/274-278.

[30]Vgl. in T. 452-455 Ton 1, 2: 1. Horn, Ton 3: Fagott, Ton 4, 5: A-Klarinette, Ton 6: Bassklarinette, Ton 7: A-Klarinette.

in T. 457-461 die Töne 2-12, gestützt vom Liegetonsegment des Orgelpunktes als Grundton eines Fagott-Tremolos. Über allem umspielt die Violine ihren Codetta-Abschluss mit ausladenden Arpeggien.

Im Übergang zum Hauptsegment von Abschnitt A_K verdichtet die Violine das, was ursprünglich eine aus dem letzten Viertel der Reihe 1 gebildete schlichte Fortspinnung war, abrupt zu einer virtuosen Wiederholungskette, die in Zweiunddreißigsteln beginnt und sich dann schrittweise bis zu Achteltriolen verlangsamt. Ihr abschließendes Tonpaar ergänzt die Oboe mit Ton 2-8 des *Adagio*-Hauptthemas, bevor die Geige, vierstimmig kumulierend im *arco–pizzicato*, den Krebs vollendet. Die zweite Präsentation der Tonfolge erklingt erneut als Klangfarbenmelodie, diesmal gebildet vom 2. Horn (Ton 1) und der Es-Klarinette (Ton 2-8) vor dem Abschluss in der Violine. Die dritte Präsentation erhebt sich noch einmal aus dem sieben Takte durchklingenden Ton 1 des 2. Horns, weitergeführt in der Piccoloflöte und vollendet in der hier in Sextenparallele "verlöschend" ins höchste Register steigenden Violine.

Unmittelbar vor dem Schluss des Satzes erinnert Berg daran, dass sein *Kammerkonzert* als Jubiläumsgabe für den verehrten Lehrer entstanden ist: Er unterlegt den in großer Höhe verklingenden Krebsformationen im allertiefsten Register Schönbergs Kryptogramm, gespielt vom Klavier, das im *Adagio* bis auf die zentralen Glockentöne geschwiegen hat. Der tönende Name entsteht hier schrittweise, in einem mächtigen Crescendo durch fünf Takte, die ("Aller guten Dinge ...") durchgehend triolisch notiert sind:

Kammerkonzert II: Abschluss mit "Schönberg"-Kryptogramm

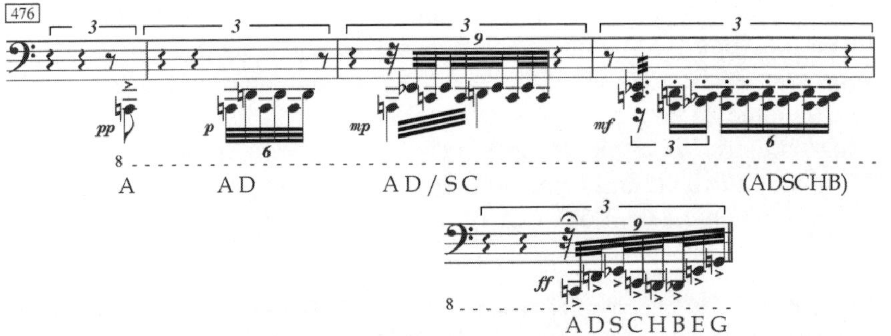

So endet das als monumentale, vieldimensionale Spiegelung angelegte *Adagio*. Die über "Schönberg" verklingenden Instrumente bilden dabei denselben Ganztontetrachord aus *f/g/a* (Bläser) + *h* (Violine), mit dem der Satz und dessen Hauptthema begonnen haben.

III – *Rondo ritmico con Introduzione*

Im Finale des *Kammerkonzertes* stehen die beiden Soloinstrumente Klavier und Geige gemeinsam dem Bläser-Ensemble gegenüber. Schon der Satztitel verrät – über die Ankündigung einer “Introduzione” vor dem eigentlichen “Rondo” hinaus – durch sein Adjektiv mehr, als die unverfängliche Formulierung zunächst auszudrücken scheint. Wie Berg in seinem “Offenen Brief” an Schönberg erklärt, handelt es sich nicht um ein Rondo mit betont rhythmischem Charakter, sondern um eine musikalische Form, in der einige wiedererkennbare rhythmische Muster die Position und Aufgabe der Refrains übernehmen. Berg formuliert dies so:

> *Drei rhythmische Formen*: ein Haupt- und ein Seitenrhythmus und ein gleichsam als Motiv aufzufassender, werden hier, allerdings in den mannigfaltigsten Varianten (erweitert und gekürzt, vergrößert und verkleinert, enggeführt und in rückläufiger Bewegung, in allen erdenklichen metrischen Verschiebungen und Transpositionen usw., usw.), den Melodietönen der Haupt- und Nebenstimmen unterlegt, und damit und durch die rondomäßige Wiederkehr eine thematische Einheitlichkeit erzielt, die der alten Rondoform in keiner Weise nachsteht und die auch – um mich Deiner termini technici zu bedienen – die verhältnismäßig leichte “Fasslichkeit” des musikalischen Geschehens gewährleistet.[31]

Zusätzlich zu diesem innovativen Einsatz der Rhythmik experimentiert Berg mit zwei weiteren Besonderheiten in den Bereichen Thematik (hier verstanden vor allem als Einsatz zwölftöniger Konturen) und der Struktur. So komponiert er seinen Finalsatz mittels Wiederaufnahme der Komponenten aus Kopfsatz und *Adagio*. Er bescheinigt dem Satz sogar eine “Abhängigkeit aller seiner Töne von denen der ersten zwei Sätze”. Dazu stellt er jeweils Auszüge der wesentlichen thematischen Komponenten sowie einiger anderer Charakteristika “duettierend”, “kontrapunktierend” oder “addierend” einander gegenüber.

Die dritte Besonderheit ist Bergs Bezeichnung der Großabschnitte des Finales mit den Termini einer Sonatenhauptsatzform sowie die in dieser Formvorlage ungewöhnliche Wiederholung der Paarung aus “Exposition” und “Durchführung”:

T. 481-534	T. 535-630	T. 631-710a	T. 710b-785
Introduzione	Exposition	Durchführung	Reprise bzw.
(Doppelkadenz)	||: - - - - - T. 536-709b	- - - - - :||	Coda

[31]Schneider, *Alban Berg: Glaube, Hoffnung und Liebe*, S. 230.

Das folgende Schema vermittelt einen etwas detaillierteren Überblick über die Form des Satzes, die wechselnden Grundtaktarten der Segmente und die Durchdringung mit den "Refrains" des Hauptrhythmus [*]:

Introduzione (Kadenz), 5 Segmente:

1	T. 481-491_1	6/4	****	||
2	T. 491-506	4/4		||
3	T. 507-514	(div.)		||
4	T. 515-523	3/4		||
5	T. 524-534	2/4		||

Rondo "Exposition", 6 Segmente:

1	T. 535-549	4/4, 3/4	****	||
2	T. 550-570	2/8	**	||
3	T. 571-576	7/8	***	||
4	T. 577-590	3/8		||
5	T. 591-601	3/4		||
6	T. 602-629	2/8	*	||G.P.||

Rondo "Durchführung", 6 Segmente

1	T. 631-644	4/4	***	||
2	T. 645-651	4/4		||
3	T. 652-662	(div.)	****	||
4	T. 663-670	3/4		||
5	T. 671-684	4/8	***	||
6	T. 685-709	4/4	****	||

Reprise bzw. Coda, 6 Segmente

1	T. 710-725	(div.)		||
2	T. 726-737	(div.)		||
3	T. 738-750	1/4		||
4	T. 751-765	1/4		||
5	T. 766-779	1/4	****	||
6	T. 780-785	4/4		||

Berg markiert alle Segmentschlüsse mit einem Doppelstrich und die Mitte des Satzes mit einer eintaktigen Generalpause. Auffällig ist die große Anzahl der 1/4-Takte in der Coda und die Länge einiger Außensegmente; der Umfang reicht von 13 bis 106 Taktschläge. Hinsichtlich der angekündigten "Wiederaufnahme der Komponenten aus Kopfsatz und *Adagio*" soll den genaueren Analysen folgende Übersicht vorausgeschickt werden:

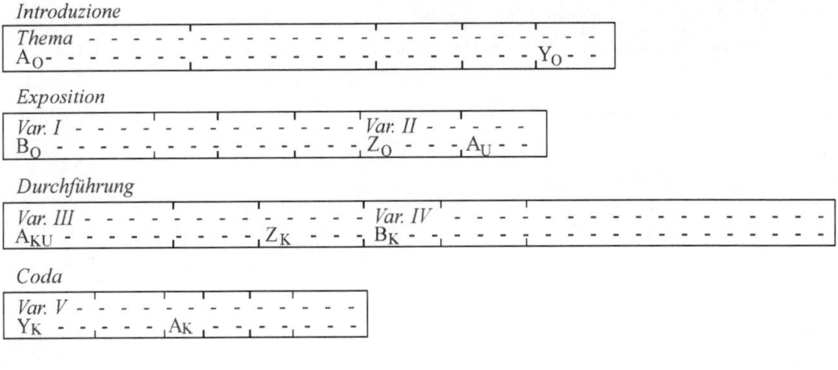

Introduzione

Thema	
A_O	Y_O

Exposition

Var. I		*Var. II*	
B_O		Z_O	A_U

Durchführung

Var. III		*Var. IV*	
A_{KU}	Z_K	B_K	

Coda

Var. V	
Y_K	A_K

Die *Introduzione* – “durchwegs frei, im Charakter einer ‘Kadenz’ vorzutragen” – umfasst fünf Segmente. Zu Beginn des ersten präsentiert das Klavier im Stil einer Toccata mit einer vieroktavig auf- und wieder abwärts schießenden *fff*-Kurve der Intervalle *eis/fis* und *gis/cis* die vier Töne, mit denen Berg zu Beginn des *Themas* Schönbergs Kryptogramm zur Zwölftonreihe vervollständigt. Am Ende der Kurve setzt die Geige mit einem oktavierten *a* im Rhythmus 𝅗𝅥 𝄽 ♩ ♩ ♪♩ 𝄾 ein. Dies ist das auf doppelte Notenwerte gedehnte Muster, das das Kontrafagott in Abschnitt B des *Adagio*, ebenfalls auf dem Ton *a*, als “Hauptrhythmus” des Werkes einführt. Der Rhythmus ertönt hier insgesamt viermal: in der Violine nach der Augmentation erst in der Grundform und dann in der Diminution, zudem im Klavierbass, der die Augmentation weit über die Präsentationen der Violine hinausreichend mit einem wiederholten Anschlag des Vierklanges aus dem Schönberg-Vorspann imitiert.

Dies sind jedoch nur zwei von vier Schichten. Schon im zweiten *Introduzione*-Takt, zwischen Toccatakurve und Hauptrhythmus, erklingen im Diskant der erste Einsatz des *Adagio*-Hauptthemas und die vier Töne vom Ende des Schönberg-Kryptogramms. Dieses *h/b/e/g* beginnt als Tremolo und löst sich dann, erweitert um den Tonbuchstaben *c*, in eine melodische Kontur auf, die diminuierend in die Tiefe stürzt. Parallel dazu schickt sich das oktavierte *a* der Violine – der Anfangston aller drei Ton-Kryptogramme dieser Freundestrias – an, zum *pp* zu verklingen, bäumt sich jedoch mittels dreisaitiger Flageolett-Tremoli erneut auf. Am Ende integriert es nicht nur den viertönigen Schönberg-Vorspann, sondern darüber hinaus, gleichsam triumphierend, den vollen Namen: ein betontes und gedehntes *a–d* ergänzt durch *s-c-h-b* (pizzicato) und *e-g* (arco).

Nach dem Schlussklang des augmentierten Hauptrhythmus im Bass und dem *d* der Violine setzt der Diskant zum zweiten Einsatz des *Adagio*-Hauptthemas an. Das erste Drittel (*h-g-f-a*) erklingt im mittleren Register als dreistimmiger Martellato-Kanon, bevor die Fortsetzung über dem weiterklingenden Ganzton-Tetrachord als oktavspringender Fall aus höchster Höhe dem *s-c-h-b-e-g* der Violine Konkurrenz macht. Die fügt die Kryptogramme für “Webern” und “Berg” hinzu (T. 487-488) und ergänzt dann den nun ins mittlere Register versetzten Tetrachord des Klaviers erneut zum dritten Einsatz des *Adagio*-Hauptthemas. Gekreuzt zu diesem Stimmtausch greift der Klavierbass die Fortspinnung des Berg-Kryptogramms aus dem *Thema* auf. “Plötzlich langsamer” und *pp* < *ppp* > *pp* arpeggiert die Geige über einem Basstontremolo durch die Töne der *Adagio*-Thema-Fortspinnung, bis beide nach nur zehn Takten einen ersten Einschnitt erreichen.

Im zweiten Segment der *Introduzione*, das etwa gleich lang ist wie das erste,[32] greifen die beiden Solisten im komplementären Spiel die zweite thematische Komponente aus dem *Thema* auf: das *Scherzando*-Thema mit seinen zwei Antworten.[33] Während dieses Material ursprünglich in der Tiefe von der intervallsymmetrischen Reihe begleitet wurde, unterlegt Berg hier die verwandte Reihe der fallenden Quarten aus dem folgenden Segment des *Themas* – und zwar im hohen Register der Geige.[34] Die fast durchgehenden verminderten Septakkorde dagegen, die das Klavier im Hintergrund dieses Quartenfalls spielt, stammen aus der Passage, die im *Adagio* das Hauptthema mit dem Codetta-Thema verbindet.

Das dritte Segment ist "noch stürmischer" überschrieben. Hier wechselt Berg fünfmal das Metrum, während er die im *Thema* über dem Quartenfall entwickelten Terzenketten mit der Hälfte des Codetta-Themas aus dem *Adagio* alterniert und kontrapunktiert.[35] Den Höhepunkt der *Introduzione* bildet im vierten Segment ein augmentiertes Zitat der Kantilene vom Höhepunkt des *Themas*, das die Geige mit Trillern und Arpeggien virtuos umspielt, begleitet von rauschenden Klavierarpeggien durch zehn Transpositionen des im *Adagio* dem Codetta-Thema unterlegten 'Akkord x'.[36]

Im fünften und letzten *Introduzione*-Segment stellt Berg Komponenten verschiedenen Ursprungs polymetrisch übereinander: Die Geige spielt, triolisch zum 2/4-Takt des Klaviers, die thematischen Konturen aus dem *Meno allegro*-Segment, das das *Thema* abrundet. Dazu greift das Klavier die "sehnsuchtsvolle Kontur" aus dem Vorspiel zum *Adagio*-Segment B auf sowie die ersten zwei der dort nur als Fragmente, hier mehroktavig fallenden Skalen.[37] Die Geige beendet die *Introduzione* mit dem letzten, zu Vierteltönen verengten Skalensegment im Crescendo zum *f*.

[32] Segment I (T. 481-491_2) = 10 Takte im 6/4-Metrum + eine (durch den steigendem Basston relevante) Halbe = 62 Schläge; Segment II (T. 491-506) = 16 Takte im 4/4-Metrum = 64 Schläge. Beide Segmente beginnen im selben Grundtempo und enden verlangsamt.

[33] Für das *Scherzando*-Thema vgl. Klaviertoccata T. 491 und Geige T. 492 mit A-Klarinette T. 8-10, 1. Antwort vgl. Geige T. 495-497 mit Oboe T. 10-12, Diskant T. 497-502 mit Flöte T. 12-15.

[34] Vgl. Geige T. 502-506: *g-d* (Flageolett), *a——a-e-h-fis-cis-as-es-b-f-c-g* mit T. 16-20.

[35] Vgl. Klavier T. 507-508 mit Es-Klarinette T. 16-17, 509-510 mit Oboe T. 18-19 und T. 514-515 mit A-Klarinette T. 19-20 sowie Geige T. 507-508 mit Oboe T. 260-261.

[36] Vgl. Geige T. 515-523 mit A-Klarinette T. 20-24; Klavier T. 515-521 = Akkord x.

[37] Vgl. Geige T. 524-533 mit Flöte T. 25-28, Oboe T. 28-29, A-Klarinette T. 29; vgl. dazu Diskant T. 524-529 mit Geige T. 271-273, Trompete T. 274-276, und Diskant T. 530-533 mit Geige T. 277-280.

Das *Rondo ritmico* selbst besteht in seinen zwei Hälften, die Berg als "Exposition" und "Durchführung" bezeichnet und gemeinsam wiederholt, aus je sechs Segmenten. Das erste Segment beginnt, nach einer Brücke im letzten Takt der *Introduzione*, mit einer neuerlichen, leisen Erinnerung der Bläser an das "Schönberg"-Thema. Dieses wächst bald zur fünfoktavigen Parallele an, bevor die höheren Stimmen eigene Wege gehen und schließlich wegfallen. Kontrapunktisch zu dieser Eröffnung mit einer weiteren Huldigung an den Lehrer erklingt die Tonfolge, aus der Berg im *Adagio* die 'lyrische Phrase' gebildet hatte. Die Geige zitiert die ersten drei Töne im Brückentakt zunächst in rhythmisch neutralen, dynamisch gewichtigen Viertelnoten, setzt dann aber neu an und präsentiert mit der ersten Hälfte der ursprünglich umfangreichen Tonfolge das, was Berg als strukturierenden "Seitenrhythmus" ankündigt.

Kammerkonzert II: Die 'lyrische Phrase' aus dem *Adagio*

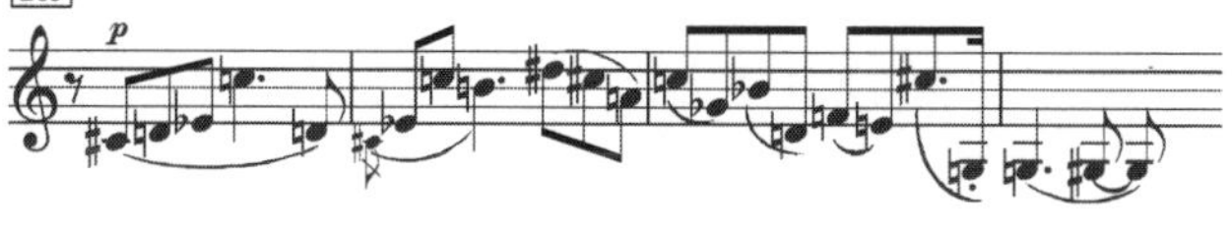

Kammerkonzert III: Die Einführung des strukturierenden "Seitenrhythmus"

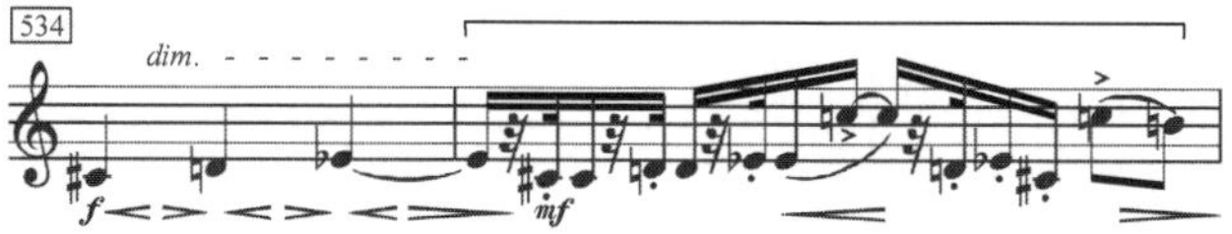

Nachdem der Diskant die Kontur dreistimmig unterlegt weitergeführt hat, initiiert die Geige, ergänzt von verschiedenen Bläsern, in punktiertem Rhythmus auch die Imitationen der 'lyrischen Phrase'.[38] Der Bezugspunkt ist hier die erste (Klaviersolo-)Variation des Kopfsatzes, wie nicht zuletzt der "begleitend" markierte Klaviersabstieg in T. 536-538 zeigt, der im Kopfsatz erst in T. 34-36 eingeführt wird. Ihm folgt, dem Ende der Imitationen der 'lyrischen Phrase' aus dem *Adagio* gegenübergestellt, das Klavier mit der wie in Variation I dreioktavigen, stark akzentuierten Webern-Figur und dem vom Klavierbass ans Kontrafagott weitergereichten Alban-Berg-Motiv.[39] Den refrainartigen Abschluss bildet der in dreistimmigen Violinpizzicati erklingende Hauptrhythmus, in dem Berg das Vornamen-*a* über einen chromatischen Anstieg und das darunter liegende *g-[e]-b-h-c-es,* den Krebs des Schönberg-Kryptogramms, stellt.

[38]Vgl. Diskant T. 536 (homophon gesetzt) mit A-Klarinette T. 284-285, Geige T. 536-537 mit Horn 1 T. 286-287, Trompete T. 537-538 mit Geige 287-288, Englischhorn T. 538 mit Horn 1 T. 288-289, Oboe zu Englischhorn T. 539 mit Geige T. 290-291.

[39]Vgl. Kontrafagott T. 539 mit Klavier T. 36-37.

Nach dem Wechsel zum 3/4-Takt initiieren Englischhorn und Klavier ein (teilweise ornamentiertes) Zitat des *Scherzando*-Themas und seiner beiden Antworten in der Version von Variation I.[40] Kontrapunktisch zu den Antworten greift eine Klangfarbenmelodie die Entwicklung aus dem *Adagio*-Segment B auf,[41] wie dort unterlegt mit dem (hier rhythmisch dreimal gleich großen) Hauptrhythmus.

Im zweiten Segment mit 21 Takten im 2/8-Metrum schweigt das Klavier zunächst. Die Geige variiert die Kleinterzgruppen-Sequenzen aus dem Kopfsatz in Form einer dreifach identischen rhythmischen Phrase mit einem Umfang von 21 Achteln.[42] Abstrahiert von seiner wechselnden melodischen Ausgestaltung und ohne die (aufgrund der je unterschiedlichen metrischen Position verschobenen) Taktstriche hört man das folgende Muster:

Kammerkonzert III: Die rhythmische Phrase im dritten Rondo-Segment

Die Bläser kontrapunktieren die crescendierende Abfolge mit einem Diminutionskanon, gebildet aus der Umkehrung des ersten Abschnittes aus der 'lyrischen Phrase' des *Adagio*.[43] Zuletzt leitet der Hauptrhythmus, dessen Augmentation und Original im *Adagio* dem Schluss der Entwicklung unterliegt, hier in Diminution über zu Takten, mit denen die Flöte wie in der Vorlage das Segment abrundet.[44] Nach gemeinsamem *crescendo molto* wechselt die Musik zum 7/8-Takt.

[40]Für das *Scherzando*-Thema vgl. Englischhorn T. 540-541, weiter 3 Klarinetten mit Diskant T. 38-40, erste Antwort Horn 1 T. 542-544 ≈ Klavier T. 40-42, zweite Antwort Diskant T. 544-549 mit Klavier T. 42-45; dazu Begleitung Klavier T. 540-541 mit T. 38-39.

[41]Vgl. Geige T. 541-542 mit Geige T. 293-294, Flöte T. 542-544 mit Flöte zu Geige T. 295-296, Flöte/Piccolo T. 544-545 mit Geige T. 296-297.

[42]Vgl. Geige T. 550-553 mit Diskant T. 46-47, Geige T. 555-557 mit Diskant T. 48, Geige T. 560-565 mit Diskant T. 49-52, weiter Piccolo/Flöte T. 566-569 mit Diskant T. 52-54. Douglas Jarman meint in diesem Rhythmus das zu erkennen, was Berg in seinem Brief als den "gleichsam als Motiv aufzufassenden" dritten thematischen Rhythmus erwähnt; vgl. *The Music of Alban Berg*, S. 153. Dagegen spricht allerdings, dass dieses Muster lokal bleibt und nicht erneut aufgegriffen wird, während ein im fünften Segment der "Exposition" eingeführter Rhythmus bei seiner Wiederkehrt sogar mit dem Zeichen für "Hauptrhythmus" hervorgehoben wird. Mehr dazu später.

[43]Vgl. T. 550-563 mit T. 303-308.

[44]Vgl. Klavier T. 564-565, Bassklarinette/Fagott T. 565-567 mit Bassklarinette/Fagott T. 306-307, 308. Vgl. auch Flöte T. 566-570 mit Flöte T. 53-55.

Hier findet Berg wieder einmal Gelegenheit zu Zahlenspielereien. Das dritte Segment besteht nach der Partitur-Zählung aus sechs Takten. Diese gliedert Berg mittels unterbrochener Taktstriche in [4 + 3] Achtel – in Geige und Klavier durchgehend, in der Hintergrundschicht jedoch nur für die ersten vier Takte, ergänzt durch 2 x [1 + 3 + 3]. Die Bläser spielen somit 14 (= 2 x 7) Teiltakte, deren letzte sie zudem als Übergang zum folgenden 3/8-Metrum präsentieren. Thematisch zitieren die Blechbläser das *Meno allegro*-Material, gekleidet in drei identische Zitate des Hauptrhythmus gefolgt von einer Fortspinnung, die auch rhythmisch zunehmend der Vorlage aus dem Kopfsatz gleicht. Dagegen stellen die zwei Klarinetten in leiser Sextenparallele die Umkehrung der 'lyrischen Phrase' aus dem Höhepunkt des *Adagio*.[45]

Auch das vierte Segment umfasst 2 x 7 = 14 Takte. Die angedeutete Walzerbegleitung verweist auf Variation II, den ersten Krebsgang im Kopfsatz, den Berg explizit mit "Langsames Walzertempo" überschreibt. Und in der Tat greift der Finalsatz an dieser Stelle die "humb-da-da"-Muster auf, rhythmisch variiert aber tonal identisch den aus Variation II übernommenen Akkorden über den Basstönen *g—as*. Auch die Krebsläufe der *Meno allegro*-Thematik erklingen hier, zwar abweichend von ihrer Vorlage fast durchgehend punktiert, aber dennoch unschwer erkennbar – einschließlich der zwischen zwei Instrumenten geteilten Terzenketten.[46] Dazu zitiert das Klavier aus dem Nachspiel des *Adagio*-Abschnitts B: Im Diskant erklingen die zwölftönige Phrase und ihre Imitation – hier durch weitere Punktierungen von ihrer dortigen Ausdruckslosigkeit befreit – , dazu im Bass der Orgelpunktklang *c/fis/h*.[47] Dann geht das Klavier in den wiederholten Septaufsprung *b-as* über, dessen Gegenstück, der wiederholte Septfall *as-b*, im *Adagio* den Übergang zwischen dem B-Nachspiel und Segment A_U markiert.

Das fünfte Segment schließt unmittelbar an. Es beginnt mit einer dreistimmigen Bläser-Engführung. Dabei verleihen die Instrumente dem Krebs der Höhepunkt-Kantilene und seinen zwei Imitationen, die in der zweiten Variation des Kopfsatzes ruhig dahinfließen, mit lombardischen

[45]Vgl. Trompete/Horn im Wechsel T. 571-576 mit Flöte-Oboe-A-Klarinette T. 55-60, in T. 571-573 dreimal rhythmisiert als ♩. ♪ ♩♬. Vgl. Es-/A-Klarinette T. 571-574 mit Oboe/Englischhorn T. 314-316.

[46]Geige T. 581-582 ≈ Englischhorn T. 63-64, Flöte T. 584 ≈ Oboe T. 64-65, Geige zu Geige/Fagott T. 586-588 ≈ A-Klarinette, Klarinette/Fagott, Fagott/Kontrafagott T. 65-67.

[47]Klavier T. 579-582 ≈ Englischhorn T. 323-325 zu Kontrafagott/Bassklarinette/Fagott, Klavier T. 582-584 ≈ Bassklarinette T. 325-326 zu Horn/Oboe/Englischhorn.

Punktierungen und betonten Synkopen einen ganz neuen Charakter, unterstrichen wie dort von Klaviertremoli.[48] Da die imitierenden Instrumente im 4/4-Abstand einsetzen, unterläuft dieses Material zudem das herrschende 3/4-Metrum, auch dies anfangs mit Unterstützung der jeweils zweischlägigen Klaviertremoli. Da Berg den charakteristischen Beginn dieser rhythmischen Phrase in der "Durchführung" nicht nur aufgreift, sondern dort sogar mit seinem Zeichen für "Hauptrhythmus" hervorhebt,[49] handelt es sich hier vermutlich um den dritten, "gleichsam als Motiv aufzufassenden" thematischen Rhythmus, den er in seinem Brief an Schönberg ankündigt.

Kammerkonzert III: Der scharf rhythmisierte Krebs der Kopfsatz-Kantilene

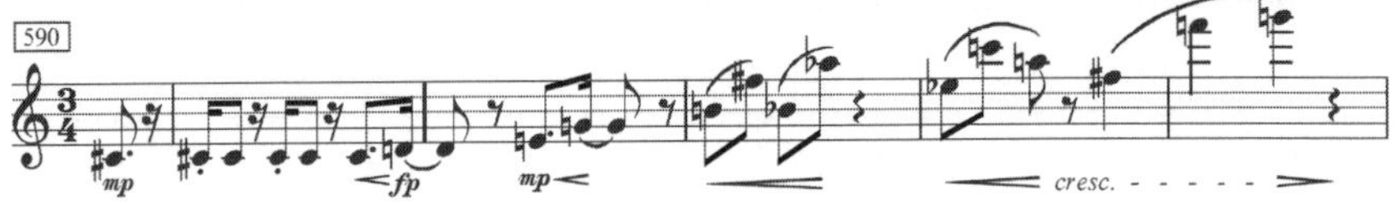

Das Klavier setzt das Hauptthema des *Adagio*, wie es zu Beginn von Segment A_U erklingt,[50] dagegen, doch die Bläser bleiben bei ihrer Wiederaufnahme aus Variation II und werden darin von der Geige und den sie weiterführenden Instrumenten bestätigt.[51]

Im sechsten Segment setzen die führenden Bläserstimmen die Erinnerung an Variation II fort, indem sie den dort als Staccatissimo-Stretta eingeführten, in Engführung imitierten Krebs des *Scherzando*-Themas mit seinen zwei Antworten in Kleingruppen aufgreifen. Die übrigen Bläser begleiten anfangs mit den dort im Klavier unterlegten Akkorden und dem unvollständigen Quartenaufstieg.[52] Das Segment und mit ihm Bergs "Exposition" endet mit dem umspielten Schönberg-Thema-Krebs über den Blechbläserakkorden und dem oktavierten "Glockenton" aus dem *Adagio*-Zentrum im Klavierbass, der als "Refrain" im Muster des Hauptrhythmus ertönt. Das allgemeine *ff* bricht vor einer 1/4-Generalpause abrupt ab.

[48] A-Klarinette T. 590-595 ≈ Flöte (später mit Englischhorn) T. 71-81; Oboe T. 592-595 ≈ Oboe (später mit Fagott) T. 73-81; Trompete T. 593-596 ≈ A-/Bassklarinette T. 75-81.

[49] Vgl. T. 676-680: Klavier, imitiert von Geige, imitiert von Flöten.

[50] Klavier T. 591-593: beidhändig Spitzentöne *h-dis, f-cis* ≈ Geige T. 331-332 *h-dis, f-des*; Diskant T. 594-596 ≈ A-Klarinette T. 333-336.

[51] Klarinetten (*schreiend*) T. 597-599 ≈ Klavier T. 84-85; Geige zu Hörner T. 599-601 ≈ Bläsertutti zu Klavier T. 87-90.

[52] Oboe/A-Klarinette T. 601-607 ≈ Flöte/Oboe/Es-Klarinette T. 91-94, weiter Trompete T. 609-614, dazu übrige Holzbläser T. 601-607 ≈ Klavier T. 91-97; Fagott T. 611-614 ≈ Klavier/Horn 2 T. 98-102; Englischhorn T. 616-618 ≈ Englischhorn T. 102-104.

Bergs "Durchführung" setzt, dem Zentrum des *Adagio* entsprechend, mit dem Krebs des zuletzt Gehörten ein. Das Kontrafagott greift den Glockenton auf, allerdings nicht nur leise und als *cis*, sondern zudem im rückläufigen Hauptrhythmus.

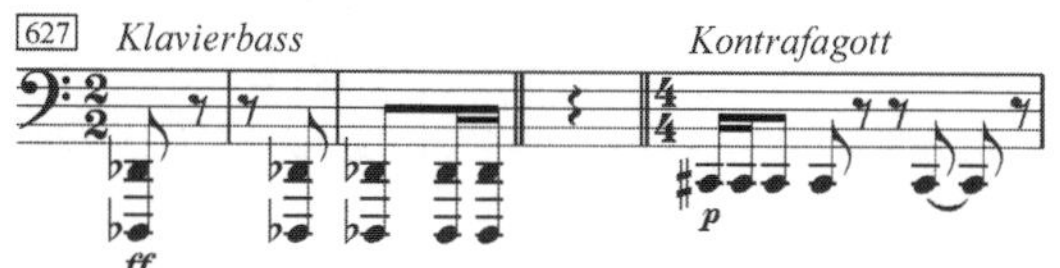

Kammerkonzert III: Der Glockenton im Hauptrhythmus mit Krebs

Auch die Fortsetzung, die von Hörnern und Posaune homophon begleitet wird, markiert Berg mit dem Zeichen für Hauptrhythmus; allerdings wäre sie ohne diesen Hinweis nicht als solche zu erkennen. Anders der Anschluss in der Posaune, der unter Einbeziehung der tiefen Holzbläser und mit Abschluss in der Geige die Krebsumkehrung des Codetta-Themas aus dem *Adagio* variiert.[53] Darüber zitieren die hohen Bläser die Umkehrung des Schönberg-Kryptogramms aus Variation III, hier mit schrittweiser Genese des Viertonvorspanns, bevor sie für sieben Takte aussetzen.[54] Das Klavier spielt leise die exzentrische Toccatafigur in Sekundparallele, mit der Berg in Variation III die Umkehrung des *Scherzando*-Themas einläutet. Auch deren erste Antwort und der Beginn der zweiten erklingen hier ganz ähnlich wie im Kopfsatz.[55] Dazu spielt die Geige die Krebsumkehrung des Codetta-Themas, bevor sie das Segment mit einer Hauptrhythmusvariante abrundet. Dazu crescendiert sie in einem vierstimmig gesetzten, über mehr als drei Oktaven geweiteten verminderten Septakkord die Töne der hohen Holzbläser aus T. 375-377, die mit dem tremolierten Ende des Klavierparts einen C-Dur-Nonakkord bilden.

Im zweiten Segment vervollständigt das Klavier die Krebsumkehrung der zweiten *Scherzando*-Thema-Antwort, während die wieder einsetzenden Bläser die beschleunigt rhythmisierte Krebsumkehrung des *Adagio*-Hauptthemas dagegensetzen und die Geige den augmentierten Krebs selbst.[56] Den

[53]Posaune T. 633-634, weiter Bassklarinette T. 635-636, weiter Kontrafagott T. 636-637, weiter Geige T. 638-639 ≈ Trompete T. 363-366, weiter Horn T. 366-371.

[54]Flöte T. 631, 2 Flöten T. 632-633, Oboe T. 633-634, Trompete T. 634 + Blechbläser Abschluss 4stimmig T. 636-637 ≈ Trompete T. 120-121, hohe Holzbläser T. 121-122, Trompete T. 122-123, A-Klarinette T. 123, Diskant T. 124-126, Klavier 4stimmig T. 126-127.

[55]Klavier T. 638-644; Berg hebt die Töne der z.T. versteckten Linie durch Akzente hervor.

[56]Klavier T. 645-650 ≈ Klavier T. 133-135, Kontrafagott, später mit Fagott/Bassklarinette T. 645-646, weiter Horn T. 646-647 ≈ Geige T. 377-380; Geige T. 645-650, weiter Hörner T. 650-651 ≈ Flöte T. 377-384, weiter Trompete T. 385-389 + Geige T. 389-390.

Segmentübergang überspannt auch hier die im *Adagio* zwischen Z_O und A_U eingeführte Septsprungkette *b-as*. Verlängernd spielt die Es-Klarinette im dritten Segment die *senza espr.* markierte Phrase aus *Adagio*-Segment Z_K. Der orgelpunktartige Dreiklang *c/fis/h* setzt hier im Klavier identisch ein und fällt dann (nun ohne Wechsel der Klangfarbe) chromatisch ab – anders als in der Vorlage allerdings nur langsam und um nur eine Oktave.[57]

Sowohl die Dreiklangswiederholung als auch ihre Fortspinnung bilden zudem ein neues rhythmisches Muster. Dieses ist mit der Notenwertfolge ♫♩♫♩ recht schlicht. Das Klavier und die in Engführung anschließenden Hörner haben es schon am Schluss des vorangehenden Segmentes eingeführt. In T. 652-657 kleidet das Klavier den Rhythmus nun sechsmal in identischer Taktposition bei stets wechselndem Metrum in immer neue Töne, zweimal mit Verdopplung durch die Geige. Berg charakterisiert diese Passage als *scherzoso*. Erst als die in drei Stufen ansteigende Geige und der in Vierfachaugmentation darunter verlaufende Klavierbass den Segmentschluss mit dem Hauptrhythmus ankündigen, deutet sich in den Klarinetten an, dass Berg mit dem neuen Muster an eine Krebsform des Hauptrhythmus gedacht haben könnte, die leicht von der am Beginn der "Durchführung" verwendeten abweicht:

Kammermusik III: Der Hauptrhythmus mit variierter Spiegelung

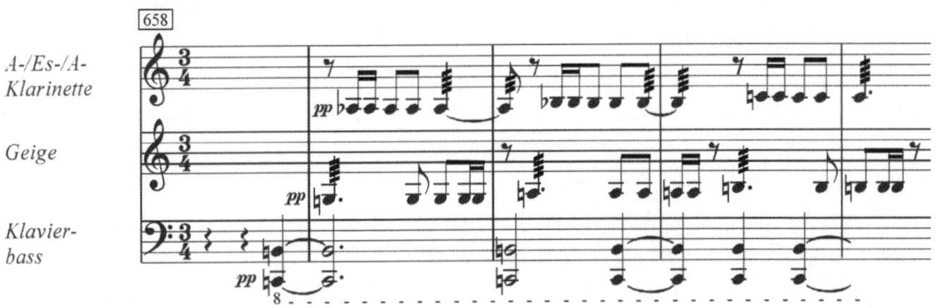

Im vierten Segment greift die Geige die exzentrische Umkehrung des *Meno allegro*-Motivs aus Variation III sowie dessen Fortspinnung mit ihren variierten Imitationen auf, während das Klavier den Beginn der Geigenkontur aus dem *Adagio*-Segment B_K zitiert.[58]

[57]Klavier T. 652-658: *c/fis/h* wiederholt, dann eine Oktave chromatisch fallend ≈ Geige T. 392-394 *c/fis/h* + T. 395-397 Hörner/Posaune *c/fis/h* drei Oktaven chromatisch fallend.

[58]T. 663-666 Geige, zuletzt + Klarinetten ≈ T. 145-148 Klangfarbenmelodie, zuletzt Klavier. T. 668-670 Geige ≈ T. 148-150 Horn–Es-Klarinette–Bassklarinette; T. 663-670 Klavier ≈ T. 403-407 Geige.

Das *Alla marcia* überschriebene fünfte Segment erinnert in der Geige an die von Holzbläsern und Klavier gebildete Klangfarbenkontur in der doppelt raschen Variation IV des Kopfsatzes; dazu erkennt man im Klavier den Geigenpart der *molto rubato*-Passage in Segment B_K des *Adagio*.[59] Die gegenläufigen Ganztonskalen, die im Kopfsatz das Klavier allein spielt, erklingen hier in homorhythmischer Tonwiederholungskette fallend in der Geige, steigend in den Fagotten. Als rondo-eigene Zutat setzt das Klavier in der Mitte dieser gegenläufigen Skalen mit Bergs "gleichsam als Motiv aufzufassendem" thematischen Rhythmus ein, der mit seiner Folge aus lombardischen Punktierungen und Synkopen hier durch Bergs Zeichen für "Hauptrhythmus" hervorgehoben ist. Das Muster wird wie zuvor zweimal leicht überlappend imitiert; die lombardischen Tonpaare klingen danach noch einige Takte im Wechsel der Instrumente weiter.[60] Derweil zitiert die Geige und in ihrer Fortführung die A-Klarinette aus dem B-Segment der zweiten *Adagio*-Hälfte,[61] in den extremen Regionen umrahmt von weiteren Erinnerungen an Variation IV.[62]

Im sechsten Segment bezieht Berg sich auf das Ende von Variation IV und das Ende des *Adagio*-Segmentes B_K. Im Klavier ertönen vier diminuierte Hauptrhythmuszitate mit dem oktavierten *a*, eingebettet zunächst von rauschenden Skalen, dann von der Staccatovariante, in der die zweite Antwort des *Scherzando*-Themas in Variation IV erklang, und überstrahlt vom "Schönberg"-Kryptogramm in einer vierstimmigen Homophonie aller dreizehn Bläser.[63] Zur Wiederholung der Staccatovariante trennt Berg die ursprünglich gegeneinander klingenden Stimmen und reiht sie über dem Alban-Berg-Motiv der Blechbläser aneinander.[64] Nach mehreren

[59] T. 671-673 Geige, weiter T. 674-676 Englischhorn/A-/Bassklarinette ≈ T. 151-153 Klarinetten–Klavier–Es-Klarinette–Oboe; dazu T. 671-677 Klavier ≈ T. 408-411 Geige.

[60] Rhythmus T. 676-678 Klavier ≈ T. 590-592 A-Klarinette, T. 677-679 Geige ≈ T. 592-594, T. 678-680 Piccolo/Oboe ≈ T. 593-595 Trompete, T. 681-684 Tonpaare Klavier/Bläser.

[61] T. 679-684 Geige–A-Klarinette ≈ T. 413-417 Geige–Es-Klarinette.

[62] T. 681-684 Klavier (aufsteigende verminderte Septakkorde) ≈ T. 161-163 Bassklarinette, T. 682-683 Piccolo ≈ T. 162-164 Horn, T. 683-684 Geige ≈ T. 164-165 Trompete.

[63] T. 685-690 Klavier 4 x in Oktaven fallen Hauptrhythmus ≈ T. 420-424 Trompete/Posaune – Kontrafagott/Posaune, T. 687-689 Klavierbass ≈ T. 166-167 Diskant, T. 687-690 alle Bläser ≈ T. 166-169 Flöte.

[64] T. 690-691 Trompete/Posaune *a-b-a-b-e-g*, T. 690-692 Bass- + T. 693-694 Es-Klarinette ≈ T. 169-170 Klavierbass + Diskant, T. 692-694 Posaune imitiert in Geige ≈ T. 169-171 Horn imitiert in Trompete.

Kurzzitaten aus der im *Adagio* folgenden Accelerando-Passage spielen die Geige, ein Horn und zuletzt die im *ff* strahlende Trompete ausdrucksvoll gedehnte Varianten vom Krebs der 'lyrischen Phrase' und seiner Imitationen, kontrapunktiert mit dem Engführungskanon des *Scherzando*-Themas aus Variation IV und seinen Begleitstimmen.[65]

In der "Coda" zählt Berg zwar ähnlich viele Takte (76) wie in der "Durchführung" (79), doch enthalten 34 der Takte nur je einen Viertelschlag oder weniger, so dass der Abschnitt im Gesamtumfang deutlich kürzer ausfällt als die vorausgehenden. Hinzu kommen die Verdopplung des Tempos in der Stretta ab Segment 3 und das *sempre poco a poco cresc.* in Segment 4 und 5, die den Ablauf für das Hörerlebnis zusätzlich stark zusammenziehen.

Der Abschnitt beginnt rhythmisch äußerst prägnant mit der Wiederaufnahme des rhythmischen Musters, das Berg im allerersten Rondotakt eingeführt hatte und das oben (vgl. S. 104) als Bergs strukturierender "Seitenrhythmus" identifiziert wurde.[66] Prominent hervorgehoben vor dem Hintergrund sehr leise dagegen gesetzter Freundes-Kryptogramme ertönen im ersten Segment sechs Zitate des charakteristischen Musters zu jeweils ganz unterschiedlichen thematischen Tonfolgen.[67] Im zweiten Segment folgt als längere, neu instrumentierte Klangfarbenmelodie das *Scherzando*-Thema mit seinen zwei Antworten aus Variation V.[68]

Die Stretta beginnt in Segment 3 der Coda mit einer Umspielung der Terzenketten-Sequenzen aus dem Kopfsatz.[69] Darunter breitet Berg eine erweiterte Wiederaufnahme der 'Akkord x'-Folge aus den ersten Takten von

[65]Geige T. 696-705 ≈ T. 430-434, Horn T. 703-706 ≈ T. 432-435, Trompete T. 707-709 ≈ A-Klarinette T. 435-438; Klavier T. 696-697, weiter tiefe Holzbläser T. 702, hohe Holzbläser T. 702-703, Oboe T. 707, Klavier T. 707-709 ≈ Klangfarbenkontur T. 171-180, dazu hohe Holzbläser T. 707-709 ≈ T. 177-180.

[66]Siehe dazu auch Jarman, *The Music of Alban Berg*, S. 153.

[67]Kontrafagott T. 709b-711 ≈ T. 438-440, Geige T. 711-712 ≈ T. 439-441, Posaune T. 712-713 ≈ Horn T. 439-440, Bassklarinette T. 713-714 ≈ T. 442-443, Horn T. 714-715 ≈ Englischhorn ≈ T. 445-446, Flöte/Oboe T. 716-719 ≈ Geige T. 448-450; dazu T. 710b-713 Flöte–Oboe ≈ T. 181-186 *f-fis-gis-cis-a-d* (Viertonvorspann + Arnold-Kryptogramm), T. 713-715 Flöten zu Oboe/Englischhorn ≈ T. 187-189 *es-c-h-b-e-g* (Schönberg), T. 715-716 Klavier *a-e-b-e*, *a-b-a-b-e-g* (Webern, Berg).

[68]T. 725-738 Klavier–Horn–Diskant--Es-Klarinette–Oboe–A-Klarinette–Flöte ≈ T. 195-210 A-Klarinette–Oboe–Es-Klarinette–Horn 2– Horn 1–Horn 2– Horn 1.

[69]A-Klarinette–Es-Klarinette–Oboe–Geige T. 738-744 ≈ Oboe/Englischhorn T. 211-214, Horn–Trompete–Klarinetten T. 743-748 ≈ Flöten T. 215-218, Hörner–Trompete/Oboe–Klarinetten T. 748-751 ≈ Klavier T. 214-216.

Adagio-Segment A_K.[70] Im vierten Codasegment zitiert Berg über weiteren 'Akkord x'-Erinnerungen im Klavier die Kontrapunktik von Kantilene und *Meno allegro*-Motiv aus *Variation V*.[71] Im fünften Segment intensiviert er das wiederholte, nun durch Verdopplungen verstärkte *Meno allegro*-Motiv und seine Fortspinnungen in Terzenketten durch die Gegenüberstellung mit einem vierfachen Zitat des Hauptrhythmus in der chromatisch zum primären Zentralton *g* absteigenden Geigenkontur.[72]

Im Klavier überrascht Berg – unmittelbar vor dem letzten Segment des Satzes und des ganzen *Kammerkonzertes* – mit einer bisher in diesem Werk nicht gehörten Zwölftonreihe: einer Halbtontransposition der 1921 von seinem Schüler Fritz Heinrich Klein entwickelten Allintervallreihe,[73] die er noch im Jahr der Vollendung seines *Kammerkonzertes* zwei seiner musikalischen Liebesgaben für Hanna Fuchs – der Zweitvertonung seines Storm-Liedes "Schließe mir die Augen beide" und der *Lyrischen Suite für Streichquartett* – zugrunde legen wird. Zu Beginn dieser beiden Werke unterstreicht Berg die Intervallformation, indem er die Tonpaare mit einem Abstand von 1, 3, 5, 7, 9 und 11 Halbtönen fallend setzt, alle Schritte mit geradzahligen Halbtongrößen dagegen steigend:

Darstellung der Allintervallreihe in Klavierlied und *Lyrische Suite* I

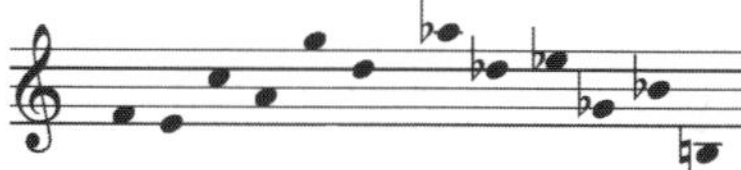

Am Schluss des vorletzten Segmentes im Kammerkonzert dagegen formt Berg die (auf den sekundären Zentralton *e* transponierte) Allintervallreihe im Klavier zu einer aufwärts schießenden Explosion, die fünfeinhalb Oktaven überspannt:[74]

[70]Klavier T. 738-741 *b/cis/e/g/c* ≈ T. 451 Kontrafagott/Horn, weiter Klavier T. 741-750 Akkorde über *es, cis, a, gis, d, e, c, h* ≈ Horn T. 452, Fagott T. 452-453, A-Klarinette T. 453, Fagott–Horn–A-Klarinette T. 454, Bassklarinette T. 454-455, Horn–A-Klarinette T. 455.

[71]Klavier/tiefe Holzbläser T. 751-754,'Akkord x' über *f, fis, g, fis,* Klavier T. 755-757 'Akkord x' über *cis, a, as*, dazu Geige T. 751-766 ≈ Flöte T. 220-229, Horn 2–Posaune – Horn 1 T. 751-766 ≈ Klavier T. 220 -230.

[72]Trompete/Oboe + (später) Piccolo T. 766-774 ≈ Horn 1 (anfangs + Fagott) T. 229-234, Bassklarinette/Fagott T. 770-772 weiter Es-/A-Klarinette T. 773-774 ≈ Klavier T. 231-234, alle Bläser komplementär T. 775-779 ≈ diverse Bläser T. 234-238; dazu Geige T. 766-779 *d-cis, c-h, b-a, as-g* jeweils im Hauptrhythmus.

[73]F. H. Klein, "Die Grenze der Halbtonwelt", in *Die Musik* XVII/4 (Januar 1925), S. 281-286.

[74]Dies entspricht F. H. Kleins "Mutterakkord", wie Berg auch in seinen Skizzen notiert.

Kammerkonzert III:
Gegen Ende der Coda, die krönende Allintervallreihe

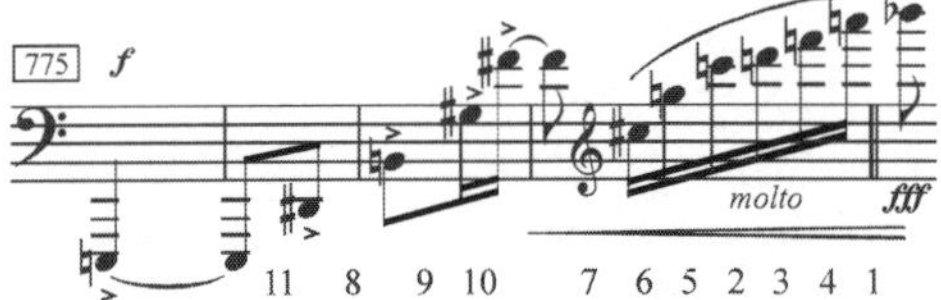

Anzahl der Halbtonschritte

Der Zielpunkt dieses Crescendos, das zuletzt alle Instrumente vereint, ist ein die sechs Oktaven überspannender *ff*-Akkord über *d*, der als Auszug des Tredezimakkordes *d/fis/a/c/es/g/b* gehört und vom Klavier authentisch kadenzierend mit einem ebenso weiten, aus vier aufsteigenden Oktaven kumulierten Akkord über *g* ergänzt wird. Dessen Nachklang dient als Anker für die durch Fermatenpausen getrennten letzten Takte in diesem letzten Segment. Hier stehen sich als huschende Sechzehntelfiguren im wieder raschen "Stretta"-Tempo drei Konturen gegenüber, die aus den Rahmentakten der Sätze I und II stammen: Die Geige spielt zweimal den Krebs des *Adagio*-Hauptthemas,[75] während Holzbläser und Horn, *dolce* beginnend und zunehmend leiser, an die Imitationen vom Ende des *Meno allegro*-Segmentes aus dem Kopfsatz erinnern.[76] In einer dritten Schicht schließlich hört man in Posaune, Horn und Trompete noch ein letztes Mal, gestaffelt wie zuvor, die Tonkryptogramme der drei Freunde. Im Gegensatz zu den zwei anderen Konturen ist diese Schicht interessant rhythmisiert: Von begleitenden Klarinettentönen zu kurzen Sechzehntelketten ergänzt ertönt ganz leise:

ab a beg

ae be

ad sc hb eg

Die Pausen zwischen den Takten dieses sechsten Coda-Segmentes durchklingt einzig der lange Nachklang des Ganztontetrachordes aus dem *Adagio*, den das Klavier vor Beginn der dreischichtigen Erinnerungspassage *ff cresc.* angeschlagenen hat. Im Schlusstakt verschmilzt der viertönige Pizzicatoaufstieg der Geige durch dieselben Töne in derselben Anordnung mit diesem Nachklang. So endet Bergs *Kammerkonzert* mit dem, was erst rückwirkend als "Tonika" dieses Werkes bestätigt wird – im vereinten, sanften Klang der beiden Solisten.

[75]Geige T. 781 *Adagio*-Hauptthema Ton 12-1, T. 783 Ton 12-5, T. 785 Ton 2-3-4-1 (alle pizzicato, Ton 2 und 4 Flageolett, aus den Schlusstakten des *Adagio* (T. 476-480).

[76]Vgl. Kontrafagott–Fagott–Horn 2 T. 781-783, Oboe–Englischhorn T. 782 + 784 und Flöte–Piccolo T. 782-784 mit den Schlusstakten des Kopfsatzes, T. 238-240.

Berg unterscheidet innerhalb seines in diesem Satz angewandten Verfahrens einer “Verquickung” der beiden vorhergehenden Sätze zwischen einer “freien Kontrapunktierung der jeweils korrespondierenden Teile”, einer “Gegenüberstellung einzelner wörtlich übernommener Phrasen und Sätzchen im Nacheinander, also quasi duettierend”, und einer “genauen Addition ganzer Partien aus beiden Sätzen”. Constantin Floros hat es bereits in seiner frühen Veröffentlichung zum *Kammerkonzert* unternommen, diesen Kategorien jeweils einige beispielhafte Ausschnitte des Rondos zuzuordnen.[77]

Eine wesentliche Betrachtung, die Floros bedauerlicherweise in eine ausführliche Fußnote verbannt und damit der wissenschaftlichen Diskussion weitgehend entzogen hat, betrifft die mögliche Infragestellung von Bergs Wiederholungszeichen um “Exposition + Durchführung” des Rondos. Auslöser für die Debatte war Pierre Boulez, der im Vorwort zur Taschenpartitur des Werkes die Notwendigkeit dieser Wiederholung bestreitet. Boulez argumentiert, zwar ließe sich ihre “zahlenmäßige” Notwendigkeit erfassen, doch sei eine strukturelle Notwendigkeit nicht einzusehen. Vor allem: “Diese Wiederholung läuft dem Prinzip der beständigen Variation zuwider, das sonst im ganzen Werk systematisch hervorgehoben wird.”[78]

Floros widerspricht Boulez mit einem in meinen Augen wesentlichen Argument, indem er auf eine ganz andere Dimension des musikalischen Ablaufs verweist, die für den stets nach innerer Balance seiner Kompositionen strebenden Alban Berg essentiell gewesen sein dürfte:

> Liest man nämlich aufmerksam den *Offenen Brief*, so wird deutlich, dass Berg die Wiederholung nicht nur aus “zahlenmäßigen” Erwägungen, sondern vor allem der Symmetrie wegen vorschrieb. Maßgeblich für ihn war nicht nur die Erwägung, dass das *Rondo ritmico* als Synthese der beiden Vordersätze genau die gleiche Taktzahl aufweisen sollte wie diese (nämlich 480), sondern auch die Absicht, die Spieldauer des *Rondo ritmico* der des *Adagios* anzugleichen (nämlich je 15 Minuten). Verzichtet man auf die Wiederholung im *Rondo ritmico*, so wird die Symmetrie der Spieldauer empfindlich gestört.[79]

[77]Vgl. Constantin Floros, “Das Kammerkonzert von Alban Berg. Hommage à Schönberg und Webern”. in Heinz-Klaus Metzger und Rainer Riehn, Hrsg., *Musik-Konzepte* 9: *Alban Berg Kammermusik II* (München: edition text + kritik, 1979), S. 63-90 [72-73].

[78]Hier zitiert nach Pierre Boulez im Vorwort zu *Alban Berg. Kammerkonzert für Klavier und Geige mit dreizehn Bläsern* (Universal Edition 33150), S. 6.

[79]Floros, ibid. (*Musik-Konzepte* 9), S. 73 Fußnote 16.

Zentraltöne, Zahlenspiele und ein geheimes Programm

Das "Motto" mit den Tonkryptogrammen Schönbergs und seiner zwei wichtigsten Schüler liefert Berg mit seiner ausklingenden Schlussterz *e/g* die beiden Zentraltöne seines *Kammerkonzertes*. Den dritten entscheidenden Ton nimmt er vom Anfang der drei gestaffelt einsetzenden Konturen. Dieses *a*, das den drei Namen Arnold, Anton und Alban gemeinsam ist, hat somit in dieser Jubiläumsgabe intime Bedeutung. Die Vorgabe der drei Töne dient dem *Kammerkonzert* als tonal strukturierender Rahmen. Die Verbindung der beiden Zentraltöne *e* und *g* bestimmt bereits im *Thema* das Fundament des Begleitpendels in den Eröffnungstakten (T. 1-3) sowie den krönenden Zenit der Kleinterzgruppen-Sequenzierung (T. 19) und den Abschluss der Kantilene im Höhepunkt des *Themas* (T. 24).

Im weiteren Verlauf des Satzes erweist sich *g* als primärer Zentralton. Dies ist besonders eindeutig am Schluss des Werkes, wo sowohl der im Pedal des Klaviers verklingende Bassakkord als auch, fünf Takte später, die leise abschließende Geigenfigur in *g* ankern (T. 780-785). Weitere prominente Einsätze erhält das *g*

- in T. 4_1 als Basis eines reinen Durdreiklanges – gleichsam als Setzung der "Tonika",
- in T. 5 als Unisono-Abschluss der Klarinetten,
- in T. 16 als Ausgangspunkt des Quartenzirkels (ebenso in T. 46 und T. 98),
- in T. 20 als Ausgangspunkt der Höhepunkt-Kantilene (ebenso in T. 50 und T. 220),
- in T. 31-33 zu Beginn von *Variation I* und in T. 61-68 zu Beginn von *Variation II* als Basis eines Durdreiklanges mit übermäßiger None (*g/h/d/ais*),
- in T. 35-37 als indirekter Orgelpunkt im ersten Segmentschluss von *Variation I*,
- in T. 61-68 als Basis der Walzerbegleitung in *Variation II* (mit Verlängerung in T. 69-71),
- in T. 91-98 als Basis der modifizierten Walzerbegleitung in *Variation II*,
- in T. 133-139 als indirekter Orgelpunkt in *Variation III*,
- in T. 241, 246 und 251-252 mit der Terz *h–g* als Eröffnung der drei Varianten des *Adagio*-Hauptthemas,
- in T. 260 und 350 (Holzbläser) als Basis von *g/b/cis/e/a*, der fünftönigen Schichtung, die als 'Akkord x' in zwölf Transpositionen das Codetta-Thema begleitet,

- in T. 323 als Ausgangspunkt der *senza espr.*-Kontur mit dem terzlosen G-Dur-Nonakkord *g-d-f-a* in Z_O, und
- in T. 355-358 und T. 363-366, beiderseits des *Adagio*-Zentrums, als in *ff* dominierender tiefer 'Grundton' der Geige und sein nach innen anschließendes *ppp*-Echo im Flageolett.

Der sekundäre Zentralton *e* erklingt in den drei Sätzen des *Kammerkonzertes* in prominent hervorgehobener Position fünfmal:

- in T. 10 als Abschlusston des *Scherzando*-Themas,
- in T. 181-191 als Liegetonbasis in Form von Tremolo + Triller am Beginn von *Variation V*,
- in T. 240 als E-Dur-Tredezimakkord (*e/gis/h/d/fis/ais/cis*) zum Abschluss des Kopfsatzes,
- in T. 268-271 als antizipierter Ausgangston der 'sehnsuchtsvollen Kontur' in *Adagio*-Segment Y_O und
- in T. 775-780 als Ausgangston der sechsoktavig in die Höhe stürmenden Allinvervallreihe.

Der Ton *a* bestimmt, jeweils oktaviert, sehr prominent die Originalform des Hauptrhythmus. Er erklingt im *Adagio* dreimal in T. 297-303 und dreimal in T. 420-424, zudem in der *Introduzione* dreimal in T. 481-484, in der ersten Hälfte des *Rondo* dreimal in T. 545-549 und in der zweiten Hälfte viermal in T. 685-689.

Die drei gleichsam biografisch vorgegebenen Töne ergänzt Berg in Satz II und III um zwei weitere, die nur lokal in den Vordergrund treten. Der eine ist der Ton *c*, die Quart ('Subdominante') über *g*. Er dient

- in T. 260-272 als Orgelpunkt in der Codetta von Abschnitt A_O und dem Beginn von Y_O (ebenso, rückläufig, in T. 451-461 zum Krebs der Codetta in Abschnitt A_K),
- in T. 277-280 als Ausgangspunkt der zunehmend verengten Skalenabstiege der Violine (ebenso in T. 441-444 als Zielton der zunehmend geweiteten Skalenaufstiege der Violine),
- in T. 321-330 als Orgelpunkt in Kontrafagott–Horn–Englischhorn (ebenso in T. 391-403 in Geige–Posaune–Kontrafagott),
- in T. 371-377 als wiederholter Zielton aufsteigender Geigen-Arpeggien in A_{KU},
- in T. 658-661 als Orgelpunkt in Kombination mit Zentralton *g* in der Kumulation des Hauptrhythmus im *Rondo*, und
- in T. 717-725 als Orgelpunkt am Ende des ersten Codasegmentes im *Rondo*.

Der Ton *cis/des* schließlich, der Tritonus von 'Grundton' *g*, markiert das Zentrum von *Adagio* und *Rondo* (T. 358-363 und T. 628-632).

Das Motto präfiguriert in der Anzahl der Takte und der Stimmen auch die beiden das Werk bestimmenden Zahlen. Entsprechend der Funktion des Mottos als 'Vorspiel' zum Kopfsatz überträgt Berg die 5 auf die Zahl der Takte im Zitat des Schönberg-Kryptogramms, das er am Ende des *Adagios* einfügt, auf die Zahl der Segmente und Tempi in jeder *Adagio*-Hälfte und in der *Introduzione* sowie auf die Zahl der Töne in seinem "Hauptrhythmus".

Die Zahl 3 und ihre Vielfachen bestimmen das Werk auf den unterschiedlichsten Ebenen. Die 12 offensichtlichsten sind:

- das *Kammerkonzert* hat 3 Sätze,
- Berg erwähnt die "Dreizahl der Instrumentengattungen (Tasten-, Saiten- und Blasinstrumente)" für insgesamt "15 Mann",
- das *Thema* steht im 6/4-Takt,
- der Kopfsatz umfasst 6 Abschnitte (Thema + 5 Variationen),
- die Abschnitte haben einen Umfang von 30 bzw. 60 Takten,
- das *Adagio* besteht aus 2 x 3 Abschnitten (A B A || A B A),
- die Abschnitte enthalten 30 + 60 + 30 || 30 + 60 + 30 Takte,
- die Segmente innerhalb der zentralen Abschnitte jeder *Adagio*-Hälfte umfassen 12 + 36 + 12 Takte,
- das *Rondo* besteht aus 3 x 6 Segmenten,
- ihm unterliegen laut Berg "drei rhythmische Formen",
- die Coda im *Rondo* umfasst 6 Takte.

Berg entwirft für sein *Kammerkonzert* 12 im weitesten Sinne zwölftönige thematische Komponenten, von denen einige strikt nach schönbergschen Regeln konzipiert, andere durch Tonwiederholungen erweitert und frei umspielt oder minimal unvollständig sind. 6 dieser Komponenten bilden das *Thema* und seine Variationen, 5 weitere kommen im *Adagio* und eine letzte erst im *Rondo* hinzu. Vgl. dazu nach ihrem jeweils ersten Einsatz

- in T. 1-4 das "Schönberg-Thema",
- in T. 8-10 das *Scherzando*-Thema,
- in T. 8-12 die palindromische Intervallfolge als Klangfarbenmelodie der Bassinstrumente,
- in T. 16-20 den Quartenfallzirkel im Bass,
- in T.19-20 die Kleinterzgruppen-Sequenzierung der Klarinette,
- in T. 20-24 die Kantilene vom *Thema*-Höhepunkt,
- in T. 241-246 das *Adagio*-Hauptthema,
- in T. 260-264 das Codetta-Thema,
- in T. 271-273 die 'sehnsuchtsvolle Kontur',
- in T. 283-286 die 'lyrische Phrase',
- in T. 323-325 die *senza espr.*-Phrase und
- in T. 775-580 die Allintervallreihe.

Berg selbst hat dem Werk die drei Begriffe "Freundschaft", "Liebe" und "Welt" zugeschrieben. In seinem "Offenen Brief" bezieht er diese Worte eher allgemein auf das ganze *Kammerkonzert*, wenn er schreibt:

> Ja, ich sage Dir, liebster Freund, wüsste man, was ich gerade in diese drei Sätze von Freundschaft, Liebe und Welt an menschlich-seelischen Beziehungen hineingeheimnist habe, die Anhänger der Programm-Musik – wenn es solche überhaupt noch geben sollte – hätten ihre helle Freude daran, und die Vertreter und Verfechter der "neuen Klassizität" und "neuen Sachlichkeit", die "Linearen" und "Psychologen", die "Kontrapunktiker" und "Formalisten" fielen, empört ob dieser "romantischen" Neigung, über mich her, wenn ich ihnen gleichzeitig verriete, dass auch sie alle, wenn sie nur willens sind zu suchen, auf ihre Rechnung kämen.[80]

Floros weist in seinem Buch *Alban Berg – Musik als Autogiografie* darauf hin, dass die drei Worte in Bergs Skizzen zu dem Werk nicht nur häufig auftauchen, sondern den drei Sätzen nach Art einer programmatischen Synopse zugeordnet sind.[81] Demnach beschreibt der Kopfsatz mit "Freundschaft" den Schönbergkreis. Die Musik charakterisiert neben den drei Widmungsträgern andere Freunde: den Pianisten Eduard Steuermann im Klaviersolo von *Variation I*, den Geiger Rudolf Kolisch in der Walzerhumoreske von *Variation II*, den Musikwissenschaftler Joseph Polnauer in der robusten Akkordik von *Variation III* und den Komponisten und Musiktheoretiker Erwin Stein in der sehr raschen, scherzo-artigen *Variation IV*. In der als 'Reprise mit Überholspur' angelegten *Variation V* geht es zuletzt um weitere Mitglieder der Schönberg-Schule, die ihren Lehrer in den Augen der Öffentlichkeit (und Presse) oft zu übertrumpfen schienen.

Das Wort "Liebe", in Bergs Synopsis-Skizze dem *Adagio* zugeordnet, bezieht Floros auf Schönbergs Frau Mathilde. Dafür sprechen nicht nur das Kryptogramm *a-h-d-e* (für M<u>a</u>t<u>h</u>il<u>de</u>) und seine Transformationen,[82] sondern auch die begleitenden Kürzel in Bergs Skizzen.[83] Floros glaubt in der ersten Hälfte des Satzes vor dem "Wendepunkt" die glückliche Zeit im

[80]Zitiert nach *Glaube, Hoffnung und Liebe,* S. 232.

[81]Floros nennt die Skizzenblätter Fonds 21 Berg 74/II fol. 2, 74/III fol. 5 und 74/X fol. 7. (*Alban Berg – Musik als Autobiographie* [Wiesbaden: Breitkopf & Härtel, 1992], S. 201).

[82]Vgl. T. 256-263: Trompete (ergänzt um *es*, was für die Initiale des Nachnamens Schönberg stehen könnte), T. 300-301: Horn 1 (wieder mit hinzugefügtem *es*), im "Höhepunkt" T. 314-317: Posaune, unmittelbar vor dem Spiegelpunkt T. 358-360: gedämpftes Horn 1. Vgl. dazu die ausführliche Diskussion in Floros, *op. cit.*, S. 208-218.

[83]"Ma" unter "Adagio", "Höhepunkt Math" auf 74/VII fol. 3 und "Mathil" auf 74/VII fol. 9.

Leben Mathildes und in der gespiegelten zweiten Hälfte ein Abbild ihrer fortschreitenden Krankheit bis hin zu ihrem frühen Krebstod mit 46 Jahren zu erkennen. Douglas Jarman dagegen vermutet, dass die palindromische Struktur des Satzes ein Abbild von Mathildes Beziehung zu Schönberg vor und nach ihrer Affäre mit dem expressionistischen Maler Richard Gerstl sein könnte. Mathilde hatte sich in den Freund der Familie verliebt, war sogar zu ihm gezogen, aber auf Bitten Weberns und einiger anderer Freunde Schönbergs am Ende zu ihrem Mann zurückgekehrt. Wenig später nahm Gerstl sich das Leben, während Mathilde selbst zunehmend stiller und kränker wurde.[84]

Eine Bestätigung für diese Deutung findet sich tatsächlich in den Skizzen. In ihnen markiert Berg sein Codetta-Thema, dessen Einführung synchron zum ersten Auftreten des "Mathilde"-Kryptogramms verläuft, mit dem Namen "Melisande". Brenda Dahlen, die Bergs handschriftliche Aufzeichnungen ebenfalls studiert hat, liefert eine detaillierte Beschreibung dieser musikalischen Anspielung und ihrer Hintergründe.[85] Der Beginn von Bergs Thema ist gestisch verwandt mit der Kontur, die Schönberg in seiner sinfonischen Dichtung *Pelleas und Melisande* der weiblichen Hauptfigur zuordnet. In seinem Führer zu dem Werk zitiert Berg sie als Melisandes "Leitmotiv":

Schönbergs "Melisande"-Kontur und der Beginn von Bergs Codetta-Thema

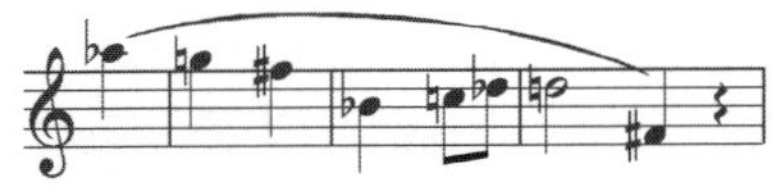

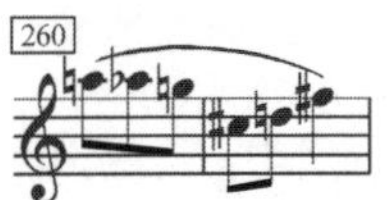

Den literarischen Hintergrund zu dieser Anspielung bildet das symbolistische Drama Maurice Maeterlincks, das Schönbergs gleichnamigem Orchesterwerk zugrunde liegt. Darin geht es um die Dreiecksbeziehung zwischen dem Prinzen Golaud, seiner jungen Frau Mélisande und seinem Halbbruder Pelléas. Als Mélisande sich innerlich dem gleichaltrigen und ihr spirituell verwandten Pelléas zuwendet, tötet Golaud den Bruder. Wenig später verwundet er auch Mélisande, die bald darauf stirbt – scheinbar an der Geburt ihres Kindes, doch spürbar auch an ihrem Schmerz über die Entfremdung von Golaud und über Pelléas' Tod. Dahlen schreibt dazu:

[84]Vgl. Douglas Jarman, "Geheime Programme", in Anthony Pople, *Alban Berg und seine Zeit*, S. 216-230 [219].

[85]Brenda Dahlen, " 'Freundschaft, Liebe und Welt': The Secret Programme of the Chamber Concerto", in Anthony Pople, Hrsg., *The Cambridge Companion to Berg* (Cambridge: Cambridge University Press, 1997), S. 141-180 [166].

> Die musikalische Symbolik des Adagios kann in Bezug auf Mathildes unglückliche Affäre mit Gerstl gedeutet werden. Das Palindrom symbolisiert sowohl die Entfremdung der Schönbergs und ihre spätere Versöhnung als auch Mathildes geistigen Tod und ihren allmählichen Rückzug aus der Welt nach Gerstls Suizid. Darüber hinaus können die zwölf schicksalhaften Klavieranschläge am Wendepunkt an den Moment erinnern, in dem das Schicksal von Pelleas und Melisande in Maeterlincks Drama besiegelt wird. In Akt II, Sz. 1 sitzen die jungen Liebenden am Rande eines Brunnens zusammen. Während sie sich unterhalten, nimmt Melisande ihren Ehering ab und wirft ihn spielerisch über dem Wasser in die Luft. Als die Uhr gerade Mittag schlägt, fällt der Ring in den Brunnen. Beim zwölften Schlag wird Golaud, der in einem nahegelegenen Wald auf der Jagd ist, vom Pferd geschleudert. Später, als er Melisande von diesem Missgeschick berichtet, sagt Golaud: "Ich bin gestürzt und [das Pferd] muss auf mich gefallen sein. Ich dachte, ich hätte den ganzen Wald auf meiner Brust; ich dachte, mein Herz wäre zerschmettert."[86]

Die Tatsache, dass die Takte 446-465 kurz vor dem Satzende ein gehäuftes Zusammentreffen des rückläufigen Mathilde-Kryptogramms *e-d-h-a* mit dem rückläufigen Codetta-Thema zeigen, für das es in der ersten Satzhälfte kein Vorbild gibt, deutet Dahlen als musikalisches Abbild für den sich selbst verstärkenden Prozess, der Schönbergs Frau nach dem Verlust ihres Liebhabers unweigerlich ihrem eigenen Tod entgegenführt.

Den Punkt, ab dem Mathildes Schicksal ihren Lauf nimmt, lokalisiert Dahlen in der numerischen Mitte des Abschnitts B_O. In T. 297-298 haben die tiefsten Blasinstrumente das freie Rubato der solistischen Geige erstmals mit dem oktavierten *a* im Muster des "Hauptrhythmus" unterbrochen. In T. 299-303 wiederholen Trompete und Posaune die Komponente jeweils eine Oktave höher, während ein Horn mit dem "Mathilde"-Symbol die Schnittstelle überbrückt. Schon Hans Redlich hat Bergs Verwendung derartiger rhythmischer Motive, wie sie sich auch im *Violinkonzert* und in den zwei Opern finden, in Anlehnung an die dräuenden "Todesrhythmen" in Mahlers Sechster und Neunter Sinfonie als eine Art Anklopfen des Schicksals gedeutet.[87]

[86]Übersetzt nach Dahlen, *op. cit.,* S. 166.

[87]Hans Ferdinand Redlich, *Alban Berg. Versuch einer Würdigung* (Wien: Universal Edition, 1957), S. 157. In seiner kurz vor der Arbeit am *Kammerkonzert* beendeten Oper *Wozzeck* führt Berg direkt nach dem Mord einen leitmotivischen Rhythmus ein, der anschließend in der auf einem verstimmten Klavier ertönenden Schnellpolka wiederkehrt, alle Wirtshauslieder durchzieht und am Ende der Szene Wozzecks Ruf "Bin ich ein Mörder?" unterliegt.

Als Mathilde am 18. Oktober 1923 starb, hatte Berg, wie er Schönberg am 2. September 1923 schrieb, den Kopfsatz des *Kammerkonzertes* bereits vollendet, vom *Adagio* jedoch erst wenige Takte entworfen.[88] Der Schmerz über den Tod der Frau, die auch Berg eine Freundin gewesen war, hat Stimmung und Konzeption des langsamen Mittelsatzes offensichtlich nachhaltig geprägt.

Das am Schluss des *Adagios* im Klavier schrittweise ausbrechende und zur *Introduzione* des Finalsatzes überleitende *a-d-s-c-h-b-e-g* schildert, nach den Zusätzen in Bergs Skizzen zu urteilen, die Erschütterung, die nicht nur der Witwer Schönberg, sondern auch seine engsten Freunde im Angesicht dieses allzu frühen Lebensendes empfanden. Floros berichtet dazu aus seinen Recherchen in der Musiksammlung der Österreichischen Nationalbibliothek:

> In einer Formübersicht, die sich in den Skizzen findet (74/VI fol 4), ist die Introduzione mit dem Stichwort *Gewitter* charakterisiert. An anderer Stelle (74/X fol. 5) ist von einem *fernen Gewitter* die Rede, das zu Beginn des dritten Satzes in Form einer Kadenz im Fortissimo losbricht, und eine andere Notiz in den Skizzen besagt, dass der dritte Satz mit einem *Donnergrollen* des Klaviers einzuleiten sei (74/V fol 22 verso). Diese Notiz bezieht sich auf die fünf Takte des Klaviers am Ende des Adagios.[89]

Dem auf die *Introduzione* folgenden ausgedehnten *Rondo* ordnet Berg in seiner Programmsynopse das Wort “Welt” zu. Darunter verstand er, wie seine Skizzen verraten, sowohl allgemein “die Menschheit” in ihrer Vielfalt als auch sehr spezifisch Arthur Schopenhauers Ausführungen in dessen Werk *Die Welt als Wille und Vorstellung.*[90] Dabei war es Bergs Anliegen, Welt und Menschheit, die sich so ungemein bunt und vielgestaltig zeigen, auch musikalisch kaleidoskopartig abzubilden. Die Rondoform schien ihm dafür besonders geeignet. Wie sehr allerdings die Menschheit in all ihren Belangen von Schicksalsschlägen bedroht ist, zeigen die 25 Zitate des “Hauptrhythmus”, die das Rondo vom ersten Segment der Exposition bis zum vorletzten der Coda durchdringen. Wie die Musik hier nahelegt, treffen die Schicksalsschläge auch die drei Freunde.[91]

[88]Ibid., S. 158-159.

[89]Floros, *op. cit.*, S. 219.

[90]So – laut Floros, *op. cit.*, S. 221 – eine Anmerkung auf Skizze 74/XV fol. 5 verso.

[91]Vgl. den “Hauptrhythmus” als wiederholte Anschläge des Clusters *eis/fis/gis/cis* im Klavierbass T. 483-484, als Kontur des Namenskrebses *g-e-b-h-c-es* in der Unterstimme der Geige T. 539 und als *Meno allegro*-Motiv aus dem *Thema* in Trompete T. 571-573.

Das *Kammerkonzert* gilt als stilistische Wegscheide im Schaffen Alban Bergs. Dies betrifft einerseits die schier unübertrefflich scheinende strukturelle Kunstfertigkeit, mit der er im Kopfsatz ein dreißigtaktiges *Thema* immer neuen Metamorphosen und im Mittelsatz ganze Abschnitte den im Kontext der Reihentechnik entwickelten Transformationen unterwirft, bevor er im Finalsatz die unabhängig konzipierte und in Elan und Stimmung ganz unterschiedliche Musik der beiden Sätze zu einer in jedem Punkt sinnvollen, dank der Hierarchisierung der Stimmen transparenten Textur verwebt. Anderseits deutet die Motivik des "Hauptrhythmus", der sich in einem Raum außerhalb von Schönbergs Regeln für die Zwölftonkomposition entfaltet und die "Welt" des *Rondos* in der verharmlosenden Funktion eines "Refrains" zu unterlaufen droht, auf Bergs tiefsitzende Überzeugung von der Fatalität des Lebens. Hier trifft sich der vertikal gespiegelte Raum mit der in der Rückläufigkeit aufgehobenen Zeit, und geistreiche Komplexität verbindet sich nicht nur mit ergreifender Emotionalität und Wärme, sondern auch mit den gespenstischen Schlägen einer Totenglocke.

Die Anforderungen des Werkes an die Ausführenden und die Hörer sind enorm. Adorno warnte noch 1971, fast fünfzig Jahre nach der Uraufführung des *Kammerkonzertes*, vor dessen Schwierigkeiten:

> Wie beträchtlich sie sind, dokumentieren ohrenfällig jene Schallplatten, bei denen zwar vertikal das meiste korrekt sein dürfte, die aber, anstatt den sukzessiven musikalischen Zusammenhang zu vergegenwärtigen, mit Galimathias aufwarten; wer in das Kammerkonzert eindringen will, muss die Noten studieren und vor den Aufnahmen sich hüten.[92]

[92] Adorno, *op. cit.*, S. 125.

Symphonische Stücke aus der Oper *Lulu*

Berg begann 1928 mit der Arbeit an seiner zweiten Oper, für die er aus Frank Wedekinds in den Jahren 1892-1901 verfassten Dramen *Erdgeist* und *Die Büchse der Pandora* ein eigenes Libretto erstellte. Wedekinds Lulu ist eine sexuell freizügige junge Frau, an deren geheimnisvoller Ausstrahlung und sinnlich unschuldigem Wesen zuerst ihre drei Ehemänner und zuletzt auch sie selbst und ihre Vertrauten zugrunde gehen. Die männlichen Opfer in der Doppeltragödie sind drei betont gegensätzliche Typen: der alte Medizinalrat, der Lulu zur Tänzerin ausbilden und von einem Kunstmaler porträtieren lässt, der naiv-idealistische Maler, der ihr ikonisches Bild im Pierrot-Kostüm erschafft, und der abgebrühte Chefredakteur Dr. Schön, der die aus der Gosse Geholte in die Gesellschaft eingeführt hat und auch weiterhin alle Fäden ihres Lebens in der Hand zu halten sucht, sich jedoch nicht von ihrer Anziehungskraft befreien kann. Dazu kommt Schöns Sohn Alwa, der als Jugendlicher eher brüderlich für Lulu empfand, später aber ebenfalls ihrem Charisma verfällt. Im Prolog, der als rudimentäre Rahmenhandlung fungiert, erklärt ein Tierbändiger das Geschick der Lulu und ihrer Verehrer als eine Zirkusdarbietung, in der man im Gegensatz zu den gesitteten "Haustieren" typischer Bühnenstücke "das wahre Tier, das wilde, schöne Tier" zu sehen bekommt.

Nachdem Berg seine Wahl für den Stoff getroffen hatte, entstanden noch im selben Jahr erste Skizzen für den Prolog. Die Arbeit an den Szenen selbst jedoch ging langsam voran, wie die Fertigstellungsdaten im Particell zeigen: Akt I: Juli 1931, Akt II: September 1933, Akt III April 1934. Die Instrumentierung lief mit einiger Verzögerung nebenher.

Als die Vollendung des Particells absehbar war, vereinbarte Berg mit Erich Kleiber, damals musikalischer Leiter der Berliner Staatsoper, einen den *Drei Bruchstücken für Gesang und Orchester aus der Oper "Wozzeck"* entsprechenden Auszug aus der Opernmusik zu erstellen. Die "Lulu-Suite", wie Berg das Werk der Universal Edition ankündigte, wurde in Berlin am 30.11.1934 mit großem Erfolg uraufgeführt. Die Pressekampagne jedoch war bösartig. Sie richtete sich sowohl gegen Kleiber als auch gegen die Musik und führte zu Kleibers Rücktritt – einen Tag nachdem, ebenfalls in Berlin, Wilhelm Furtwängler infolge seines Einsatzes für Paul Hindemiths *Symphonie Mathis der Maler* sein Amt als Staatsoperndirektor und Leiter des Berliner Philharmonischen Orchesters aufgegeben hatte.

Doch Bergs Ruhm festigte sich durch fünf internationale Aufführungen des Werkes, die noch in seinem letztem Lebensjahr erfolgten: am 9. Januar in Prag unter Václav Talich, am 16. Januar in Genf unter Ernest Ansermet, am 22. Februar in Brüssel unter Erich Kleiber, am 20. März in London unter Adrian Boult und am 22. März in Boston unter Serge Koussevitsky. Noch in den letzten Tagen des Jahres 1934 erschien auch die Partitur der *Symphonischen Stücke*.

Adorno, der der Londoner Aufführung beigewohnt und sowohl von verschiedenen Aufführungen des Operntorsos als auch von seinem Studium der (damals noch unvollständigen) Opernpartitur eine genaue Kenntnis des gesamten Werkablaufes hatte, beschied noch 1977: "Es muss darauf verzichtet werden, von den *Symphonischen Stücken aus der Oper Lulu* in zusammenhängender Darstellung zu reden, weil das Werk derartig intim der Bühne verschworen und dem dichterischen Wort verhaftet ist, dass es, isoliert, nicht gänzlich sich enthüllt."[1]

Dem soll hier respektvoll widersprochen werden. Denn was Adorno offenbar nicht in Erwägung zog, ist, dass Berg in seinem konzertanten Exzerpt eine Facette in den Vordergrund stellt, die in der dramatischen Bühnenhandlung leicht fehlgedeutet wird. Es handelt sich um das Wesen der Lulu, die ja bei genauem Hinsehen in den von ihr ausgelösten Tragödien eher passiv bleibt. In seiner Suite entwirft Berg eine Skizze, die nicht um die Tragik von Lulus zwischenmenschlichen Begegnungen kreist, sondern dem nachspürt, wer und was sie selbst ist. Wie Willi Reich berichtet, fühlte Berg seine eigene Einschätzung gespiegelt in der Charakterisierung, die der Literaturwissenschaftler Julius Kapp schon 1909 von Wedekinds Protagonistin entworfen hatte.[2] Insbesondere diese Sätze sprachen Berg an:

> Ihr Wesen umfasst nahezu alle weiblichen Charaktereigentümlichkeiten, alle Leidenschaften, sinnliche, geistige und künstlerische Triebe wohnen in ihrer Brust. Die scheinbar widerstrebendsten Empfindungen im Fühlen und Handeln, die ganze Skala eines menschlichen Innenlebens sind hier zu einer gewaltigen Einheit zusammengeschweißt: kindliche Harmlosigkeit neben schlauester Koketterie, gemütvolles Empfinden neben kaltherzigster Rücksichtslosigkeit, echt weibliche Verzagtheit neben unerschrockenster Tatkraft.

[1]Adorno, *op. cit.*, S. 156.

[2]Julius Kapp, *Frank Wedekind: seine Eigenart und seine Werke* (Berlin: Barsdorf, 1909), S. 127-128. Zu Bergs Übereinstimmung mit dieser Charakterisierung vgl. Willi Reich, "Alban Berg's *Lulu*", englisch von Mary D. Herter Norton, in *The Musical Quarterly* 22/4 (10/1936), S. 383-401 [383-384].

> Kurz alle Saiten des feinen Seeleninstrumentes erklingen hier harmonisch, öfters noch in Disharmonien. Dass diese so vorherrschend sind, liegt darin, dass dieses Wesen unabhängig ist von Zeit und Kultur. Es ist vollkommen natürliches Urwesen, das sich der jeweiligen Kulturzustände und Gebräuche nur als Ausdrucksmittel seines Ich bedient, ohne dass diese jedoch irgend welchen Einfluß darauf ausüben.

Der folgende Vergleich will zeigen, welchen Akzent der konzertante Auszug gegenüber der Bühnenhandlung setzt. Zuerst die Oper:

> Der Prolog:
>
> Ein Tierbändiger fordert das Publikum – das "Raubtier", zwischen dessen Zähne er seinen Schädel legen will – auf, "mit heißer Wollust und mit kaltem Grauen die unbeseelte Kreatur zu schauen, gebändigt durch das menschliche Genie", und stellt mittels allegorischer Tiere die Hauptpersonen vor.
>
> Die Tragödie:
>
> Lulu ist eine geheimnisvoll schöne junge Frau, der die Männer tragisch verfallen. Dr. Schön, ein Chefredakteur, hat sie als Zwölfjährige von der Straße geholt, wo sie "nachts Blumen verkaufte", hat sie erziehen lassen, zu seiner Geliebten gemacht und schließlich wiederholt verheiratet in dem Bemühen, sich von ihrem Zauber zu befreien. Doch gelingt ihm dies nicht: Ihr erster Mann, ein alter Medizinalrat, stirbt an einem Schlaganfall, als er Zeuge wird, wie der Maler, der Lulus Portrait malen soll, sich ihr verzückt nähert. Der Maler, ihr zweiter Ehemann, schneidet sich die Kehle durch, als er entdeckt, dass sie nicht das vornehme Geschöpf ist, für das er sie gehalten hat, sondern unterschiedslos mit Männern aller Schichten verkehrt. Dr. Schön selbst wird gegen seinen Willen ihr dritter Ehemann, doch auch er verzweifelt an ihrer Ungebundenheit und stirbt, als sich aus der Pistole, mit der er ihr befielt, sich selbst zu töten, ein Schuss löst.
>
> Die einzigen Menschen, die Lulu wirklich lieben, sind Alwa und die Gräfin Geschwitz. Alwa, der Sohn Dr. Schöns, kennt und verehrt Lulu seit ihrer frühesten Jugend und gesteht ihr zuletzt ebenfalls seine Liebe. Sie jedoch liebt seinen Vater und fühlt für Alwa eher schwesterliche Zuneigung. Die lesbische Gräfin Geschwitz dagegen hofft, der in der Liebe mit Männern letztlich unglücklichen Lulu eine Alternative zu bieten, doch diese verschmäht sie und verachtet sie selbst dann noch, als die Gräfin sich für sie aufopfert.

> Nachdem Lulu der Kerkerstrafe nach dem Tod Dr. Schöns durch Flucht entkommen ist, lebt sie in Paris. Dort versuchen mehrere Vertreter der feinen Gesellschaft, sie mit dem Wissen um ihre Schuld zu erpressen. Sie muss erneut fliehen und landet verarmt in einer Londoner Dachkammer, wo sie sich und die ihr verbliebenen Freunde nur durch Prostitution am Leben erhalten kann. Drei Freier (gespielt von den Darstellern ihrer drei verblichenen Ehemänner) folgen ihrer Lockung. Der letzte – Jack als Reinkarnation des Dr. Schön – tötet sie und schließt damit den Kreis ihres Lebens.

Für die fünf "Symphonischen Stücke aus der Oper *Lulu*" exzerpiert Berg Passagen der Opernpartitur, die ganz auf Lulu selbst fokussiert sind:

- Im Zentrum steht das "Lied der Lulu", in dem sie argumentiert, nicht dafür verantwortlich zu sein, dass sich Männer ihretwegen umbringen. Andere lügen und betrügen, verlangen und manipulieren, doch sie sei stets aufrichtig nur sie selbst gewesen.

Die Ehemänner und Freier kommen als für Lulus Wesen unerheblich nicht vor. Die Rahmensätze gelten ihren beiden wahren Unterstützern:

- Im eröffnenden *Rondo* wird Lulu in acht Takten aus dem Prolog eingeführt. Danach kombiniert Berg musikalische Passagen aus Akt I und Akt II, in denen Lulu und Alwa sich ihrer Verbundenheit und gegenseitigen Wertschätzung versichern.
- Im die Suite beschließenden *Adagio* zieht die Gräfin Geschwitz Bilanz ihrer Liebe zu Lulu und wird zuletzt, fast nebenbei, wie diese von Jack getötet.

Ebenso wie die Sätze I und V ergänzen sich auch die Sätze II und IV sowohl formal als auch inhaltlich:

- Im *Ostinato*, dem zweiten Satz, übernimmt Berg die Verwandlungsmusik aus Akt II, zu der im Operngeschehen die *öffentlichen* Folgen von Lulus naiv-betörender Natur in Filmszenen von ihrer Verhaftung, Gefängniszeit und Flucht ablaufen.
- Der vierte Satz, *Variationen*, präsentiert mit dem Zwischenspiel aus Akt III die *privaten* Folgen ihrer Natur und Lebensweise mit Umspielungen eines originalen Lautenliedes von Wedekind, der "Konfession" einer Frau, die sich selbstbewusst zu den Freuden der freien Liebe bekennt.

Als Berg am 24. Dezember 1935 an den Folgen einer durch Furunkulose verursachten Sepsis starb, gehörten Satz IV und V der "Lulu-Suite" zu den wenigen Passagen aus dem dritten Akt der Oper, deren Instrumentation er noch selbst vollendet hatte.

I – *Rondo*

Der Kopfsatz der “Lulu-Suite” trägt den Untertitel *Andante*, eine Tempobezeichnung, die anlässlich des ersten “*a tempo (I)*” in T. 9 mit der Metronomangabe ♩ = 69 ergänzt wird.[3] Der ersten Wiederherstellung des Grundtempos in T. 9 geht eine entfernte Variante der Musik voraus, zu der Lulu im Prolog der Oper eingeführt wird. Berg kennzeichnet diesen Achttakter als “Introduzione”. Deren erster Dreitakter steht, abweichend von der Vorlage in der Opernmusik, im 6/4-Metrum.[4] Auch hat Berg das dortige Zusammenspiel aus gemischten Holz- und Blechbläsern unter der Führung von Trompeten und Posaunen durch einen sanften, anfangs zu zwanzig Stimmen aufgespaltenen Streichersatz ersetzt, in dem Geigen und Bratschen über den am Griffbrett zupfenden Celli und Bässen durchgehend mit Dämpfern spielen. Unverändert ist die überraschend tonale Anlage der Passage: Unter den arpeggierenden Girlanden einer Flöte und einiger Geigen münden fallend gepaarte Dreiklänge mit Mollsexten sequenzierend bereits in T. 3 in einen Akkord, dessen tiefes Register im reinen G-Dur-Dreiklang ankert. Der erste musikalische Eindruck von der Protagonistin ist damit sowohl anrührend als auch maximal harmonisch.

Lulu-Suite I: Leise Seufzer in konsonanter Umgebung

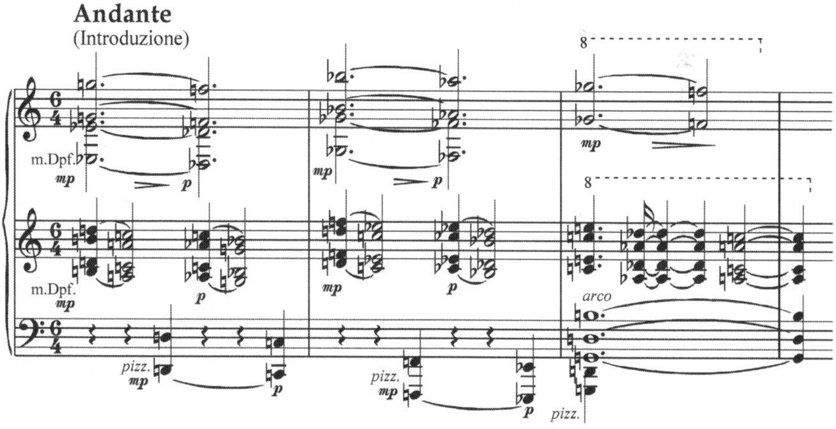

[3]Notabene: Beginnend mit T. 9 zeigt die Partitur der *Symphonischen Stücke* doppelte Taktzahlen: Durchlaufend und klein gestochen die des jeweiligen Suitensatzes und darüber die aus den Passagen der Opernpartitur übernommenen. Alle in der folgenden Analyse genannten Taktzahlen beziehen sich auf die durchlaufende Zählung der konzertanten Version.

[4]Vgl. *Lulu-Suite* T. 1-3 mit Akt I, T. 56-62, variiert und in Ganztontransposition.

Nachdem die Harfe in T. 3 mit aufsteigenden G-Dur-Dreiklängen die tonale Ankerung unterstrichen hat, wechseln Metrum und Textur: Im 3/4-Takt des Opernprologs ertönt die Taktgruppe, in der Lulu als die "Urgestalt des Weibes" ankündigt wird. Während im Hintergrund die tiefen Streicher mit der Harfe quasi kadenziell auf einen neuen Zwischenhalt über dem G-Dur-Septakkord zusteuern, den Berg zudem mittels *calando* effektvoll verzögert, erklingt in den beiden Klarinetten und den geteilten 1. Geigen eine Oktavparallele mit dem, was in der konzertanten Suite erst viel später als Lulus melodisches Emblem bestätigt wird.

Diese Kontur beginnt nach einem konventionell lieblichen Auftakt als fallendes As-Dur-Skalensegment – schlicht und in sich schlüssig, aber tonal "neben" der begleitenden Harmonie. Plötzlich jedoch wendet sich die führende Stimme mit einem kleinen Aufbäumen zum *g*. Damit nimmt sie zwar vorauseilend eine oberflächliche Anpassung an die Zielsetzung ihres Umfeldes vor, riskiert dadurch aber maximale Reibung zu ihrer Parallelstimme, die zunächst auf *as* verbleibt und dann mit dem Quintfall zum *des* ihre Eigenständigkeit verteidigt.

Lulu-Suite I: Die Einführung von Lulus Thema in der "Introduzione"

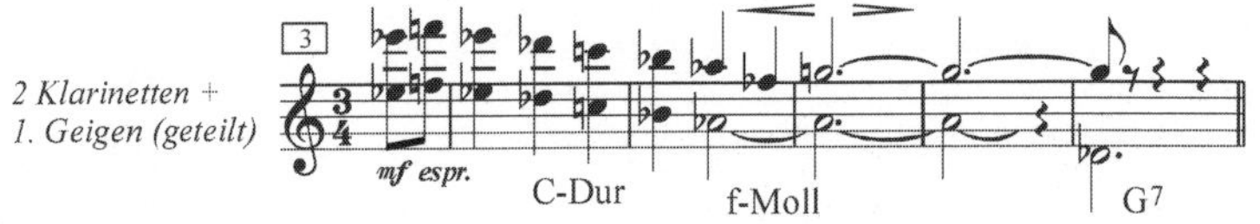

So zeichnet Berg mit komprimiertesten Mitteln ein Bild vom Wesen seiner Heldin: sie erscheint als sanft und natürlich, aber seltsam abgehoben von ihrer Umgebung.

Das *des* der Oktavparallele, dem sich das Vibraphon und eine Hälfte der 2. Geigen anschließen, bildet nach seiner enharmonischen Verwandlung zum *cis* leittönig den Übergang zum eigentlichen *Rondo*. Hier muss jedoch auf eine Diskrepanz zwischen Titel und Form hingewiesen werden. Schon Jarman deutet in seiner Analyse der Opernpartitur an, dass die Musik als ein Sonatenrondo mit Exposition, Mittelteil, Reprise und Coda angelegt ist.[5] Im sinfonischen Satz, der (wie schon erwähnt) ganz der Beziehung zwischen Alwa und Lulu gewidmet ist, entfernt Berg nun alle szenischen Unterbrechungen. Somit fehlen der musikalischen Struktur die in der Opernmusik deutlich abgesetzten Episoden zwischen den Refrains. Von einem "Rondo" kann somit genau genommen nicht gesprochen werden.

[5]Vgl. Jarman, *The Music of Alban Berg*, S. 205.

Eröffnend ertönt in den 1. Geigen eine erste Version des Themas, mit dem Lulus Ziehbruder und Freund Alwa Schön seine Verehrung für sie ausdrückt. Es wird begleitet vom unbestimmten Gemurmel chromatischer Tongruppen in den mittleren und den chromatisch absteigenden tiefen Streichern. Die mit *poco f* und *espr.* bezeichnete Kontur wirkt emphatisch. Bestimmend dafür sind der Beginn mit auftaktig steigenden Sexten und Quarten sowie der ebenfalls aufsteigende Tritonus am Ende.

In den folgenden 62 Takten bis zum Ende des ersten Abschnittes ist die Musik dominiert von verschiedenen Varianten dieses Themas. Trotz z. T. deutlicher Abweichungen im Detail sind alle Formen der Kontur unschwer als verwandt zu erkennen. Dies gilt sogar für eine aus der Umkehrung gewonnene Version und zwei weitere, die zwar tonal alteriert, aber gestisch ähnlich sind. Die kürzesten Varianten umfassen sieben Töne; erst ganz zuletzt erklingt erstmals die vollständige Zwölftonreihe, aus der alle vorausgehenden Einsätze abgeleitet sind. Bergs Musik charakterisiert Alwa dabei mittels Überspringen erwarteter Töne, Tongruppenwiederholung an verschiedenen Punkten, schrittweiser Entwicklung der Kontur aus zunehmend umfangreichen Anläufen, Engführung mit einer Teilimitation und vielen weiteren kreativen Prozessen als einen in seiner Zuneigung zu Lulu nuancenreichen Charakter.

Um diesen Nuancenreichtum anschaulich zu machen, werden in den folgenden Notenbeispielen alle Einsätze auf die Tonstufe transponiert, auf der Alwas Thema in dem Werk eingeführt wird,[6] und dabei mit den Zahlen aus der zugrunde liegenden Zwölftonreihe gekennzeichnet. Hier sind zuerst die eröffnende Kontur und der abschließende zwölftönige Einsatz samt seiner Teil-Engführung:

Lulu-Suite I: Alwas Verehrung für Lulu, als Rahmen von Abschnitt I

9
1. Geigen
*poco **f** espr.*

53
1. Klarinette
(von *cis*)
***p** ma dolce espr.*
Bassklarinette, Harfe + Celli
(von *cis*)

[6]Dies scheint werkimmanent geboten trotz der Tatsache, dass Willi Reich die Grundform des Alwa-Themas, die Berg aus jedem siebten Ton seiner kreisförmig gelesenen *Lulu*-Reihe abgeleitet zu haben angibt, von *b* ausgehend zitiert. Vgl. Reich, *Leben und Werk*, S. 153-154.

Die 2. Geigen im Hintergrund und das Altsaxophon als Fortsetzung führen mit *b-as-g-a* bzw. *as-ges-f-g* chromatische Viertoncluster ein, die später von anderen Instrumenten aufgegriffen und umgekehrt werden, wobei sie über weite Strecken einen schummrigen Hintergrund für diesen Dialog erzeugen. Dann leiten chromatisch fallende Parallelen in einen Block mit weiteren Versionen des Alwa-Themas über:

Lulu-Suite I: Alwas Gedankenaustausch mit Lulu

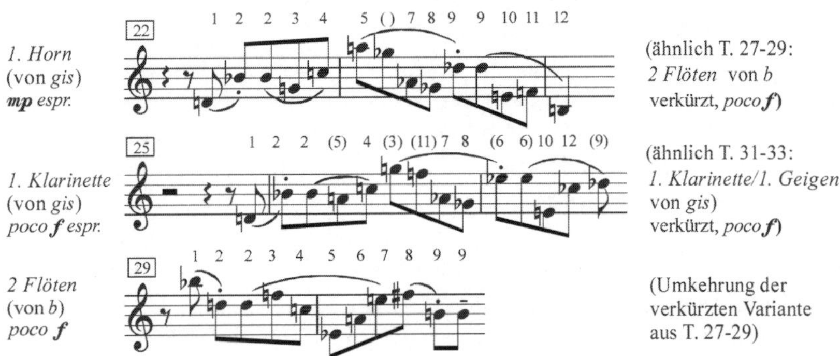

Der nächste Einsatz erhebt sich mit vier Anläufen vor einem Hintergrund aus chromatischen Viertonclustern der Streicher, begleitet von einer diminuierten Teilengführung und ergänzt durch einen Trommelwirbel:

Lulu-Suite I: Alwas zögernd gestandene Liebe zu Lulu

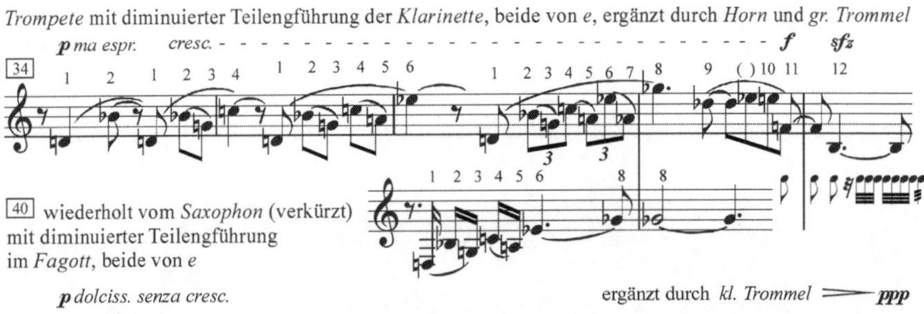

Vor dem letzten Einsatz von Alwas Thema folgen in T. 44-48 noch zwei leise Varianten in Trompete und Horn. Gleichzeitig tritt ein verwandtes Motiv in den Vordergrund. Bereits in T. 30-31, eingeschoben im Zentrum des ersten Blocks mit Alwas Themeneinsätzen, hatte Berg als abgeleitete Komponente für Alwas zunehmende Erregung ein Motiv eingeführt, das ebenfalls mit der aufschwingenden kleinen Sext beginnt, nun aber von einer fallenden großen Sext beantwortet wird. Das Motiv erklang dort zunächst im sechsstimmig homophonen Streichersatz mit Echo im Klavier. In Vorbereitung auf den letzten Einsatz von Alwas Thema ertönen nun, deutlich hervorgehoben durch die Partiturhinweise *Tempo II* und *molto rubato*, drei Einsätze einer erweiterten Gestalt, in denen die Kurve aus zwei gegenläufigen Sexten mit der Thema-Schlussfloskel aus den Reihentönen 10-11-12 ergänzt ist. Wie das folgende Beispiel zeigt, entwickeln diese musikalischen Symbole der Emotionalität wachsende Intensität durch Oktavspreizungen erst einer, dann beider Sexten und die Versetzung der Schlussfloskel in ein anderes Instrument, schließlich sogar in ein kontrastierendes Register:

Lulu-Suite I: Alwas zunehmende Aufgewühltheit

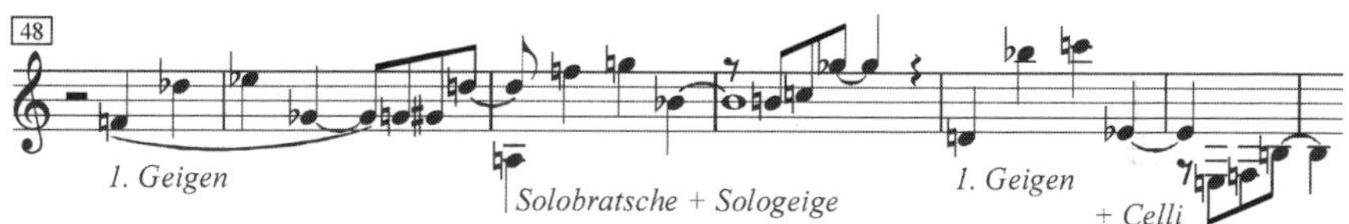

Drei weitere Motivzitate folgen direkt auf den zwölftönigen Themeneinsatz. Zuallerletzt, in den mit *calmando – rubato – calmando* maximal unruhigen fünf Takten vor dem Ende des ersten Satzabschnittes, fügt Berg noch drei Motiv-Umkehrungen hinzu: die erste erneut durch Oktavspreizung intensiviert und (wie auch die zweite) verkürzt, die letzte wieder vollständig mit der – hier absteigenden – Schlussfloskel.

Eine dritte Komponente, eine von Alwas Thema unabhängige Folge aus vier Akkorden, tritt erst nach dem Ende der Themavarianten hinzu und bestimmt dann in zunehmender Dichte die letzten Takte des Abschnittes. Es handelt sich um das Motiv, das in allen Szenen der Oper mit Lulus Porträt verknüpft ist – mit ihrer geheimnisvollen Ausstrahlung als junge Frau im Pierrot-Kostüm. Berg verriet Reich, dass er seine “Bildharmonien” erzeugt, indem er jedes Viertel einer Transformation der Zwölftonreihe, aus der er alle Komponenten der Oper ableitet, zu Dreiklängen schichtet. Durch die Wahl der vertikalen Anordnung jeder Dreitongruppe gelingt es ihm, ein Motiv mit auch horizontal überzeugenden Konturen zu bilden: So erklingt bei Ableitung aus der Originalreihe im Diskant ein diatonisches Skalensegment aus Ganzton/Halbton/Ganzton, in der Unterstimme eine konventionelle Bassfortschreitung nach dem Muster V-I-II-III. Auch die Ableitung aus der Umkehrung der Reihe überzeugt:

Lulu-Suite I: Das Porträtmotiv

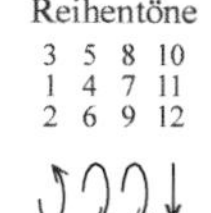

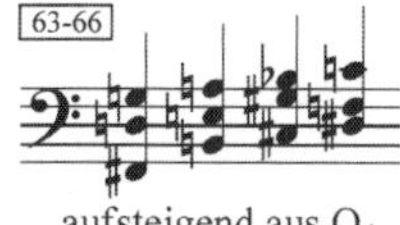

aufsteigend aus O_4

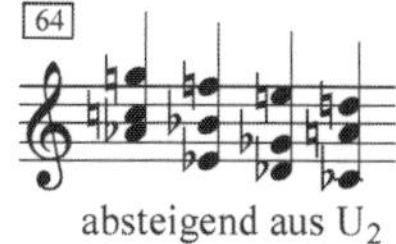

absteigend aus U_2

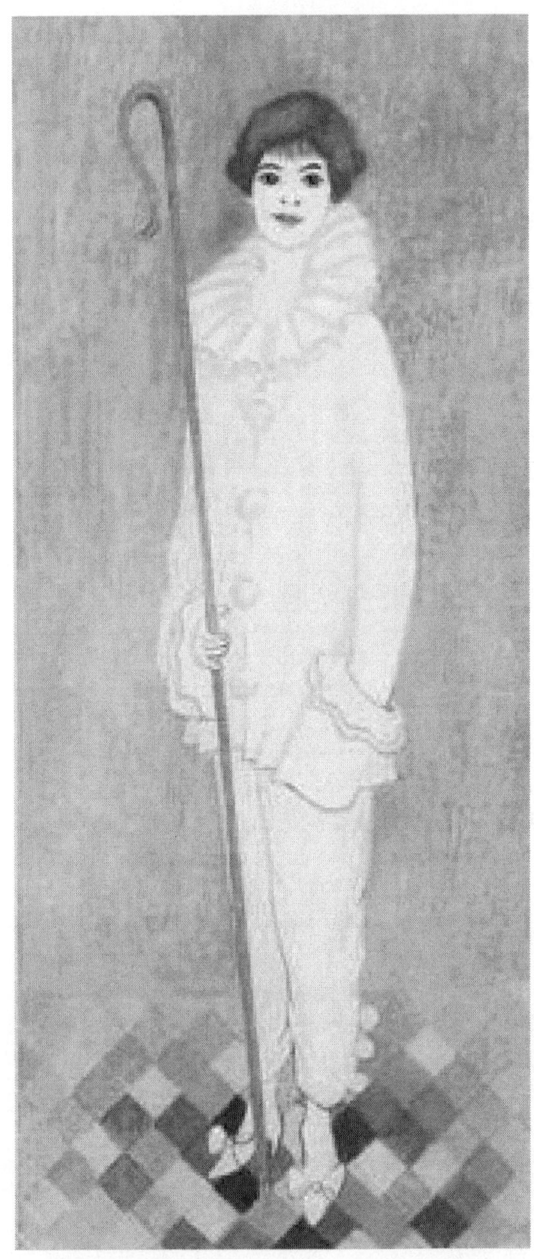

Lulu als Pierrot
Bühnenbildentwurf Jocelyn Herbert, 1977

	U_0	U_4	U_5	U_2	U_7	U_9	U_6	U_8	U_{11}	U_{10}	U_3	U_1
O_0	b	d	es	c	f	g	e	fis	a	as	cis	h
O_8	fis	b	h	as	cis	es	c	d	f	e	a	g
O_7	f	a	b	g	c	d	h	cis	e	es	as	fis
O_{10}	as	c	cis	b	es	f	d	e	g	fis	h	a
O_5	es	g	as	f	b	c	a	h	d	cis	fis	e
O_3	cis	f	fis	es	as	b	g	a	c	h	e	d
O_6	e	as	a	fis	h	cis	b	c	es	d	g	f
O_4	d	fis	g	e	a	h	as	b	cis	c	f	es
O_1	h	es	e	cis	fis	as	f	g	b	a	d	c
O_2	c	e	f	d	g	a	fis	as	h	b	es	cis
O_9	g	h	c	a	d	e	cis	es	fis	f	b	as
O_{11}	a	cis	d	h	e	fis	es	f	as	g	c	b

Lulu-Suite I: Das "magische Quadrat" von Bergs *Lulu*-Reihe

Die markierten Tonfolgen zeigen die vier hier dem Porträtmotiv zugrunde liegenden Transformationen der *Lulu*-Reihe – je zwei im Tritonusabstand.

Die Akkordfolge, die Alwa in diesen Takten endgültig betört, antwortet zunächst zweimal mächtig crescendierend auf das Motiv von Alwas Aufgewühltheit,[7] unterstreicht dann den *ff*-Höhepunkt mit sieben dicht gedrängten Einsätzen beider Richtungen in jeweils unterschiedlicher Rhythmisierung,[8] und schließt zuletzt diminuierend mit einem Einsatzpaar im *calmando*.[9]

Bald darauf endet der erste Abschnitt, leise verklingend unter einer Fermate. Dabei kehrt die Harmonik zurück zu dem am Beginn des Satzes für Lulu etablierten Bezug: Die Geigen erinnern mit den Schlusstönen *es* und *as* an den As-Dur-Abstieg in der ersten Hälfte ihres Themas, während die Bratschen und Celli den G-Dur-Septakkord, den Zielakkord der tiefen Streicher aus der "Introduzione", in der dritten Umkehrung aufgreifen und kurz verklingen lassen.

Der Mittelteil des Satzes besteht aus zwei kürzeren Segmenten und einem doppelt langen dritten. In T. 71 unterstreicht Bergs Tempoangabe "*Tempo I (di Introduzione)*" auch verbal die Absicht eines Neubeginns;

[7]Fallend T. 58-60 und steigend T. 61-62: Klarinetten/Fagotte.

[8]Steigend T. 63-64: Posaunen, T. 64-66: Posaunen/tiefe Streicher *pizz.*, dazu fallend T. 64-65: Trompeten (schmetternd) mit 2. Geigen/Bratschen (*col legno geschlagen*).

[9]Fallend T. 66: Hörner/hohe Streicher (*col legno geschlagen*), steigend T. 66-67: Posaunen/ Celli.

kontrastierend folgt in T. 86-100 ein *Tranquillo*-Segment mit deutlich abweichender Motivik. In T. 100 und erneut in T. 118 wird *Tempo I* wiederhergestellt, doch ist es dazwischen starken Schwankungen unterworfen, einschließlich einer Passage in *Tempo II, rubato*.

Das erste Segment ist in sich bogenförmig. Im eröffnenden Rahmen stehen zunächst aus der Introduzione aufgegriffene tonale Merkmale im Vordergrund: Hohe Bläser und Streicher fallen in dreioktaviger Parallele als Tonpaare abwärts; darunter spielen Kontrafagott, Tuba und Kontrabässe die quasi-kadenzielle Basstonfolge *ges–c–f*, die wie in T. 3-6 von Dreiklangsbrechungen bekräftigt wird. Deutlich verändert sind das Metrum und vor allem seine Eindeutigkeit. Den vorgezeichneten drei 4/4-Takten stellen die zwei melodisch führenden hohen "Seufzerpaare" vier 3/4-Einheiten gegenüber, die sich zuletzt in mehreren Stimmen tonal und rhythmisch auflösen. Die Bassinstrumente setzen fünf kleine Einheiten von 5+4+5+5+5 Achteln dagegen. In dieser Polymetrik scheint Lulu ihre natürliche Gelassenheit verloren zu haben. Als Antwort ertönt in T. 74-79, nun *poco animato*, ein variiertes Zitat mit drei Varianten des Alwa-Themas rund um die sechsstimmige Version seines Motivs der Aufgewühltheit.[10] Wenn sich dann ab T. 80 mit der Wiederaufnahme der fallenden Tonpaare über quasikadenziellen Dreiklangsbrechungen die Schließung des Rahmens ankündigt, unterlegt Berg den Seufzern sogar Lulus Thema selbst, in einem komplexen Kanon: Die Klarinetten spielen die Kontur aus T. 3-6 in den bis auf eine Verlängerung ursprünglichen Notenwerten (in Tritonustransposition, teils mit Oboe und Geigen), gefolgt erst vom Englischhorn und noch später vom Altsaxophon in Diminution, während die Bassinstrumente erneut in quasikadenziellen Dreiklangsbrechungen ankern.

Den Ausklang bilden wie zuvor diminuierende Terzenketten. Sie sind hier unterlegt mit einer Folge steigender Quartenpaare mit Halbtonverbindung; vgl. Bratschen T. 83-84: *d–g / as-des*, oktavierend imitiert erst von den 2., dann von den 1. Geigen. Reich führt diese "Erdgeist-Quarten" als Bergs Symbol für Lulus naturhaftes, sozial unangepasstes Wesen ein.

Das zweite Segment des Mittelteiles wird eingeläutet durch das, was Berg als Hauptrhythmus der Oper *Lulu* markiert. Ähnlich wie zuvor Lulus Seufzerpaare stellt auch dieser Rhythmus dem herrschenden 4/4-Takt eine alternative metrische Ordnung gegenüber; vgl. ♪ 𝄽 ♩ 𝄾 ♪ ♩ (später meist ♩. ♩. ♪ ♩). Da Berg die leisen Töne einer Kombination aus

[10]T. 74-75: Oboe/Saxophon ≈ T. 27-29: Flöten, T. 75-76: Trompete ≈ T. 29-30: Flöten; T. 75-77: Streicher mit Echo im Klavier ≈ T. 30-31: Streicher mit Echo im Klavier; T. 77-79: dreistimmige hohe Holzbläser + Streicher ≈ T. 31-33 Klarinetten/1.Geigen.

Vibraphon und Streicherpizzicato anvertraut, klingt dieser Einschub wie eine gespenstische Mahnung des Schicksals. Er dient als Vorspann zu einer Folge von Varianten des Porträtmotivs. Die Mahnung artikuliert hier Lulus Sorge im Gespräch mit Alwa, dass sie den Vergleich mit ihrem jugendlichen Porträt nicht dauerhaft wird aufrecht erhalten können.

Die folgenden 17 Takte werden in überwältigender Dichte beherrscht von 21 unterschiedlich rhythmisierten Versionen des Porträtmotivs. Zehn steigende und elf fallende Transpositionen springen von einer Instrumentengruppe zur anderen, wobei sie oft überlappend einsetzen. Sie werden im Zentrum von einer achttaktig liegenden Orgelpunktquinte zusammengehalten.[11] Für diese Betrachtung von Lulus Pierrot-Bildnis reiht Berg 15 Transformationen des Motivs derart, dass die diatonischen Viertonschritte im Diskant als Klangfarbenmelodien oktatonische Skalen bilden.[12] In der Opernszene geht es an dieser Stelle um den Vergleich der im Bild festgehaltenen Pose – gleichsam der von anderen verordneten Außenansicht Lulus – mit ihrem konkreten momentanen Aussehen.[13]

Das dritte Segment im zentralen Abschnitt beginnt erneut mit fallenden Tonpaaren über quasi-kadenziellen Bassgängen. Hier ist das Metrum dem 3/4-Duktus der melodischen Komponente angepasst, und obwohl die tiefen Streicher erneut ihre Polymetrik aus 5+4+5 dagegenstellen, bekräftigt die Oboe mit erst Harfe, dann Klavier die entspannte Stimmung mit einer siebenfachen Reihung des tänzerischen ♩. ♪♪♪ -Musters.

Im *Tempo II rubato* erklingt sodann Alwas zwölftönige Themengestalt aus T. 53-56, in der Solo-Violine mit Andeutung eines dreistimmigen Kanons dank unvollständiger Engführungseinsätze in Flöte und Klarinetten und einer Quintimitation in der Solo-Bratsche. Auch das Motiv von Alwas emotionaler Aufgewühltheit schließt sich hier wie dort an. Unterbrochen von vier Einsätzen des diminuierten und meist umgekehrten Lulu-Themas endet dieser zweite Abschnitt wie der erste mit Alwas exzentrisch erregtem Motiv (vgl. T. 125-128 mit T. 67-70).

[11]Vgl. die Bassquinte *b/f* in den Kontrabässen T. 91-95, weiter in den Fagotten T. 96-99.

[12]Vgl. T. 87-91 Bratschen zu 1. Geigen: *es-f-fis-gis-a-h-c-d*, 1. Horn: *d-e-f-g-as-b-h-cis*, weiter 1. Geigen: *a-g-fis-e-dis-cis-c-b*, 1. Horn zu Klavier: *b-as-g-f-e-d-cis-h*; vgl. danach T. 92-96 1. Flöte: *b-as-g-f-e-d-cis-h*, 1. Klarinette: *h-a-gis-fis-f-es-d-c*.

[13]Siehe oben das "magische Quadrat" der *Lulu*-Reihe. Für Bergs Motivvariante vgl. in T. 85-91: Trompeten/Posaunen aus U_3, Streicher aus O_6, Hörner aus O_{11}, Streicher aus O_0+O_6, Hörner aus O_{11}+O_5, Streicher aus U_4+U_{10}, Hörner aus U_5+U_{11}, Fagotte und Celli aus U_{10}; vgl. in T. 92-102: Flöten aus $U_5 + U_{11}$, Klarinetten aus U_6 (alteriert) + U_2, Posaunen aus $O_9 + O_3$, Trompeten aus $O_8 + O_2$, Harfe aus U_5.

Der dritte Hauptabschnitt des Satzes beginnt als verkürzte Reprise des ersten. Schon im einleitenden Takt, der zu *tempo I* zurückkehrt, bereiten steigende und fallende "Erdgeist-Quarten" die Rückkehr der Thematik vor. Es folgt eine Reihung aus dem ersten, einem der erweiterten mittleren und dem letzten Einsatz von Alwas Thema.[14] Jeder Einsatz erklingt, variiert und neu instrumentiert aber unschwer wiedererkennbar, im Kontext der ihn auch zuvor umgebenden Passage. Die Stimmung jedoch ist spürbar verändert. Die erste Version des Themas, die Berg in T. 9 von den Geigen eingeführt hatte, erklingt hier in vier Hörnern, im Quintkanon gefolgt von zwei Trompeten und somit viel emphatischer. In den anschließenden Fünftakter integriert Berg ein Zitat des die Taktordnung durchbrechenden Hauptrhythmus.[15] Auch die frühere Oboenkantilene über chromatischem Abstieg erklingt nun verstärkt im Saxophon. Sie leitet in einen der beiden durch wachsende Anläufe und eine diminuierte Teilengführung intensivierten Einsätze des Alwa-Themas über, der hier stimmlich verdoppelt ertönt, mit den 1. Geigen und zwei Klarinetten in der führenden, dem Saxophon und den Bratschen in der imitierenden Stimme. Zuletzt führt Alwas Motiv der Aufgewühltheit in seiner exzentrischsten Version, mit Oktavspreizung und Verschiebung der Schlussfloskel in ein anderes Register, in den ursprünglich letzten, zwölftönigen Einsatz des Themas – wie in der Vorlage mit vorübergehendem Wechsel zum 3/4-Metrum.

Dieser intensivierten Reprise folgen sieben Takte mit Teilimitationen der Schlussfloskel aus Alwas Thema zu Einschüben mit Erdgeist-Quarten und ein zehntaktiges Segment in *Tempo grazioso*, das Douglas Jarman, wohl wegen der in gleichmäßigen Vierteln auf und ab springenden Septen in verschiedenen begleitenden Bassinstrumenten unter pseudo-tonalen melodischen Figuren, als "Musette" bezeichnet.[16]

Die Coda des Satzes – und dessen emotionale Apotheose – ertönt als "Hymne". Sie stellt dem vorausgehenden, thematisch dichten Gewebe eine ruhig schwingende Monodie gegenüber. Im fünfzehntaktigen Eröffnungssegment deutet Berg mit Alwas Zwölftonreihe und den Erdgeist-Quarten in kumulierend gezupften Klängen eine durch die Oktaven aufsteigende und spiegelsymmetrisch wieder fallende Kurve an. Darüber schwelgen solistische Bläser in Konturen, die dank ihres synkopischen Swings und ihrer interessant rhythmisierten Teilwiederholungen unmittelbar eingängig wirken:

[14] T. 129-136 ≈ 9-16, T. 137-139 ≈ 20-22, T. 139-144 ≈ 34-39, T. 145-149 ≈ 52-56.

[15] Hauptrhythmus in den Hörnern T. 135-136, imitiert im Klavier.

[16] Vgl. Jarman, *The Music of Alban Berg*, S. 205.

Lulu-Suite I: Der Beginn von Alwas "Hymne" auf Lulu

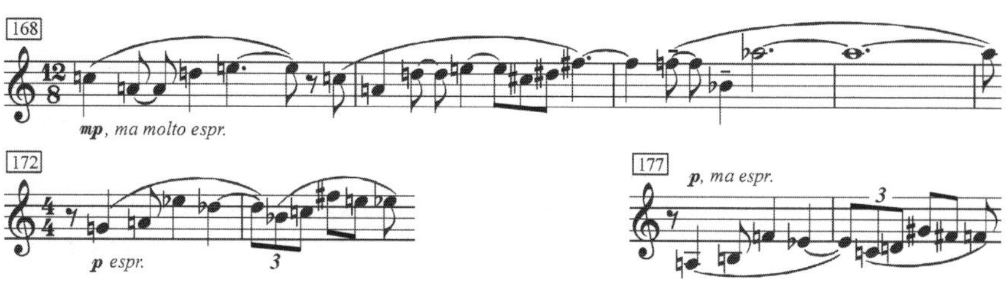

Für die verbleibenden 39 Takte entwirft Berg eine Art aufgeregten Rückblick auf die verschiedenen thematischen Komponenten des Satzes. Die Figur aus dem Beginn von Alwas Hymne kehrt wieder, ebenso Nebenstimmenkomponenten wie die Septsprünge aus dem Bass der "Musette" und die Erdgeist-Quarten als Überleitungsfiguren.[17] Lulu selbst ist präsent nicht nur mit ihrem Thema und ihrem Porträt-Motiv, sondern sogar einmal mit den Seufzerpaaren, mit denen sie in der "Introduzione" angekündigt wurde.[18] Während Alwas Thema in seiner melodischen Gestalt fehlt, bringt die Musik seine Gefühle mit dem Motiv der Aufgewühltheit umso nachdrücklicher zum Ausdruck.[19] In das abrupt zum *ff* ausbrechende Crescendo im letzten Einsatz des Motivs setzt der Schicksalsrhythmus ein. Er beteiligt sich jedoch nicht an dessen Diminuendo und endet als 24-stimmig im Tutti wiederholter F-Dur-Dreiklang mit großer Sept zu Bergs ausdrücklicher Anweisung "*bleibt ff*".

Mit dieser ungewöhnlichen Coda in Form einer Hymne mit Rückblickkumulation und Schicksalssymbol deutet Berg in instrumentaler Sprache an, wie Alwas Beziehung zu Lulu ausgehen wird: Die ursprünglich brüderliche Zuneigung weicht einer Art Vergötterung, die den jungen Mann auch in der Phase ihres sozialen und emotionalen Abstiegs noch an die Strauchelnde ketten und ihn in ihren Untergang verstricken wird.

[17] Vgl. die Figur aus T. 172-173/177-178 in Solo-Violine T. 184-185 sowie in Umkehrung T. 193-194; vgl. die Septsprünge in Fagotten/Harfe/Celli T. 207-208 im *quasi grazioso* (in Erinnerung an die zur Hymne hinleitende Passage); vgl. die Erdgeist-Quartenpaare mit Halbtonverbindung in T. 181, 200, 210, 212-213 (mit Oktavspreizung) und T. 218.

[18] Vgl. das Lulu-Thema steigend als Kanon in T. 182-183, verkürzt in T. 187, fallend als kurze Klangfarbenmelodie in T. 191 und umfangreicher in T. 213-214; dazu, je nur einmal aber prominent, die Vier-Akkorde-Gruppe in T. 211 und Lulus Seufzerpaare in T. 201-202.

[19] Vgl. den Spiegelkanon des Motivs in T. 188-190, die Variante mit doppeltem Schlussglied in T. 197-198, die Dreifachkette in T. 202-206, die fünfstimmige Parallele in T. 209 und schließlich die dynamisch mit *p* < *ff* > *ppp* überwältigende Schlussversion in T. 219-220.

II – *Ostinato*

Die Musik dieses Satzes unterliegt im Zentrum der Oper einem Stummfilm, der schlaglichtartig die unmittelbaren lebenspraktischen Folgen von Lulus dritter und letzter Ehe andeutet. Damit markiert sie einen zweifachen Scheitelpunkt. Das Filmszenario ist als Kurve angelegt, die von Lulus Verhaftung nach ihrem versehentlichen Schuss auf Dr. Schön über ihre Verurteilung, Gefängniszeit und Flucht zu ihrer Befreiung führt. Am Ende kehrt sie in dasselbe Umfeld zurück, aus dem ihre Tat sie gerissen hatte. In Bezug auf die Dramenhandlung symbolisiert die Musik somit den Umschlag von Lulus gesellschaftlichem Aufstieg unter Beteiligung dreier ganz verschiedener Ehemänner, die an ihr zugrunde gehen, zu ihrem sozialen Abstieg, in dem schließlich sie selbst mit ihren beiden Getreuen zum Opfer wird.

Die angemessene musikalische Struktur für einen solchen doppelten Umschlagspunkt ist für Berg das konsequente Palindrom. So spiegelt er die Konturen und Akkorde der ersten 36 Takte einschließlich ihres Rhythmus und ihrer Instrumentierung mit nur wenigen Abweichungen im Krebsgang der letzten 36 Takte. Das Zentrum der Spiegelung, der "ganz langsam" markierte T. 37, entfaltet sich beiderseits einer Fermate von unbestimmter Dauer – eines Stillpunktes, an dessen Flanken die Musik alle zwölf Halbtöne durchläuft.

Drei Aspekte dieses Palindroms gilt es genau zu beobachten:

- Welche der im Kopfsatz der *Symphonischen Stücke* gehörten Themen, Motive und Figuren sind – eventuell in variierter Form – in der ersten Hälfte des Palindroms wiederzuerkennen?
- Gibt es Linien, die erst im Krebs der zweiten Satzhälfte als thematische Komponenten erfassbar werden?
- Wie verläuft die Entwicklung beiderseits des Scheitelpunktes bezüglich des gewählten Registers, des Tempos und der Intensität?

Der Satz beginnt mit einer fünftaktigen Einleitung, die mehr als alles Folgende den Titel *Ostinato* rechtfertigt. Aus einem leisen Schlag des großen Tamtam erhebt sich ein anschwellendes und wieder verebbendes Gemurmel der tiefen Holzbläser und Streicher, verstärkt durch das Klavier sowie die Pauken, die jeweils mit einem Schlag der großen Trommel ergänzt werden. Die Basis dieser Einleitung sind zwei verwandte Figuren, deren vielfache Wiederholung und Staffelung für maximale Undurchsichtigkeit sorgt. Den Erdgeist-Quarten – Quartenpaaren mit Halbtonverbindung, die im vorausgehenden ersten Satz meist überleitend ertönten – stellt Berg hier eine erweiterte Figur gegenüber, in der die Quartenpaare durch Halbton + Ganzton verbunden sind. Da die viertönigen Erdgeist-Quarten in Achteltriolen, die fünftönigen erweiterten Figuren dagegen in Sechzehnteln rhythmisiert sind, ergibt sich zusätzlich zum polymetrischen Kontrast bei jeder Wiederholung eine Verschiebung. Zudem wird jede Wiederholungskette im Abstand eines Viertels in Engführung imitiert. Die zwei ähnlichen Figuren in ihren vier asynchronen Schichten stellen dabei neun der zwölf Halbtöne übereinander:

Lulu-Suite II: Die Ostinato-Einleitung

2

Celli (arco) + Bassklarinette

erweiterte Erdgeist-Quarten

½ Kontrabässe (arco) + Kontrafagott

Klavier r. Hand + Pauke + gr. Trommel

Erdgeist-Quarten

½ Kontrabässe (pizz) + Klavier l. Hand

pp *f* *etc.*

Die drei zum Zwölftonaggregat fehlenden Töne erklingen in T. 6 als Ausgangspunkt eines *Tumultuoso* überschriebenen Siebentakters, in dem dreistimmige Bläserakkorde wild und ab springen. Die erste Phrase in den Trompeten bildet mit ihren vier Akkorden eine groteske Verzerrung von Lulus Porträtmotiv, wohl als Hinweis auf ihr verändertes Aussehen.

Lulu-Suite II: Lulus stark verändertes Aussehen

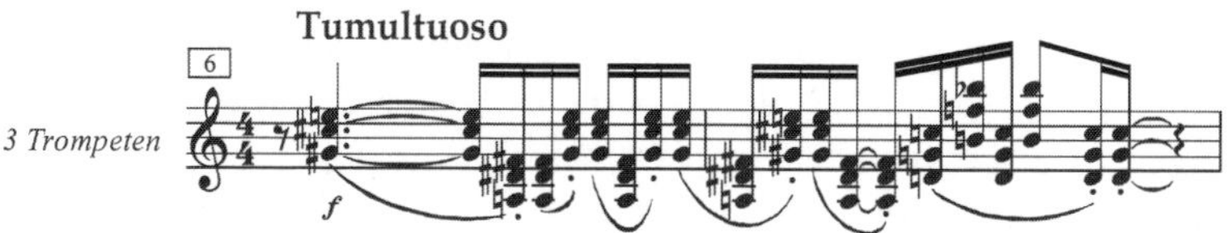

Dazu ertönt als dritte thematische Komponente in einigen Holzbläsern und Streichern ein fünfstimmiges Unisono mit einer aus der Tiefe aufsteigenden Klangfarbenmelodie, die sich als neue Variante von Alwas Thema entpuppt:

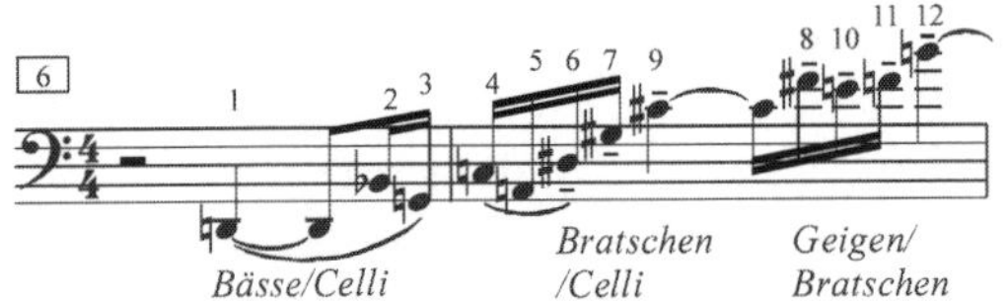

Lulu-Suite II:
Alwas Thema,
in einer aufwärts
stürmenden Variante

Während die hohen Holzbläser die tumultuösen Akkordsprünge der Trompeten fortsetzen, steigen aus der Tiefe noch dreimal unterschiedliche atonale Klangfarbenmelodien in die Höhe, unterbrochen von einer komprimierten Tritonustransposition des Alwa-Themas. Das durchgehende *ff* wird erst im letzten Augenblick abrupt abgedämpft.

Das folgende *Agitato* eröffnet mit einer Figur auf der Basis von Bergs transponierter *Lulu*-Reihe. Sie entsteigt im *pp subito* dem tiefen Register als eine weitere unrhythmisiert eilende, durch Wiederholungen und spätere Transpositionen verkettete Figur:

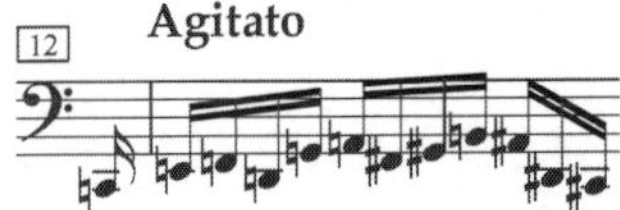

Lulu-Suite II:
Die "*Lulu*-Reihe"
in großer Nervosität

Von den Celli initiiert, wird die Figur durch die Imitationen erst der Bratschen, dann der 2. Geigen und zuletzt der 1. Geigen im Abstand von jeweils acht Sechzehnteln zu einer vierstimmigen Engführung geschichtet, wobei jeder Einsatz vom Klavier im Wechsel mit der Harfe durch Verdopplung hervorgehoben ist. Im Zuge dreier aufsteigender Transpositionen wächst die Nervosität zu beängstigender Intensität an, indem sich der Engführungsabstand erst auf 3/16, dann auf 2/16 und schließlich auf nur 1/16 verringert, während die Dynamik kontinuierlich anschwillt. Dann aber kippt diese Entwicklung: Die originalen Varianten werden in abwärts zielenden Umkehrungsketten gespiegelt, deren zwei Wiederholungen durch die Oktaven fallend verklingen.

Ein mächtiges Crescendo von *pp* bis *ff* fasst die zweite Hälfte der *Agitato*-Passage zusammen. Hier stehen sich alte und neue Komponenten gegenüber. Auf verzerrte Fragmente der *Lulu*-Reihe reagiert das Saxophon mit Alwas Thema über immer wieder neu rhythmisierten Erdgeist-Quarten. Stark akzentuierte Blöcke mit bis zum *ff* anschwellenden sechstönigen Akkordwiederholungen unterbrechen die vorherrschend polyphone Textur mit Momenten aggressiv wirkender Homophonie.

Im *Sempre vivace* erklingt sodann, erstmals in diesem Satz, Lulus eigenes Thema. Posaunen mit Tuba gefolgt von Hörnern mit Fagotten, Trompeten mit Englischhorn und Altsaxophon sowie zuletzt Flöten, Oboen und Klarinetten erzeugen mit ihrer durch die Oktaven aufsteigenden vierstimmigen Engführung einen Eindruck, der einem Hilfeschrei gleicht. Darauf antworten die mit den erweiterten Quartenpaaren kontrapunktierenden Geigen und das Vibraphon mit dem Schicksalsrhythmus und aus der Tiefe aufsteigende Erdgeist-Quarten werden von aus der Höhe fallenden beantwortet. Dazu zeichnen Holzbläser mit Klavier und Harfe großflächige Wellen durch einen verminderten Septakkord, der zugleich als Liegeklang in den vereinten Blechbläsern den dynamischen Rückzug in ein Tempo unterstreicht, das dann mit *poco rit./Schon langsamer/rit.* binnen zweier Takte recht abrupt abgebremst wird.

An diesem Punkt, an dem unmittelbar vor dem Nadir alles in sich zusammenzustürzen droht, erinnern die Trompeten und Posaunen mit zwei gegenläufigen Versionen von Lulus Porträtmotiv an das, was als Ursache ihres Abstiegs in die maximale Unfreiheit der Kerkerzelle und als Auslöser für den Umschlag ihres gesellschaftlichen Lebens zu gelten hat: ihre geheimnisvolle Ausstrahlung, im Drama symbolisiert durch ihr in allen Lebensumständen erneut auftauchendes und thematisiertes Bildnis im Pierrot-Kostüm.

In der Musik ist das Emblem dieses Porträts ähnlich allgegenwärtig wie das Bildnis im Drama. Den zwei Formen, die schon im Kopfsatz erklingen – der von Reich überlieferten Grundgestalt und deren Retrograd – fügt Berg hier Varianten hinzu, die das Motiv entscheidend verändern. Die aus den vier Dreitonfolgen der *Lulu*-Reihe gebildete Akkordfolge wird kontrapunktisch überschattet von ihrem Pendant aus der Umkehrung der Reihe, bevor beide in Tritonustransposition im Diminuendo sequenziert werden. So suggeriert die Musik, dass Lulus Aussehen beim Antritt ihrer Kerkerhaft stark verändert ist, ihr Strahlen zu verblassen droht.

Lulu-Suite II: Das Porträtmotiv aus Original und Umkehrung

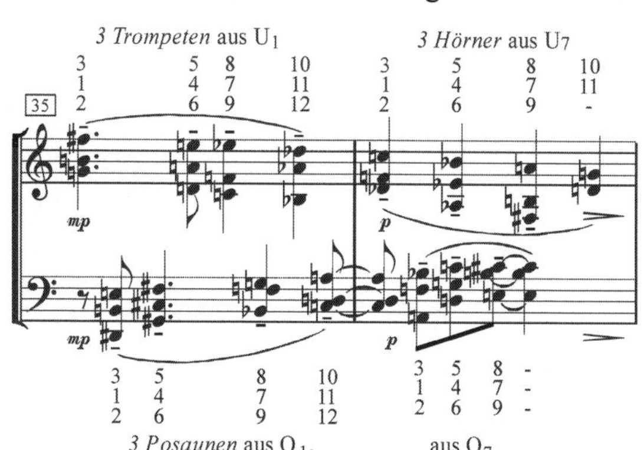

Am Ende ihrer durch Flucht verkürzten Haft wird Lulu nicht mehr zu erkennen sein. Dies gilt auch musikalisch, wenn Berg dafür sowohl die Akkordfolge als auch deren Rhythmus krebsförmig spiegelt. Klanglich unterscheidet sich die Musik nach dem Umschlagpunkt zudem dadurch, dass alle Blechbläser und Streicher im Verlauf der schon erwähnten zentralen Fermate ihre Dämpfer aufsetzen.

Dies führt zu der Frage, ob es Konturen gibt, die erst in der zweiten Satzhälfte als thematische Komponenten erfassbar werden. Ein Beispiel dafür folgt unmittelbar auf die krebsläufige Porträtmotiv-Spiegelung. Die steigende Oktavparallele *d–es* der Flöten und Geigen, die die Geigen in T. 33-34 eher unauffällig mit einem auftaktigen *c* einleiten und die Oboen und Bratschen mit sekundären Parallelen untermalen, gibt sich in T. 40-41 als Zitat von Lulus "Seufzern" zu erkennen – unterstrichen durch die um eine Oktave höhere Lage und eine Artikulation, die deutlich an die Vorlage in der "Introduzione" anschließt.

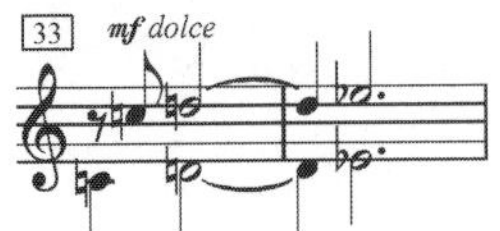

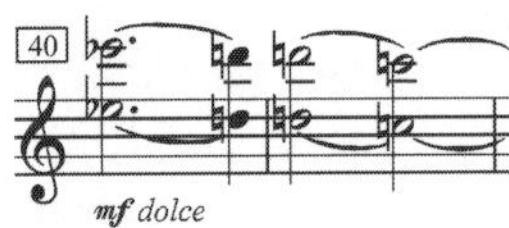

Lulu-Suite II: Die erst im Retrograd hörbaren Seufzer

Bald darauf – das Tempo hat sich wieder zum *Vivace* beschleunigt – ertönt erneut der Schicksalsrhythmus ♩. ♩. ♪ ♩ , allerdings in der originalen Richtung, als wollte die Musik andeuten, dass die Mahnung auch in der Rückläufigkeit, beim Weg aus dem Kerker, dieselbe bleibt.

Größere Abweichungen von der Spiegelung manifestieren sich erst an Satzende. Die Trompetensprünge, die in T. 6-7 im *forte* den ursprünglichen "Tumult" auslösten, ertönen an palindromisch entsprechender Stelle in T. 67-68 in den Flöten und Klarinetten, *calmando – allargando – molto ritenuto* und *diminuendo* zum *pp*. Darunter fällt Alwas Themenvariante, die zuvor im *f* aus der Tiefe aufstieg, in Trompeten und Streichern zum *pp* verklingend in die Tiefe zurück. Auch der Krebsgang der Einleitungstakte mit ihrem polyphonen Gemurmel aus Erdgeist-Quarten und deren Erweiterung endet nicht im *Allegro* des Satzanfanges, sondern zieht sich – nun in allen Strängen gemeinsam – *morendo* auf einen überraschend konsonanten G-Dur-Dreiklang zurück. Dabei verstärkt Berg die in der zweiten Satzhälfte herrschende Klangdämpfung zusätzlich, indem er den Pauken Schwammschlegel und den Celli und Bässen Bogenholzstriche vorschreibt, während er das große Tamtam aus T. 1 durch den kleinen Gong ersetzt. Dessen abschließenden Schlag untermalt die Harfe mit einem cis-Moll-Dreiklang: gegenpolig zu G-Dur, aber gleichermaßen konsonant.

III – *Lied der Lulu*

In ihrer letzten Auseinandersetzung mit ihrem dritten Ehemann Dr. Schön beschreibt Lulu, wie sie sich selbst sieht. Vorwürfe, sie sei für die Reaktionen Ihrer Mitmenschen auf sie verantwortlich, weist sie zurück und betont, dass auch ihr Gerechtigkeit zustehen müsste. Wedekind hat ihr dafür einen ausdrucksvollen Monolog mit fünf Doppelzeilen geschrieben, deren letzte vier jeweils aus zwei sprachlich gespiegelten Hälften gebaut sind. Berg vertont diese Rechtfertigung als "Lied", wobei er die parallel angelegten Zweizeiler als "Strophen" mit in beiden Hälften analogem musikalischen Material setzt. Der Text des Liedes lautet:

> Wenn sich die Menschen um meinetwillen umgebracht haben,
> so setzt das meinen Wert nicht herab.
> Du hast so gut gewusst, weswegen Du mich zur Frau nahmst,
> wie ich gewusst habe, weswegen ich Dich zum Mann nahm.
> Du hattest Deine besten Freunde mit mir betrogen,
> Du konntest nicht gut auch noch Dich selber mit mir betrügen.
> Wenn Du mir Deinen Lebensabend zum Opfer bringst,
> so hast Du meine ganze Jugend dafür gehabt.
> Ich habe nie in der Welt etwas anderes scheinen wollen,
> als wofür man mich genommen hat,
> und man hat mich nie in der Welt für etwas anderes genommen,
> als was ich bin.

Dieses "Lied der Lulu" ist in den *Symphonischen Stücken* durch eine Vibraphon-Figur aus drei Quinten eingerahmt. Sie ertönt im als "Auftakt" markierten Vorspann zu T. 1 und erneut gespiegelt in T. 48 mit Nachklang im sonst leeren T. 49. Mit den "reinen" Quinten im Rahmen des Liedes scheint Bergs Musik auf Lulus reines Gewissen anzuspielen.

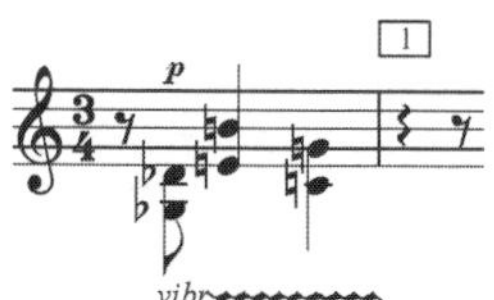

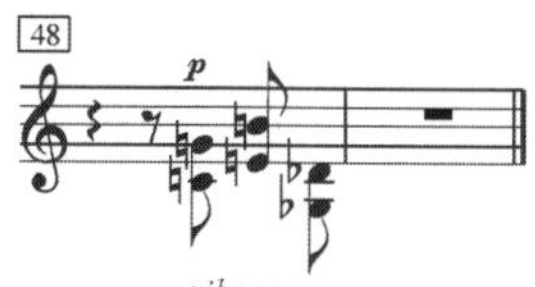

Lulu-Suite III: Die Rahmenfigur der Rechtfertigung

In den Hörnern folgt unmittelbar eine Gruppe aus drei vierstimmigen Akkorden, die Berg – ähnlich den vier dreistimmigen Akkorden des Porträtmotivs – als immer verwandtes, aber jeweils anders klingendes Muster aus verschiedenen Transformationen seiner *Lulu*-Reihe bildet. Dieser Bezug erschließt auch die Bedeutung der Figur: So wie die Harmoniefolge des Porträtmotivs immer wieder daran erinnert, wie andere Menschen Lulu sehen, darf diese Figur als Emblem für ihr Selbstbild verstanden werden:

Lulu-Suite III: Lulus Selbstbild

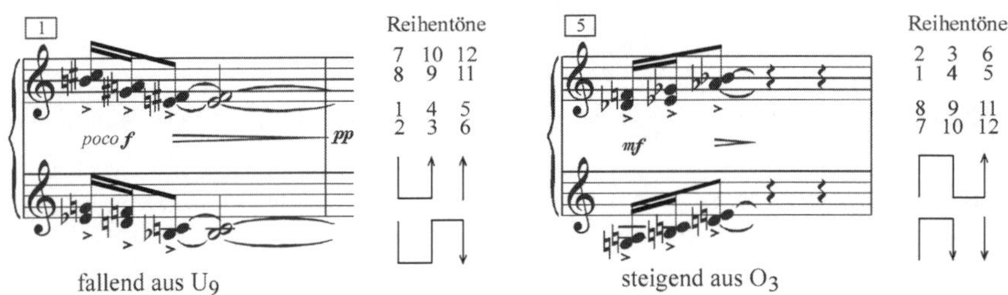

Berg unterstreicht die Verwandtschaft von Fremdbild und Selbstbild, wie vor allem ein Vergleich seiner Anordnung der Töne der *Lulu*-Reihe zeigt. Während er im Porträtmotiv jeweils eine Dreitongruppe vertikal so anordnet, dass in Ober- und Unterstimme wünschenswerte Konturen ertönen, spaltet er das Selbstbildmotiv in ein "oben" und ein "unten" aus je einer kreativ durchlaufenen Reihenhälfte. Im obigen Beispiel liegt der fallenden Variante in T. 1 die Umkehrung in der Transposition um neun Halbtöne zugrunde, der steigenden Wiederaufnahme in T. 5 die Originalreihe in der Transposition um drei Halbtöne. In beiden Fällen spielen zwei Hörner die Töne der ersten und die beiden anderen die Töne der zweiten Hälfte der *Lulu*-Reihe.

Zwischen diesen ersten musiksymbolischen Bestätigungen, dass es hier um Lulus Selbstbild geht, erklingt ein Spiegelkanon. Die "verkehrte" Imitation kann als musikalisches Äquivalent ihrer Behauptung gelesen werden, dass Menschen in einer Weise auf sie reagieren, die sie als falsch empfindet. Lulu singt ihre Zeile mit einer ansprechend rhythmisierten Melodie aus Reihe O_2, im Abstand von 2/4 gefolgt von der nur am Ende verkürzten Spiegelung aus U_9.

Lulu-Suite III: Reaktion als Spiegelkanon

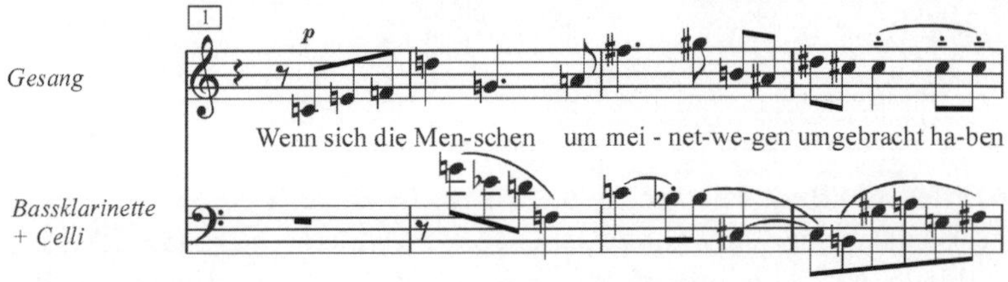

Zur zweiten Hälfte ihrer einleitenden Aussage steigen Klavier und Streicher mit Erdgeist-Quarten in die Höhe wie zur Bestätigung, dass Lulu sich lediglich ihrem Wesen gemäß verhält.

In der zweiten Strophe unterstreicht Berg mit einer konsequenten und viele Schichten einbeziehenden Imitation in Umkehrung die Äquivalenz der Voraussetzungen für diese Ehe. Zuerst setzt das Altsaxophon mit Lulus Thema ein; der Gesang kontrapunktiert mit einer neuen Zwölftonreihe. Beide Konturen kehren in der zweiten Strophenhälfte in perfekter Spiegelung wieder, wobei diesmal auch der Rhythmus identisch ist.

Lulu-Suite III: Die Äquivalenz der Ausgangspositionen

7
Gesang
mf
Du hast so gut ge-wusst, wes-we-gen — Du mich zur Frau nahmst,
Saxophon

12
Gesang
wie ich ge - wusst ha-be, — wes-we-gen — ich Dich zum Mann nahm.
Saxophon

Dieses Argument ist so unanfechtbar, dass sich die meisten Nebenstimmen der Spiegelung anschließen; vgl. den prägnanten chromatischen Sechstoncluster des Horns in T. 9 bzw. T. 14, die Synkope mit triolischem Skalensegment in den Celli in T. 9-10 bzw. den Bratschen in T. 14-15 und die korrespondierende Kurve der 2. Geigen in T. 10-11 bzw. T. 15-16.

Erst das Endglied dieser Kurve verlässt die Symmetrie. Während der fallende Sekundschritt *g–f* bei "Frau nahmst", den Flöte und 1. Geigen mit diminuierten Wiederholungen verlängern, in Klarinette und 2. Geigen mit dem steigenden Schritt *f–g* konterkariert wird, endet der Schritt *f–g* bei "Mann nahm" in T. 17 ohne Widerspruch mit vielfacher Unterstützung der tiefen Holzbläser und Streicher. Ihr Mann mag diese Verbindung wider besseres Wissen eingegangen sein, doch Lulu ist auch hinsichtlich dieser Ehe mit sich im Reinen.

Die Aussage der dritten Strophe ist in interessanter Weise dialektisch. Der sich als Pygmalion gerierende Dr. Schön konnte der Anziehungskraft des ehemaligen Blumenmädchens Lulu zugleich erotisch nachgeben und gesellschaftlich ausweichen, solange er sie an seine Freunde verheiratete, dabei jedoch ihr Liebhaber blieb. Wenn er sie jedoch schließlich selbst heiratet, verliert er den ihm so wichtigen gesellschaftlichen Abstand. Berg fasst Lulus Gegenüberstellung zweier Stadien in ihrem Eheleben erneut in die Struktur zweier gespiegelter Hälften. Dabei durchläuft die Gesangskontur die im zweiten Satz aus der sequenzierten Oberstimme des Porträtmotivs entwickelten oktatonischen Skalen, denen hier sowohl das Motiv selbst als auch eine Kurzform von Lulus Thema unterlegt ist.

Lulu-Suite III: Lulus Oktatonik, Porträtmotiv und Thema

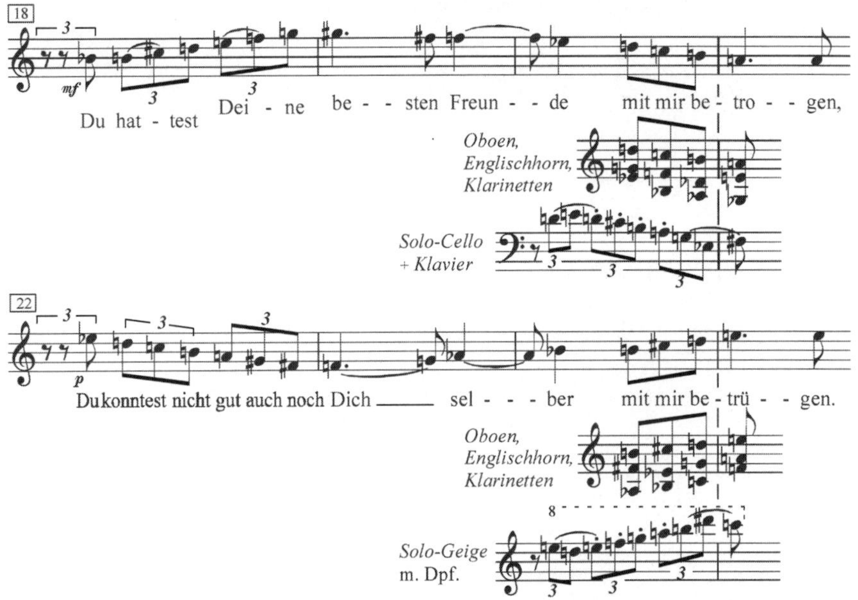

Doch ist dies noch nicht alles. Die zweiten Hälften der oben gezeigten Oktatonik dienen in Aufführungen nur als Ossiavarianten des Gesanges. Für geübte Koloratursängerinnen schreibt Berg virtuose Umspielungen, die geeignet sind, die Absurdität der Situation zu illustrieren.

Lulu-Suite III: Die Absurdität der ersehnten Distanz trotz Ehe

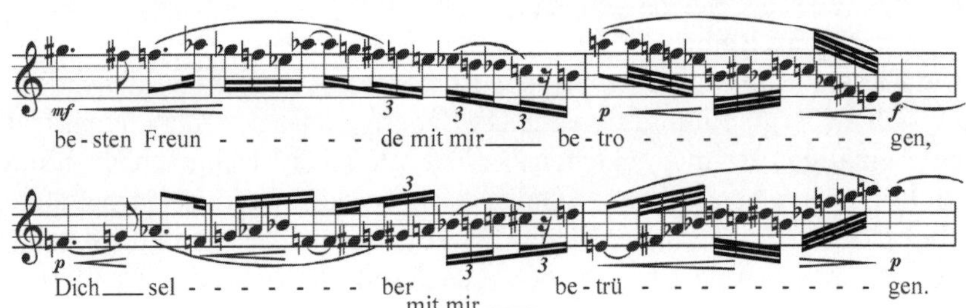

In der mit nur sechs Takten kürzesten vierten Strophe erklingt ein Hintergrund aus gedämpften Hornakkorden über einer in langsamer Chromatik in die Tiefe fallenden Basskontur, die von einem Aufstieg in crescendierenden Oktavschwüngen beantwortet wird. Darüber singt Lulu, zu ihrem eigenen Thema und dessen Umkehrung, ihre schlichte Aufrechnung dessen, was dieser langjährige Liebhaber und dritte Ehemann und was im Gegenzug sie in diese Beziehung einbringt.

Lulu-Suite III: Gabe und Gegengabe aus Lulus Perspektive

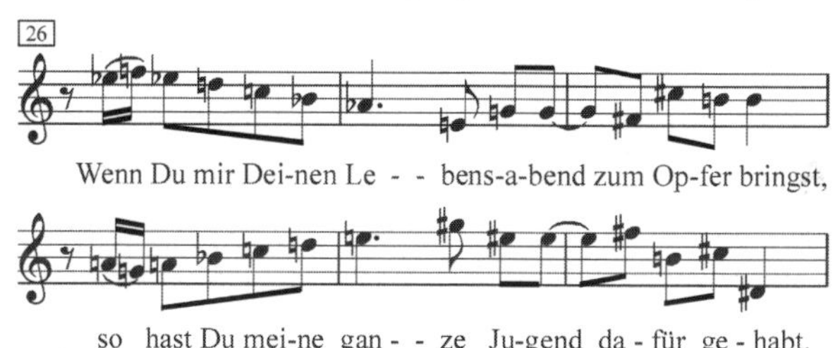

Der fünfte Zweizeiler in diesem Monolog ist der umfangreichste. Dies beginnt mit der größeren sprachlichen Komplexität und setzt sich fort im Umfang von achtzehn Takten – mehr als einem Drittel des ganzen Liedes. Auffällig ist hier die Schlichtheit der eingesetzten musikalischen Mittel. Jede Gesangszeile umfasst zwei verschränkte Transformationen der *Lulu*-Reihe ergänzt um eine Kette aus Erdgeist-Quarten.

Lulu-Suite III: Im Reinen mit sich

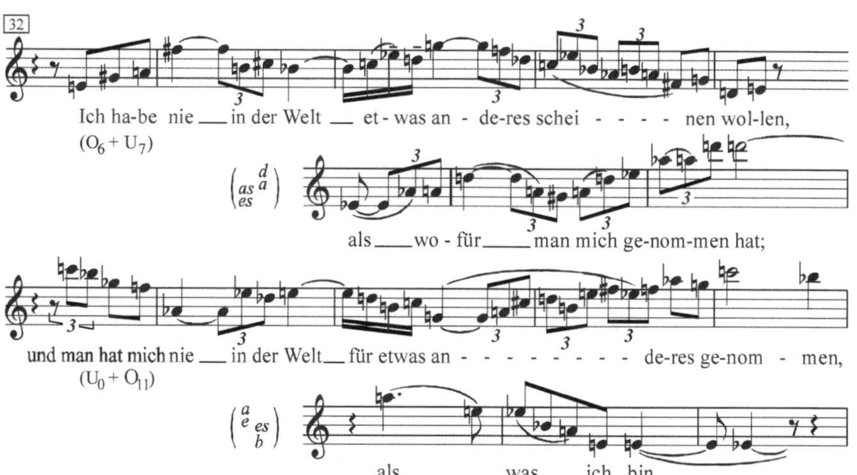

Das Orchester stützt diese Konturen mit zahlreichen homophonen Gruppen aus je drei Akkorden, die jede Zeile dieser Strophe mit neuen Varianten von Lulus Selbstbildmotiv umschließen und auch, teils in Form freierer Ableitungen, begleiten.[20] Die am Ende der ersten Zeile aufsteigenden Erdgeist-Quarten setzen sich im Unisono der tiefen Holzbläser am Beginn der zweiten Zeile fort. Den verklingenden Schluss des Satzes prägt eine zu Lulus letztem *es* einsetzende, überraschend konsonante und 'reine' es-Moll-Stimmung.

In diesem Lied porträtiert Berg Wedekinds Lulu als eine junge Frau, die sich überzeugend gegen die ungerechten Vorwürfe ihres Ehemannes verteidigt. Sie entlarvt ihn als Heuchler, der zwar auf die seit ihrer Jugend gepflegte erotische Beziehung zu ihr nicht verzichten kann und will, ihr jedoch zugleich vorwirft, nicht seinen Ansprüchen gesellschaftlicher Ehrbarkeit zu genügen. Dagegen charakterisiert sie sich selbst als ganz und gar unabhängig von sozialen Zwängen, als ein Wesen von arg- und absichtsloser Selbstgenügsamheit.

Bergs *Lulu*-Reihe, die mit ihren zahllosen verschiedenen Ableitungen der ganzen Oper zugrunde liegt, bestimmt in den rahmenden Strophen des Liedes ganz ohne kreative Filterungen und Tontauschmanöver die Gesangskontur selbst. Überhaupt ist die Musik in diesem Lied, das im Kontext der *Symphonischen Stücke* als in sich abgeschlossene Einheit erklingt, in seinen Hauptstimmen ganz aus Komponenten zusammengesetzt, die ausschließlich auf Lulu bezogen sind. Da ist zunächst Lulus Thema aus dem Vorspann (der Oper und der Suite). Mit ihm kontrapunktiert das Saxophon in der zweiten Strophe den Beginn jeder Zeile, in der dritten Strophe sucht es die exzentrisch ornamentierte Kontur über das doppelte Spiel von Lulus Mann zu ankern, bevor es in der vierten Strophe der Gegenüberstellung der erbrachten Opfer – Lebensabend vs. Jugend – die Stimme leiht. Hinzu kommen in der zentralen dritten Strophe das Porträtmotiv als Symbol des Bildes, das die Welt von Lulu hat, sowie in der ersten und letzten Strophe als Gegenstück das Selbstbildmotiv. Einzig die Erdgeist-Quarten sind ohne palindromisches Pendant auf die abschließende Strophe beschränkt, wo sie umso eindringlicher Lulus authentisches Wesen betonen.

[20] Vgl. in T. 31 die *poco marcato*-Gruppe in Flöten, Altsaxophon, Klarinetten und Bratschen mit dem Selbstbildmotiv aus KU_1 bei vertauschten Reihenhälften, rahmend beantwortet in T. 38-39 von den Hörnern mit zwei weiteren Aufstiegen aus U_{11} und U_7. Entsprechend gespiegelt in T. 39-40 durch die Streicher mit dem fallenden Motiv aus KU_0 bei vertauschten Reihenhälften, rahmend beantwortet schon ab T. 41 von den Posaunen und wechselnden Streichern mit einer ganzen Kette weiterer Selbstbildmotiv-Varianten.

IV – *Variationen*

Der mit dem Wort "Variationen" überschriebene vierte Satz der *Lulu-Suite* basiert auf einem aus sechs Doppelstrophen gebildeten originalen Bänkellied Frank Wedekinds, das unter Bergs Zeitgenossen weithin bekannt war. Die Melodie besteht aus einer Strophe in Dur gefolgt von deren freier Variation auf der Mollparallele. Berg übernimmt die Kontur unverändert, allerdings wie in der Oper rein instrumental. Hier ist Wedekinds Melodie mit der ersten Doppelstrophe und dem Wortlaut der zweiten:

Wedekinds Bänkellied

Konfession

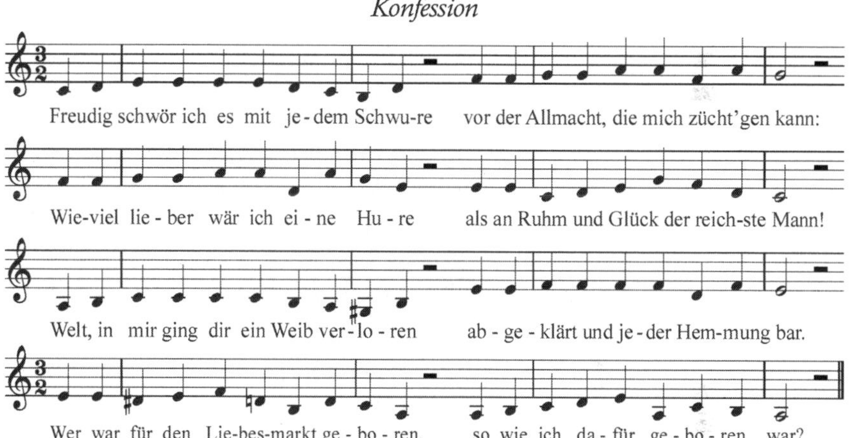

Lebt ich nicht der Liebe treu ergeben,
Wie es andre ihrem Handwerk sind?
Liebt ich nur ein einzig mal im Leben
Irgendein bestimmtes Menschenkind?

Lieben? – Nein, das bringt kein Glück auf Erden.
Lieben bringt Entwürdigung und Neid,
Heiß und oft und stark geliebt zu werden,
Das heißt Leben, das ist Seligkeit![21]

In Wedekinds Lautenbegleitung sind in der Dur- und der Moll-Strophe jeweils die ersten Zeilen als Halbschluss, die Zeilen 2 und 3 als plagale Kadenzen und die vierten Zeilen mit authentischem Schluss harmonisiert. Dies übernimmt Berg jedoch nicht.

[21] Vgl. Frank Wedekind, *Ich hab meine Tante geschlachtet. Lautenlieder und Simplicissimus-Gedichte* (Insel-Taschenbuch 1982), S. 54-56.

Im Text bekennt sich eine den gesellschaftlichen Konventionen misstrauende Frau zu den Vorzügen und Freuden der freien Liebe. Auch wenn dieses Bänkellied nicht in direktem Zusammenhang mit der Tragödie *Die Büchse der Pandora* entstanden zu sein scheint, geht es um dasselbe Frauenbild, das auch die *Lulu*-Dramen bestimmt. Allerdings hören weder Opern- noch Konzertbesucher den entscheidenden Text des Liedes. Das Die Bekenntnis wird rein musikalisch repräsentiert durch die dank ihrer Schlichtheit sehr einprägsame Melodie.

Berg zitiert die Dur/Moll-Kontur der "Konfession" in vier Variationen mit Codetta, eingerahmt von einer viertaktigen Akkordfolge der vereinten Blechbläser. Nach einem eruptiven *sffz*, das – unterstrichen von der großen Trommel – im Unisono-*g* der tiefsten Bläser und Streicher mit Klavier, Harfe und Pauke ertönt, bewegt sich ein atonaler vierstimmiger Satz in wuchtigen Viertelschritten auf den G-Dur-Septakkord zu, der dem C-Dur-Beginn der Liedmelodie unterlegt ist.

Lulu-Suite IV: Die Einleitung des "Bekenntnisses"

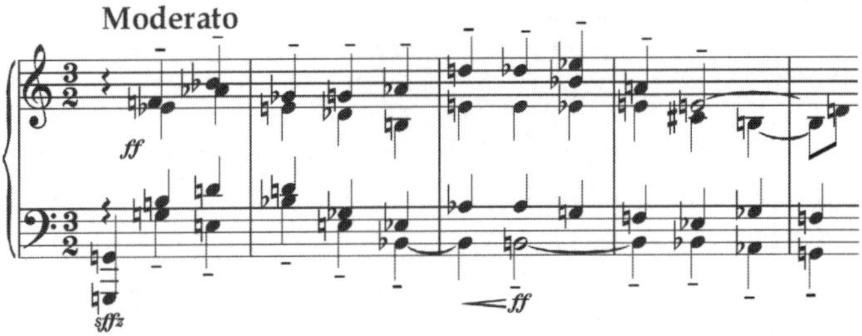

Moderato

Der Titel "Variationen" verweist in der Oper auf das 594 Takte früher gehörte erste Auftreten des Materials zurück. In Akt III, Szene I, T. 99-102 versucht ein "Marquis" aus Lulus Pariser Bekanntenkreis sie zu erpressen, indem er anbietet, sein Wissen um ihre Flucht aus dem Gefängnis und ihren jetzigen Aufenthaltsort für sich zu behalten, wenn sie zustimmt, sich durch ihn an ein Kairoer Edelbordell vermitteln zu lassen. Diese Drohung führt zu Lulus Flucht nach London, wo sie dann tatsächlich auf Einkünfte aus der Prostitution angewiesen sein wird, und damit zu ihrem gesellschaftlichen Untergang und Tod.

In der Ursprungsszene begleitet die obige Akkordfolge, leise und sehr langsam von vier Hörnern gespielt, einen bezeichnenden Wortwechsel. Marquis: "Umso vorteilhafter eignest Du Dich für die Stellung, die ich Dir ausgesucht habe." / Lulu: "Bist Du verrückt! Mir eine Stellung verschaffen!" / Marquis: "Ich sage Dir doch, dass ich auch Mädchenhändler bin."

Unmittelbar nach dem letzten Wort erhebt sich die Sologeige mit der Melodie von Wedekinds Doppelstrophe. Als Gegenstimme dazu singt der Marquis das "Lied des Mädchenhändlers", in dem er prahlt: "Von den unzähligen Abenteuerinnen, die sich hier aus den besten Familien der ganzen Welt zusammenfinden, habe ich schon manches lebenslustige Geschöpf seiner natürlichen Bestimmung zugeführt." Seine Gesangszeile greift Berg in den nach dem Szenenende zurückblickenden "Variationen" jedoch nicht auf; hier geht es nur um Lulus eigene Einstellung zu Leben und Liebe.

In der *Lulu-Suite* klingt die einleitende Akkordfolge nicht ruhig und leise, sondern drängend im *f molto accelerando - - - poco pesante*. Darauf folgt Bergs Deutung von Lulus "Konfession" mit der Entwicklung, die die Melodie und die sie umgebenden Stimmen in den Variationen durchlaufen. Dabei stellt Berg einen im Umfang von 48 Viertelnoten immer gleich bleibenden *Cantus firmus* vor einen mit Adjektiven je verschieden charakterisierten Hintergrund, der sich nicht nur tonal, sondern auch metrisch – d.h. in seiner "Ordnung" – als immer fremder erweist.

- Variation I (*Grandioso*) ist der originalen Melodie entsprechend im 3/4-Takt gehalten. Diatonische Instrumentalstimmen und mehroktavig auf und ab schwingende Ketten der erweiterten Erdgeist-Quarten erzeugen einen überwiegend konsonanten Satz. Die Liedzeilen erklingen im *forte* der vier Hörner, mit Imitation des Schlussgliedes der Durstrophe in den Posaunen und Antizipation der zwei letzten Phrasenenden der Mollstrophe in mehreren anderen Instrumenten. Erst diesen zwei Schlussphrasen stellt Berg Linien gegenüber, die zuletzt doch die Tonalität in Frage stellen: einen chromatischen Abstieg paralleler Tritoni über anderthalb Oktaven in den höheren sowie einen fast vollständigen Gang durch den Quintenzirkel in den tiefen Instrumenten.[22]
- In Variation II (*Grazioso*) klingt die Liedmelodie leise und mit anmutigen Triolen durchsetzt. Gleichzeitig verselbständigen sich die bisher nur sporadischen Imitationen zugunsten eines durchgehenden Kanons im 3/4-Abstand auf dem Tritonus. Beide Stimmen ignorieren dabei den für diese Variation geltenden 4/4-Takt. Den abstrakten Begleitlinien widersetzt sich die führende Stimme mit einer homophonen Harmonisierung ihrer Kontur.

[22]Vgl. T. 13-17 hohe Holzbläser/Trompeten/Vibraphon/1. Geigen/Bratschen: fallend von *g/cis* nach *c/fis*, dazu Fagotte/Klavier *a-d-g-c-f-b-es-as-des-ges-(h)-e*. Auf diese Linien hat schon George Perle hingewiesen, vgl. *The Operas of Alban Berg / Lulu* (Berkeley, CA: University of California Press, 1991), S. 140-141.

Lulu-Suite IV: Metrische und harmonische Eigenständigkeit in Variation II

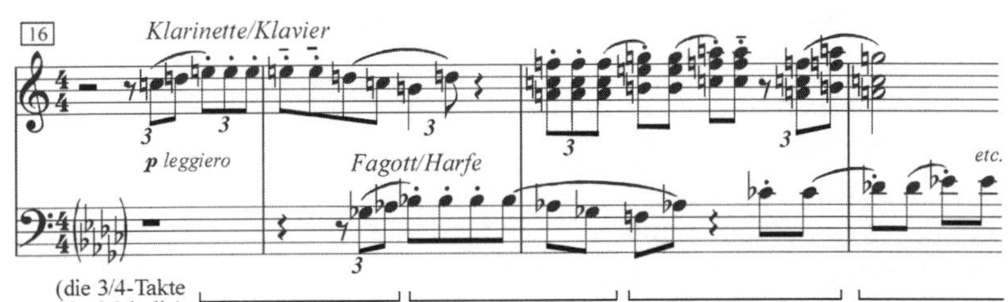

- Auch dem 5/4-Takt in der *Funèbre* überschriebenen Variation III stellt die jetzt nach A-Dur / fis-Moll transponierte Liedmelodie metrisch unabhängig ihre 6/4-Phrasen entgegen. Sie erklingen hier in den tiefsten Instrumenten, sollen jedoch "nicht hervortreten", als müssten sie sich verstecken. Der homophone Hintergrund – man möchte deuten: das homogene Umfeld, von dem Lulu sich selbstbestimmt absetzt – bewegt sich ohne Bezug zu ihren Tonarten in einem von verschiedenen Schlaginstrumenten unterstrichenen Rhythmus, der aus einem wiederholten Grundtakt erwächst und in Form einer Folge von Schichtungen reiner und verminderter Quarten für spürbar bedrückte Stimmung sorgt.

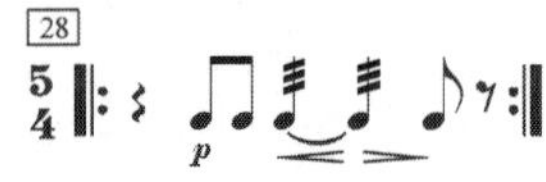

- Variation IV (*Affettuoso*) steht im 7/4-Takt. Vor zwölftönigem Hintergrund springt die hier auf Fis-Dur / dis-Moll transponierte Liedmelodie in komplementären Pizzicati zwischen den 2. Geigen und Celli hin und her. Dabei wird sie durchgehend übertönt; sie hat offensichtlich ihre Strahlkraft eingebüßt. Nach einer schmetternden Trompetenkontur über wuchtigem Bassabstieg treten verschiedene Instrumente mit Fragmenten der *Lulu*-Reihe in den Vordergrund; den letzten zwei Liedzeilen steht sogar ein vierstimmiges Zwölftongewebe gegenüber.[23] Im Schlusstakt der Variation stellt Berg dem Ausklang der Bekenntnismelodie in den tiefen Instrumenten und der Pauke sein rhythmisches Motiv, das mahnende Anklopfen des Schicksals, gegenüber: zuerst im *f* < *ff*, dann als "Echo".

[23] Vgl. gestaffelt in T. 39-42: Bassklarinette/Fagotte O_7 Ton 1-10, 1. Geigen U_{11} Ton 1-10, 1. Oboe U_9 Ton 1-12, 1. Geigen O_3 Ton 1-6, 1. Geigen U_6 Ton 1-12, 1. Horn O_8 Ton 1-6. Ergänzt in T. 43-44 von einer vierstimmigen Gegenüberstellung mit U_9 über U_{11} Ton 1-6 (3. Horn/2. Posaune/Bratschen über 4. Horn/3. Posaune/Bässe) sowie U_4 Ton 1-10 (1. Horn) und O_8 Ton 1-12 (Flöten/Oboen/1. Geigen).

Überlappend mit dem Taktende folgt als Beginn der Codetta noch einmal der Anfang der Liedmelodie, von Berg gleichsam nachgeholt als "Thema" dieser Variationenreihe markiert. Erstmals präsentiert sich das Lied dabei als derb-fröhliches Walzerfragment. Das Holzbläserseptett aus Piccolo, Flöte, vier Klarinetten und Kontrafagott soll hier, wie die Partitur spezifiziert, "wie eine Drehorgel" klingen. Die Tonart ist Es-Dur sowohl in den zwei melodischen Phrasen der drei höheren als auch im "humb-da-da"-Muster der vier tieferen Instrumente. Dazu tremolieren die Streicher im leisesten A-Dur, als wollten sie an die Tritonus-Imitation der zweiten Variation anknüpfen.

Wenn die "Drehorgelmusik" unvermittelt abbricht, wiederholen die Blechbläser die akkordische Rahmenphrase, erneut mit *molto accel. - - - poco pesante*, aber diesmal in mächtigem Crescendo. Die hohen Streicher fügen im *ff unisono* den Schluss der Mollstrophe hinzu, der sich nach einem harmonischen Umweg schließlich in einen C-Dur-Quintsextakkord – die Überlagerung der Grundtonarten aus C-Dur- und a-Moll-Strophe – auflöst.

Der sinfonische Satz mit den vier Variationen über Lulus sinnliches Glaubensbekenntnis zeichnet nach, welche Folgen ihre erotische Selbstverwirklichung für die Stationen ihres privaten Lebens hat. Im *Grandioso* (Variation I) wird sie als alle Menschen betörendes Naturwesen von den erweiterten Erdgeist-Quarten und einem fast vollständig konsonanten Umfeld bestätigt. Dies kann als symbolische Rückblende auf ihre frühe Jugend, die 'Lulu im Pierrot-Kostüm', gedeutet werden. Im *Grazioso* (Variation II) präsentiert sich ihre Melodie anmutig verwoben mit einer imitatorischen Stimme, die von ihr abhängig ist wie die sukzessiven Ehemänner von Lulu. Im *Funèbre* (Variation III) steht der nun deutlich tiefer gesunkenen Melodie ein homorhythmisch geeintes Umfeld gegenüber, dessen *pesante* drohend wirkt. So ruft die Musik die prekäre Lage von Lulus gesellschaftlicher Stellung nach ihrer Flucht aus dem Gefängnis und die letztlich erzwungene neuerliche Flucht in Erinnerung. In Variation IV schließlich kann sich die gezupfte und durch Oktavsprünge zerrissene Melodie nicht gegen die sie übertönenden Stimmen durchsetzen, sondern wird zur Außenseiterin in einer von Fragmenten streng geordneter Zwölftonreihen geprägten Umgebung. Während das Wort *Affettuoso* betont, dass Lulu an ihrem letzten Wohnsitz mehr als je zuvor auf Freunde angewiesen ist, dokumentieren Textur und tonale Überwältigung ihre Hilflosigkeit.

Zuletzt erklingt der Beginn von Lulus Bekenntnismelodie mit der Anspielung auf einen Drehorgel-Walzer. Hier ist vollends das Milieu der 'Straße' erreicht, auf der Lulu in London ihren Unterhalt verdienen muss, bevor sie dabei selbst den Tod findet.

V – *Adagio*

Im Finalsatz der *Symphonischen Stücke aus der Oper Lulu* zeichnet Berg das Porträt einer Frau, die wie so viele Männer von Lulu erotisch angezogen ist, sie jedoch auch bis zur Selbstaufgabe liebt. Damit wird Gräfin Geschwitz im Drama das symmetrische Gegenstück zu Lulus Ziehbruder Alwa Schön, dem Berg den Kopfsatz der Suite gewidmet hat.

Die Musik umfasst fünf meist rein instrumentale Abschnitte. Je zwei in der Schlussszene der Oper auf die Gräfin konzentrierte Segmente bilden einen Rahmen um ein *Grave*, das in Akt I als Verwandlungsmusik auf den Selbstmord von Lulus zweitem Ehemann folgt. Diese Musik greift Berg in der letzten Szene beim Eintritt Lulus mit dem dritten Freier, der sie und nach ihr auch die Gräfin töten wird, variiert und frei weitergesponnen wieder auf.[24]

	Sostenuto	*Poco lento*	*Grave*	*Molto lento*	*Grave*
Takt	1-28	29-43	44-77	79-98	99-110
≈ Oper	Akt III	Akt III	Akt I	Akt III	Akt III
Takt	1146-1174	1175-1187+	958-990+	1294-1314	1315-1326

Im *Sostenuto* erklingt die Musik, zu der die Gräfin erwägt, sich aus Enttäuschung über Lulus Zurückweisung das Leben zu nehmen; zum *Poco lento* folgt dort ihre erste Liebeserklärung und – *Più lento* – ihr flehentliches “Erbarm Dich mein!” Im *Molto lento* des vierten Abschnittes hört sie nach Lulus Todesschrei die abfälligen Bemerkungen des Mörders; im abschließenden *Grave* wendet sie sich sterbend noch einmal voller Liebe an die Tote, der sie “in Ewigkeit” nah zu sein verspricht. Die Themen des Satzes sind somit die unerwiderte aber durch nichts zu zerstörende Liebe dieser Frau zu Lulu und der Tod beider, verbunden durch eine Passage, die auf die Selbsttötung von Lulus zweitem Ehemann folgt, der gleichfalls seine Liebe gering geschätzt glaubte. Klanglich verknüpft Berg in diesem Finalsatz also noch einmal die instrumentale Wiedergabe in Abschnitt 1-3 mit der Beteiligung einer Sopranstimme, die Abschnitt 4 mit Lulus Todesschrei einleitet und in Abschnitt 5 die Worte der letzten Liebeserklärung singt.

Musikalisch repräsentiert Berg die Gräfin Geschwitz prominent mit dem Intervall der reinen Quint. Damit steht sie in komplementärer Korrespondenz mit Lulus Erdgeist-Quarten. Wie diese sind auch die Quinten der Gräfin wiederholt in Halbtonverbindung gepaart, doch bildet Berg mit ihnen auch unabhängige Motive, die er zudem durch Agogik und eigenwillige rhythmische Abläufe charakterisiert.

[24] Vgl. in Akt III ab T. 1235.

Auch im Bereich des Rhythmus ordnet Berg der Gräfin Geschwitz eine Symbolisierung zu. Es handelt sich um den Spiegelungsprozess von Verdichtung/Entzerrung, der zunächst die innere Qual der unerwidert Liebenden und dann deren beklemmende Steigerung hörbar macht. Der rhythmische Prozess liegt dem ersten Abschnitt zugrunde:

Lulu-Suite V: Die Rhythmik zunehmender innerer Bedrängnis

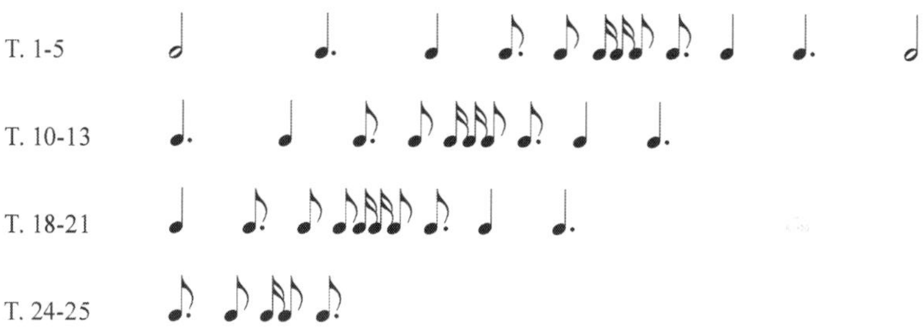

Diese abstrakt konstruierte, jedoch höchst emotional wirkende rhythmische Folge unterlegt Berg im *Sostenuto* einer Quintenparallele. Dabei steigen die Fagotte in zunehmend kürzeren Notenwerten aufwärts und übergeben dann an die in wachsenden Notenwerten fallenden Schritte der tiefen Streicher, die sie später zudem verdoppeln. Tonal besteht die Folge ausschließlich konsonanter Intervalle aus insgesamt elf Tönen; der zum Zwölftonaggregat fehlende Ton erklingt jeweils als Hintergrund in Oboe und Englischhorn, unterstrichen von einem initiierenden Harfen-*sfz*. Die rhythmische Verdichtung/Entzerrung wird dynamisch unterstrichen von einem *crescendo/diminuendo* und einem Wirbel der großen Trommel.

Über der als Motivabschluss erreichten Liegetonquint der tiefen Streicher ertönt unmittelbar ein zweites Motiv. Wie das erste besteht es aus zwei von unterschiedlichen Instrumentengruppen gespielten Hälften; wie das erste umfasst es (hier: in jeder Hälfte) die zehn Halbtöne, die die Liegetonquint zum Zwölftonaggregat vervollständigen. Im Unterschied zum Motiv der inneren Bedrängung ist dieses Doppelmotiv *rubato* und *molto espressivo* überschrieben. Auch endet jede Hälfte, wie in symbolischer Negation sowohl von Lulus Quarten als auch den Quinten der Gräfin, mit einem Tritonus.

In ihrer Kombination zeichnen die beiden Motive den Seelenzustand der verzweifelt Liebenden nach: ihren Drang, dem so oft enttäuschten Liebeswerben durch Selbsttötung ein Ende zu machen, und ihre Gefühlsaufwallung, wenn sie sich eingesteht, in welchem Maß ihr Tod Lulu kalt lassen würde.

Lulu-Suite V: Die Verzweiflung der Gräfin Geschwitz

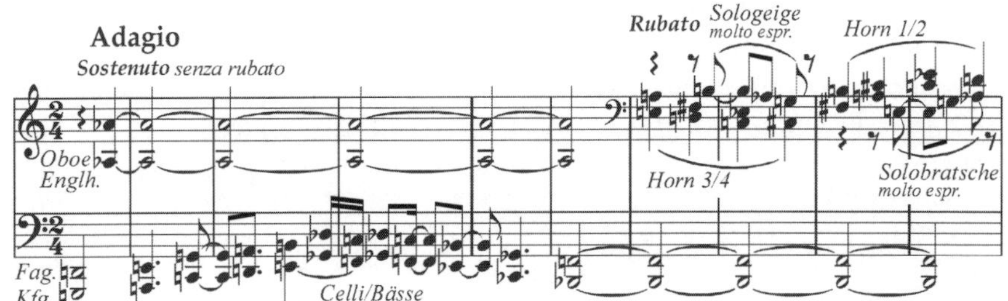

Die Motivpaarung erklingt dreimal in wachsender Intensität. Dabei geht die Sequenz der Quintparallele klanglich unverändert jeweils von dem zuvor erreichten Liegetonintervall aus, während im Rubatomotiv Hörner und hohe Streicher die Rollen tauschen. Den vierten Einsatz spielen zwei Posaunen mit zupfenden Celli erweitert und in *molto ritenuto* endend.

Der zweite Abschnitt vollzieht eine kontinuierliche Verlangsamung in drei Segmenten. Im ersten modifiziert Berg die Komponenten des vorausgehenden Abschnitts, indem er eine sehnsuchtsvoll klingende zehntönige Kontur durch die begleitende Quint zur Zwölftönigkeit ergänzt und die Paarung dann auf dem Tritonus imitiert. Im zweiten Segment greift die gedämpfte Trompete die Kontur in Quarttransposition auf und formt sie vor dem Hintergrund gegenläufiger Porträtmotive, die den rhythmischen Prozess der Verdichtung/Entzerrung aufgreifen, zu drei flehenden Rufen.[25] (In der Opernszene singt die Gräfin hier mit der Trompete ihr an die abwesende Lulu gerichtetes dreimaliges "Erbarm Dich mein!")

Lulu-Suite V: Sehnsucht und flehendes Rufen

1. + 2. Geigen (jeder Ton überlappend verlängert)
28
f espr.
3

1. Trompete (mit Dämpfer, aber sempre molto espr.)
34
f
meno f
mp

Im dritten Segment schließlich initiiert ein *sfz* der Klarinetten, Hörner und Harfe eine letzte Verdichtung/Entzerrung mit *crescendo/diminuendo* in einem Spiel mit dem chromatischen Cluster *eis/fis/g*.

[25] Für die Porträtmotive vgl. T. 34-35 Flöten/Vibraphon/Harfe/Geigen fallend aus $U_5 + U_{11}$, darunter tiefe Bläser + Streicher steigend aus $O_{10} + O_4$. Ähnlich T. 36-37 und 38-39.

Das *Grave* im zentralen dritten Abschnitt ist in sich vielgliedrig. Es besteht aus fünf Segmenten, angeordnet als [a b a']-Form mit Überleitung und Codetta. Auch die einzelnen Segmente sind durch Reprisenbildung und Sequenzierung gegliedert und so beim Hören unmittelbar zugänglich.

In Segment [a] ertönt umrahmend eine exzentrisch zwischen Halbtonschritten und sehr großen Intervallen wechselnde, hochemotionale Geigenkontur. Ihr Rhythmus überschreibt das herrschende 4/4-Metrum mit der Schicksalsmahnung. Dies gilt auch in der zweiten Kontur, bevor Vibraphon und Klavier den Rhythmus in der originalen Tonwiederholung zitieren:

Lulu-Suite V: Die vielfache Mahnung des Schicksals

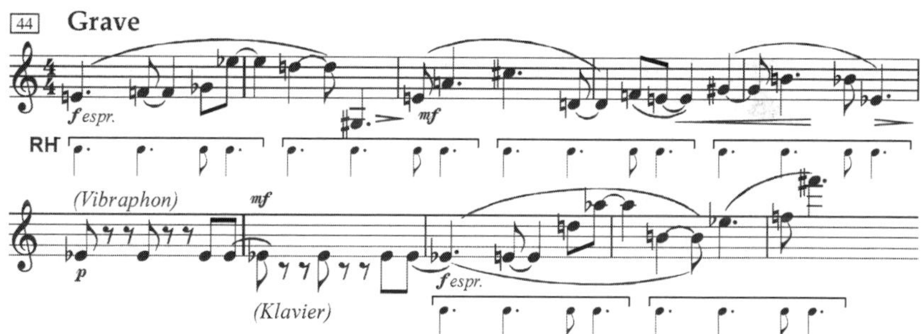

In Segment [b] setzen sich die exzentrischen Konturen im Wechsel von je zwei Streicher- und zwei Holzbläserstimmen fort. Dazu spielen die Blechbläser zusammen mit Harfe bzw. Klavier vier zweitaktige, jeweils in identischer Symmetrie rhythmisierte Phrasen aus reinen Dreiklängen, die streng aufeinander bezogen sind: Die Abfolge der in T. 54-57 erklingenden zwölf Durdreiklänge wird von den zwölf Molldreiklängen in T. 58-62 in Umkehrung gespiegelt.

𝅗𝅥	♩	♩	♩	♩	𝅗𝅥	, 𝅗𝅥	♩	♩	♩	♩	𝅗𝅥
E	A	Cis	D	Gis	H	B	Es	F	Ges	C	G
f	c	as	g	des	b	h	fis	e	dis	a	d

Die Gegenüberstellung momentbezogener tonaler Harmonie in der Vertikale jedes einzelnen Dreiklanges mit horizontal dodekaphoner Reihung einerseits und den zwischen Chromatik und Großintervallik wechselnden melodischen Konturen andererseits erzeugt den Eindruck emotionaler Ausweglosigkeit.

Die darauf folgende zweitaktige Überleitung verlängert den zuletzt erreichten d-Moll-Dreiklang als Basis eines aus Halbtönen und Erdgeist-Quarten gereihten polyrhythmischen An- und Abschwellens.

Segment [a'] variiert das oben für Segment [a] beschriebene Spiel mit dem Schicksalsrhythmus – wobei der Rhythmus selbst nun teilweise imitatorisch gestaffelt ertönt. Dies trifft verstärkt auch auf die Codetta zu. Hier ertönt das Pochen des Schicksals zunächst in Pauke und Bässen eindrucksvoll als Tonwiederholung unter fallenden Erdgeist-Quarten. Zuletzt jedoch wird das in den vier Hörnern und der großen Trommel vorgegebene Motiv im Abstand einer Achtelnote von den Trompeten und 2. Geigen imitiert. Mit der Verlängerung des dabei erzeugten C-Dur-Septakkordes, dem sich schließlich auch die nicht am rhythmischen Motiv beteiligten Instrumente anschließen, verklingt der Abschnitt.

Kaum ist die Musik ritardierend erstorben, da bricht als Höhepunkt des Satzes Lulus Todesschrei herein. Er wird unterstrichen von Wirbeln auf vier Pauken und zwei Trommeln sowie einem zwölftönigen Tuttiakkord im *fff*, dessen Quint/Quartschichtung (*a/e, b/es/as/des, d/g/c/f, fis/h*) im Verlauf einer "sehr lang" markierten Fermate verklingen soll.

Das auf diesen Todesschrei folgende *Molto lento* wird beherrscht von den Quinten der Gräfin, die hier wie Lulus Erdgeist-Quarten im Halbtonabstand über einem Ausschnitt aus dem zwölftönigen Todesakkord erklingen. Wenn die Erinnerung an den Todesschrei zum zweiten Mal im dann nur kurz ausbrechenden *ff* ertönt, weicht die Zusammensetzung des Akkordes aus Quint unter Quarten einer Schichtung aus drei Quinten in höchster Höhe über einem chromatischen Dreitoncluster aus großen Septen im tiefsten Register, mit dem tiefe Bläser und Streicher beschleunigend eine erweiterte Zwölftonfolge bilden.

Lulu-Suite V: Gräfin Geschwitz empfängt den Todesstoß

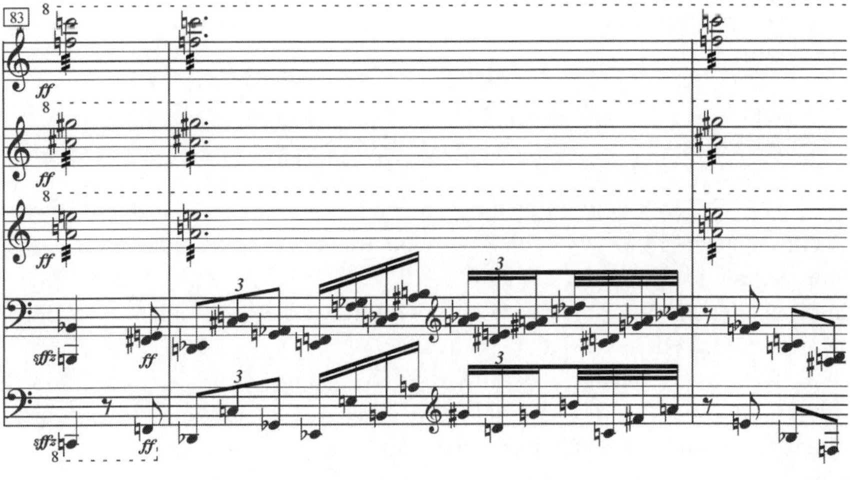

Dabei deutet die Ähnlichkeit des plötzlichen Ausbruchs an, dass die verschmähte Gräfin Geschwitz im Begriff ist, das Schicksal der Frau zu teilen, die sie schon so lange liebt, und ebenfalls deren Mörder zum Opfer zu fallen. Berg symbolisiert diesen zweiten Todesstoß in T. 83_2-85_2 durch eine ungewöhnliche Verlängerung dieses Akkordes. Derweil durchklingen die drei Quinten der Gräfin die Takte in Flatterzunge bzw. Tremolo.

Danach stürzen Bläser und Streicher abwärts, und auf ein Zitat von Lulus Erdgeist-Quarten in den Hörnern reagiert die große Trommel mit einer verkürzten Fassung des Schicksalsrhythmus. Den bald darauf von zwei Pauken mit Tuba und Kontrabässen vervollständigten Rhythmus beantworten Bratschen und Celli, gegen Ende des Abschnittes ritardierend, mit einer verlängerten Kette derselben Quartenpaarung.

In den zwölf Takten des abschließenden *Grave* stellt Berg es den Aufführenden frei, ob die Worte, die die sterbende Gräfin an die tote Lulu richtet – "Lulu! Mein Engel. Lass dich noch einmal sehn! Ich bin dir nah! Bleibe dir nah in Ewigkeit" – von der Sopranistin gesungen oder nur in der Klangfarbenkontur der jeweils hervortretenden Instrumente mitgedacht werden sollen. Die Musik zitiert hier die oben als "sehnsuchtsvoll klingend" charakterisierte Kontur aus dem *Poco lento*-Beginn des zweiten Abschnittes, geht dann jedoch bald wieder in vielschichtige Erinnerungen an Lulus Erdgeist-Quarten über und schließt mit fünf zunehmend enger gestaffelten Einsätzen des Schicksalsrhythmus.[26]

Mit den die Gräfin charakterisierenden Quinten und den zahlreichen Zitaten von Lulus Erdgeist-Quarten unterstreicht Berg die aus der Sicht der unerwidert Liebenden komplementäre Beziehung zwischen den beiden Frauen; mit dem Einschub aus Akt I deutet er eine Parallele an zwischen den Suizidgedanken der Geschwitz und der viel früheren Selbsttötung von Lulus zweitem Ehemann. Das Satzende mit dem Schicksalsrhythmus schließlich teilt das konzertante Porträt der verzweifelt werbenden Gräfin im Finalsatz mit der die *Symphonischen Stücke aus der Oper "Lulu"* eröffnenden musikalischen Darstellung von Alwa Schöns Entwicklung vom bewundernden Ziehbruder zum hingegebenen Verehrer. Beide bleiben Lulu auch bei ihrem gesellschaftlichen Abstieg liebend verbunden; beide zahlen für ihre Treue mit der Ermordung durch deren maximal lieblose, zahlende Freier.

[26]Vgl. das rhythmische Motiv ♪ 𝄾 𝄾 ♪ 𝄽 ♫ 𝄽 in T. 108 (Posaunen/1. Geigen), T. 109 (Posaunen/1. Geigen/Bratschen), T. 109_3-110_3 (2. Geigen/Celli), T. 109_5-110_5 (Fagotte/Pauke/große Trommel/Klavierbass/Kontrabässe), T. 110 (Posaunen/1. Geigen/Bratschen).

Die Facetten der Liebe und ihre Folgen

In der Oper ist Lulu bestimmt durch die letztlich zerstörerische Macht ihrer geheimnisvollen Ausstrahlung, der die verschiedensten Menschen verfallen. Sie selbst bleibt dabei weitgehend passiv. In der konzertanten Suite dagegen nimmt Bergs Musik Lulu selbst in den Fokus. Dies betrifft einerseits ihre Überzeugungen und Wünsche sowie deren tragische Folgen, andererseits die Schicksale der zwei Personen, die ihr tiefere Gefühle entgegenbringen und bereit sind, ihr auch noch in ihrem Niedergang zur Seite zu stehen.

Die fünf Sätze sind von drei thematische Komponenten durchzogen: Melodisch prominent ist die Quartenpaarung mit Halbtonverbindung, die Berg (vermittelt durch Reich) als "Erdgeist-Quarten" bezeichnet und als Emblem von Lulus intrinsischem Wesen einsetzt. Unter den Akkordfolgen dominiert das Porträt-Motiv, das tönende Pendant ihres Bildnisses im Pierrot-Kostüm, das sie auf ein die Männer aufreizendes androgynes Aussehen und die Erwartung ewiger jugendlicher Attraktivität festzulegen sucht. Rhythmisch drängt sich immer wieder das ametrische Schicksalsmotivs ins Bewusstsein, das nicht nur Lulus eigenes Ende ankündigt, lange bevor ihr Lebenslauf diese Phase erreicht, sondern zuletzt auch die Menschen einholt, die sie bis zum Schluss unterstützen. Die drei Komponenten des Naturells, der Außenbestimmtheit und des Schicksals zeigen Lulus Leben im Fadenkreuz von Mächten, auf die sie wenig Einfluss hat.

Mit dem inhaltlichen Fokus der Sätze, den hinzugefügten Parametern und der musikalischen Struktur stellt Berg diesen drei Grundkomponenten eine ergänzende Perspektive zur Seite. In den Rahmensätzen äußern zwei Menschen, die Lulu innig zugetan sind, ihre Liebe in hingebungsvollen Kantilenen und ihre Aufgewühltheit und Verzweiflung angesichts Lulus mangelnder Erwiderung dieser Gefühle in exzentrischen Konturen. Obwohl sowohl Alwa Schön als auch die Gräfin Geschwitz durch ihre gesellschaftliche Stellung Angebote für einen alternativen Lebensweg Lulus hätten bereithalten können, sind sie ihr doch zu sehr verfallen, als dass sie ihren Einfluss geltend machen. So enden auch die Sätze, die den beiden uneigennützigen Freunden Lulus gewidmet sind, mit der Mahnung an das Schicksal, das sie mit ihr teilen werden.

In den symmetrisch platzierten Sätzen II und IV erzeugt Bergs Musik mit rein instrumental strukturierenden Mitteln Abbilder der Entwicklungen in Lulus Leben. Die palindromische Anlage im *Ostinato* suggeriert auf den ersten Blick einen Prozess des Abstiegs, der in seiner tonal fast identischen

Spiegelung durch einen gleichwertigen Aufstieg aufgehoben wird. Erst bei genauem Hinhören fällt die insgesamt "gedämpfte" Stimmung der aufsteigenden zweiten Satzhälfte auf. Zugleich entpuppt sich das Retrograd einer zuvor unauffälligen Tonfolge als Zitat von Lulus Seufzern, und auch das rahmende polymetrische Gemurmel, das Lulu noch bzw. wieder in Freiheit zeigt, ist zuletzt aller Energie beraubt. Umgekehrt zeichnen im vierten Satz die *Variationen* mit abbrechender Coda die Stadien von Lulus Stellung in ihrem jeweiligen Umfeld nach, beginnend mit Übereinstimmung und Bewunderung und endend mit einer Außenseiterrolle, die Berg mit Drehorgelklang aus den Salons auf die Straße verlagert.

Das "Lied der Lulu", das als Teil der Bühnenhandlung in der dramatischen Szene unmittelbar vor dem fatalen Schuss auf Dr. Schön allzu schnell vorbeizugehen droht, erhält durch seine Stellung im Zentrum der *Symphonischen Stücke* herausgehobene Bedeutung. Hier versucht die von ihrem dritten Ehemann zugleich erotisch begehrte und gesellschaftlich abgelehnte Protagonistin, sich zu erklären und eine gerechte Einschätzung einzuklagen. Dabei verteidigt sie ihr Wesen und ihre Lebensweise, indem sie der ihr immer wieder übergestülpten Außendefinition ihr Selbstbild gegenüberstellt. Mit dem dafür geschaffenen Motiv, das dank seiner besonderen akkordischen Konstruktion als Gegenpol zum Porträt-Motiv erkennbar ist, verleiht Berg ihrem Beharren auf der eigenen Authentizität und Ehrlichkeit Nachdruck. Ihre Argumente, für die Berg der sprachlichen Dialektik melodische Umkehrspiegelungen unterlegt, zeigen die Hauptfigur des Werkes als eine junge Frau, die trotz niedriger Herkunft und vielfacher Abhängigkeit ihr Recht auf Anerkennung und Fairness einzuklagen bereit ist. So überrascht es kaum, dass dieser zentrale Satz der einzige in der Suite ist, in dem das mahnende Klopfen des Schicksals gänzlich fehlt.

In der Zusammenschau ist die Charakterisierung der Lulu, die Berg in den *Symphonischen Stücken aus der Oper "Lulu"* bietet, somit deutlich differenzierter als die Darstellung der Hauptfigur im Kontext der dramatischen Bühnenhandlung.

Violinkonzert "Dem Andenken eines Engels"

Im Februar 1935 erhielt Berg von Louis Krasner, einem ukrainisch-amerikanischen Geiger, den Kompositionsauftrag für ein Violinkonzert. Berg bedauerte zwar, für dieses Werk seine Arbeit an der Instrumentation der Oper *Lulu* unterbrechen zu müssen, doch versprach ihm das in Aussicht gestellte Honorar eine Erleichterung seiner infolge der Schmähungen seines Werkes durch die Nazis angespannten finanziellen Lage. Allerdings hatte er wenig Erfahrung mit Kompositionen, die nicht aus seinem eigenen Inneren aufstiegen und ihre Stimmung und Struktur aus sich selbst heraus zu verlangen schienen. So wartete er zunächst auf eine Inspiration.

Diese ergab sich schneller als erhofft durch ein tragisches Ereignis im Kreis seiner engsten Freunde. Am 22. April 1935 starb Manon Gropius, die Tochter Alma Mahler-Werfels aus ihrer Ehe mit Walter Gropius, im Alter von nur 18 Jahren an ihrer Polioerkrankung. Das junge Mädchen, das offenbar auf alle, die sie kannten, den Eindruck eines engelhaften Wesens gemacht hatte, war dem kinderlosen Ehepaar Alban und Helene Berg ans Herz gewachsen. Berg beschloss unmittelbar, das Violinkonzert dem Andenken Manons zu widmen und damit vielleicht auch ihrer Mutter Alma Trost zu spenden. Floros zitiert einen undatierten Kondolenzbrief, in dem Berg an Alma Mahler-Werfel schrieb, er wolle versuchen,

> dort Worte zu finden, wo die Sprache versagt. [...] Aber dennoch: eines Tages – noch bevor dieses fürchterliche Jahr zu Ende sein wird – mag Dir und Franz aus einer Partitur, die
>
> *dem Andenken eines Engels*
>
> geweiht sein wird, das erklingen, was ich fühle und wofür ich heute keinen Ausdruck finde.[1]

Am Ende beschloss Berg, die Komposition neben Louis Krasner als offiziellem Widmungsträger und Manon Gropius als spiritueller Adressatin auch Alma Mahler-Werfel als Freundesgabe zu ihrem Geburtstag am 31. August zu widmen. Dies bedeutete allerdings, dass ihm von den bald nach Manons Tod begonnenen ersten Skizzen bis zur Vollendung der Instrumentation nur gut vier Monate blieben. Um die Gabe vollkommen zu machen, sorgte Berg dafür, dass das *Neue Wiener Journal* am 31. August

[1] *Katalog der Schriftstücke und Dokumente Alban Bergs* (Wien: Universal Edition, 1985), S. 126, zitiert nach Constantin Floros, *Alban Berg: Musik als Autobiografie*, S. 324.

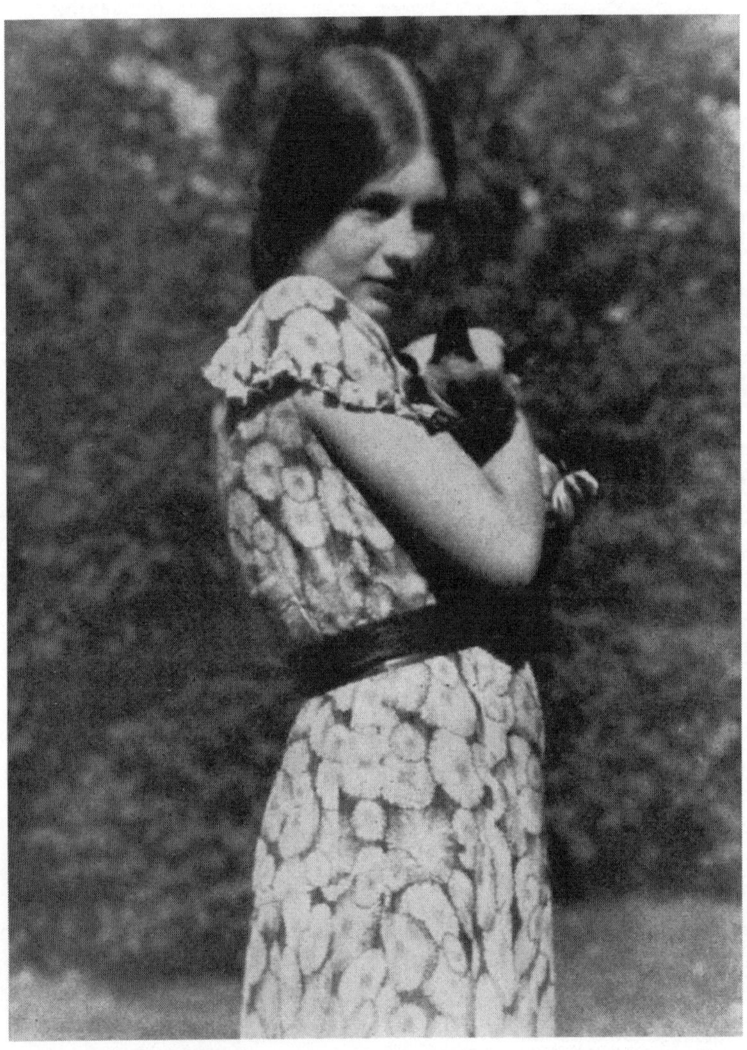

Manon Gropius

als "Geburtstagshuldigung" für die trauernde Mutter eine auf seine Bitte hin von Willi Reich verfasste Analyse des Werkes druckte.[2] Die Partitur erschien erst posthum im Jahr 1936, und auch die Uraufführung auf dem Musikfest der Internationalen Gesellschaft für Neue Musik in Barcelona mit Louis Krasner als Solist unter der Leitung von Hermann Scherchen fand erst viele Wochen nach Bergs Tod am 19. April 1936 statt.

Bergs *Violinkonzert* umfasst zwei Sätze, die in sich zweiteilig und in spiegelbildlicher Zuspitzung angelegt sind. Damit modifiziert Berg die sonst von ihm bevorzugte Bogenform, als sollte diese Musik bereits durch ihre Struktur unterstreichen, dass hier ein irreversibler Prozess abgebildet wird: die Entwicklung von jugendlicher Unbeschwertheit und Fröhlichkeit zu Krankheit und Todesakzeptanz. Dazu unterwirft Berg die andere strukturelle Grundidee, die seine späten Werke kennzeichnet, das Palindrom, einer Steigerung, die der zunehmenden Tragik Rechnung trägt. So trübt sich in den Rahmenabschnitten die entspannte Stimmung des *Andante* zum *Adagio*, während im Zentrum die heitere Bewegtheit des *Allegretto* in ein frenetisches *Allegro* übergeht.

I II

Andante / Allegretto || *Allegro / Adagio*

Der musikalische Prozess, mit dem Berg den Schritt von Gelassenheit und Lebensfreude zu Todeskampf und Entrückung in seinen Tempoangaben nachzeichnet, erinnert an die keilförmige Spreizung der Tempi zu den beiden Extremen in der *Lyrischen Suite*, deren sechs Sätze gleichfalls eine Intensivierung – den Verlauf einer aussichtslosen Liebe – abbilden. Dort beschleunigen sich die Sätze I, III und V von *Allegretto* über *Allegro* zu *Presto*, während sich die Sätze II, IV und VI von *Andante* über *Adagio* zu *Largo* verlangsamen.

Willi Reich erläutert in seiner Analyse wesentliche Aspekte der Struktur, der horizontalen und vertikalen Integration der Zwölftonreihe sowie des außermusikalischen Sinngehalts. Dabei beruft er sich auf Hinweise Bergs, denen zufolge Satz I "die Vision des lieblichen Mädchens als anmutigen Reigen festhält, der bald zart-verträumten Charakter, bald den urwüchsigen einer Kärntner Volksweise annimmt". Danach beginnt Satz II mit einem "wilden Aufschrei des Orchesters". Im Verlauf der musikalischen Schilderung von Manons Kampf gegen ihre Krankheit

[2] Willi Reich, *op. cit.*, S. 169-176.

> rast das dämonische Treiben [...] der Katastrophe zu. Stöhnen und grelle Hilferufe werden im Orchester laut. [...] Im Augenblick höchster Bangigkeit setzt ernst und feierlich in der Sologeige der Choral ein.

Es folgen Variationen, denen der Choral als *cantus firmus* zugrunde liegt,

> während die Sologeige dazu einen sich langsam emporringenden "Klagegesang" intoniert. [...] Eine "wie aus der Ferne (aber viel langsamer als das erste Mal)" hereintönende, unbeschreiblich wehmütige Reprise der Kärntner Volksweise erinnert noch einmal an das holde Mädchenbild, dann beschließt der Choral, herb harmonisiert und von immer erneuten Ansätzen des Klagegesangs in der Sologeige hoch überwölbt, den tieftraurigen Abschied.[3]

Dem Konzert liegt eine Zwölftonreihe zugrunde, die Bergs Bedürfnis nach "tonalem Einschlag" gerecht wird und seinem Wunsch entgegenkommt, Manons Wesenszüge in musikalische Charaktere zu "übersetzen".

Violinkonzert: Die Reihe im "Magischen Quadrat"

	U_0	U_3	U_7	U_{11}	U_2	U_5	U_9	U_1	U_4	U_6	U_8	U_{10}	
O_0	g	b	d	fis	a	c	e	gis	h	cis	dis	f	K_0
O_9	e	g	h	dis	fis	a	cis	f	as	b	c	d	K_9
O_5	c	es	g	h	d	f	a	cis	e	fis	gis	b	K_5
O_1	as	h	es	g	b	cis	f	a	c	d	e	fis	K_1
O_{10}	f	as	c	e	g	b	d	fis	a	h	cis	dis	K_{10}
O_7	d	f	a	cis	e	g	h	dis	fis	gis	b	c	K_7
O_3	b	des	f	a	c	es	g	h	d	e	fis	gis	K_3
O_{11}	ges	a	des	f	as	h	es	g	b	c	d	e	K_{11}
O_8	es	ges	b	d	f	as	c	e	g	a	h	cis	K_8
O_6	cis	e	as	c	es	ges	b	d	f	g	a	h	K_6
O_4	h	d	fis	ais	cis	e	gis	c	es	f	g	a	K_4
O_2	a	c	e	gis	h	d	fis	b	cis	dis	f	g	K_2
	KU_0	KU_3	KU_7	KU_{11}	KU_2	KU_5	KU_9	KU_1	KU_4	KU_6	KU_8	KU_{10}	

[3]Reich, *op. cit.*, S. 170. Wie Floros (*op. cit.*, S. 327) berichtet, finden sich die Bezeichnungen "verträumt", "Aufschrei", "Stöhnen", "Rufe" und "Klagegesang" schon in Bergs Skizzen.

In seiner Einführung beschreibt Reich einige der tonalen Besonderheiten dieser Zwölftonreihe. So markiert er in einem Notenbeispiel die Verschränkung aus zwei Moll- und zwei Durdreiklängen und weist darauf hin, dass der abschließende Ganztonzug – wollte man ihn mit einem fünften Ganztonschritt erweitern – wieder in den Grundton münden würde.

Violinkonzert: Die Zwölftonreihe mit ihren Grundbausteinen

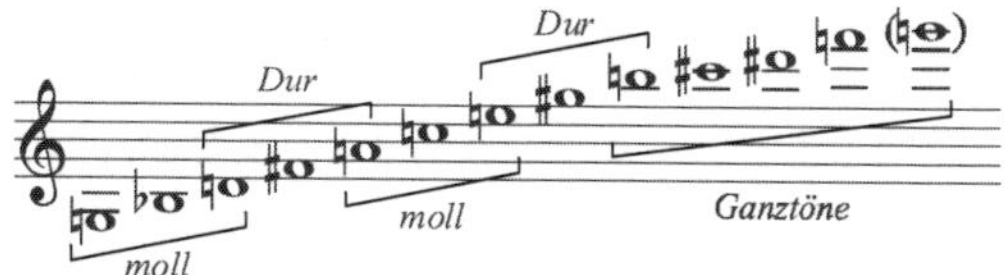

Darüber hinaus erlaubt die Reihe – von Reich nicht erwähnt, aber von Berg wiederholt verwendet – bei Abspaltung des Grundtones als Bassorgelpunkt und der dadurch abweichenden Dreitongruppierung der folgenden Töne die Hervorhebung übermäßiger und verminderter Dreiklänge.

Violinkonzert: Weitere Dreiklänge in der Zwölftonreihe

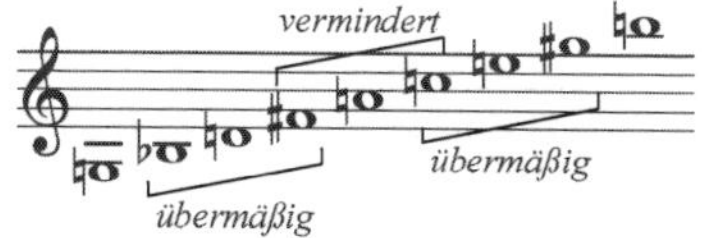

Die Grundtöne der Moll- und Durdreiklänge, *g-d-a-e*, entsprechen den leeren Saiten der Geige. Mit einer Arpeggiokurve durch diese vier Töne beginnt denn auch der Part der Solo-Violine in T. 2, präfiguriert von der Harfe mit der Transposition derselben Kurve auf *b*, den zweiten Reihenton. Eine andere Arpeggiokurve, die Berg bereits in der Introduktion zum ersten Satz einführt und mehrfach aufgreift, durchläuft die Reihentöne 2-4-6-8, d.h. die Terzen der Moll- und Durdreiklänge. Diese Intervallfolge aus zwei übermäßigen Quinten rund um eine verminderte Quint (oder, enharmonisch notiert, aus zwei kleinen Sexten rund um eine übermäßige Quart) erklingt bereits in T. 4 als Exzerpt der Originalreihe und in T. 7 in Transposition. Ähnliche, häufig gleichfalls intervallsymmetrische Viertongruppen erzeugt Berg kreativ durch weitere 'systematische' Auswahlprozesse, so z.B. in T. 8 aus der rückläufigen Kombination der beiden Terzen und der beiden Quinten aus den zwei Molldreiklängen.[4]

[4]Das Arpeggio der Solovioline in T. 8 entspricht Ton 6-2-7-3 aus O_3, der Transposition der Reihe auf *b*. Bergs Exzerpt ergibt hier die palindromische Intervallfolge aus kleiner Sept / Tritonus / kleiner Sept.

Violinkonzert: Arpeggien-Exzerpte aus der Zwölftonreihe

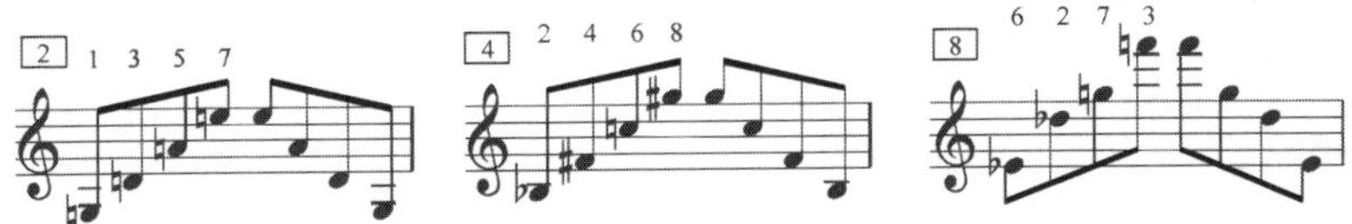

Andere für dieses Werk typische Viertonbildungen gewinnt Berg, indem er jedes Reihendrittel unterschiedlich behandelt. So erklingt das erste Drittel wiederholt akkordisch als Molldreiklang mit großer Sept – prominent im Tutti mit Solist in den Schlusstakten des ersten Satzes und, permutiert aufgegriffen als Ton 1-3-2-4, als Einsatz der Solo-Violine in T. 2 des zweiten Satzes. Das zweite Reihendrittel, die Töne 5-6-7-8, setzt Berg häufig gepaart als Terzen oder Sexten ein. Für Letzteres bietet der Beginn des zweiten Satzes ein Beispiel: Hier ergänzen die Streicher und Bläser den aus Ton 1-4 gebildeten Schlussklang des ersten Satzes mit den Sexten aus Ton 5+6 und Ton 7+8, wenig später von der Solo-Violine imitiert mit den entsprechenden Sexten aus einer Transformation der Reihe. Den Ganztonzug der Töne 9-10-11-12 schließlich verschleiert Berg im mehrstimmigen Kontext oft durch Permutation. Im melodischen Verlauf dagegen spielt er prominent mit frechen Oktavierungen, wie am Ende von Manons als "keck" eingeführtem letzten Charaktermotiv im *Allegretto*.

Violinkonzert: Der Ganztonzug mit Oktavierung

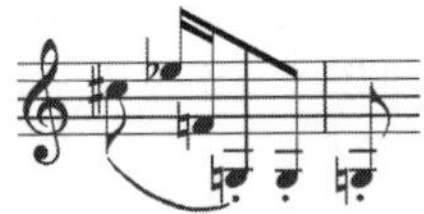

Alles bisher Gesagte beruht allerdings auf Bergs (durch Willi Reich vermittelter) Aussage über die Originalform der Reihe mit *g* als Grundton. Tatsächlich hat Berg sein Violinkonzert jedoch mit Bezug auf zwei tonale Anker entworfen. Bereits ein Blick in die Rahmentakte verrät, dass *b* die Rolle eines sekundären Grundtones erfüllt. Zwar setzt die Solo-Violine in Satz I mit dem Leere-Saiten-Arpeggio *g-d-a-e-e-a-d-g* ein, jedoch erst, nachdem Klarinetten und Harfe ihr in T. 1 die Quintkurve *b-f-c-g-g-c-f-b* vorausgeschickt haben. In ähnlicher Weise endet das Werk: Die Wiederaufnahme des Leere-Saiten-Arpeggios *g-d-a-e-e-a-d-g* in der Solo-Violine wird von den Kontrabässen mit dem Quintenfall *g-c-f-b* ergänzt. Damit bestätigen die tiefen Streicher das in den tiefen Holz- und Blechbläsern bereits erreichte *b* als Anker des Schlussakkordes.

Diese Dualität des Grundtones spiegelt sich auch in Bergs Wahl der hörend erkennbaren Reihenvarianten. Den in der zehntaktigen Introduktion eingeführten und später wiederholt aufgegriffenen Arpeggien liegen neben der Grundform (O_0 : T. 2, 4) und der Originalform auf *b* (O_3 : T. 1, 3, 8, 9) die Transpositionen auf die sekundäre Dominante (O_{10} : T. 5, 6, 7) und – am Ende des ersten Satzes – auf die primäre Dominante (O_7 : T. 100-103) zugrunde. Die zwei Manon-Motive, die die Reihe melodisch linear durchlaufen, bestätigen dagegen den primären Grundton entweder durch ihren Anfang (vgl. O_0 und U_0 in Solo-Violine T. 15-18 und 24-27) oder durch ihren Schlusston (vgl. O_2 in Klarinetten T. 130-132 und 161-162).

Im Blick auf den Tod eines engelhaften jungen Mädchens kann die Zwölftonreihe mit ihrem Aufstieg intuitiv als Symbol der "Himmelsleiter" eingesetzt und auch gehört werden. Dies mag Bergs Entscheidung beeinflusst haben, den letzten Abschnitt des Konzertes als Meditation über einen Bachschen Choral anzulegen, der den Gefühlen der Resignation und schließlichen Ergebung in den bevorstehenden Tod Ausdruck verleiht. Zur Wahl einer Melodie mit einem für den Anlass geeigneten, im instrumentalen Satz implizit mitgehörten Text stellte sich ihm dabei die Frage, ob sich eine Melodie finden ließe, die eine wenn auch minimale tonale Verbindung zu seiner Reihe erlauben würde.

Reich berichtet dazu im biografischen Teil seines Buches über Bergs Schritte in der Vorbereitung:

> Nachdem er mir am 7. Juni vom raschen Fortschreiten seiner Arbeit berichtet hatte, schrieb er mir am nächsten Tag: "Schicken Sie mir bitte (leihweise) die *Matthäus-Passion* (Partitur oder Klavierauszug) und, falls Sie es besitzen, eine Choralsammlung (ich brauche für meine Arbeit eine Choralmelodie: Diskretion!)"
>
> Als ich ihn eine Woche später im Waldhaus besuchte, zeigte er mir in der ihm von mir zugesandten Sammlung *Sechzig Choralgesänge von Johann Sebastian Bach* ([...] München 1920) den Choral «Es ist genug! . . .» und sagte dazu: "Ist das nicht merkwürdig: Die ersten vier Töne des Chorals (eine Ganztonfolge) entsprechen genau den letzten vier Tönen der Zwölftonreihe, mit der ich das ganze Konzert baue?"[5]

Tatsächlich trifft dies, wie Reich ebenfalls zeigt, nicht nur auf den ungewöhnlichen Ganztonaufstieg des Anfangs zu. Auch die Schlusszeile des Chorals konnte Berg in eine Transformation seiner Reihe einbinden.

[5]Vgl. Reich, *op. cit.*, S. 93.

Dabei verwendet er die halbtönig abwärts transponierte, d.h. von *fis* ausgehende Originalform O_{11} für den Beginn und die dazugehörige Umkehrung für die Schlusszeile.

Violinkonzert: Der Schluss von Reihe und Umkehrung im Bachschen Choral

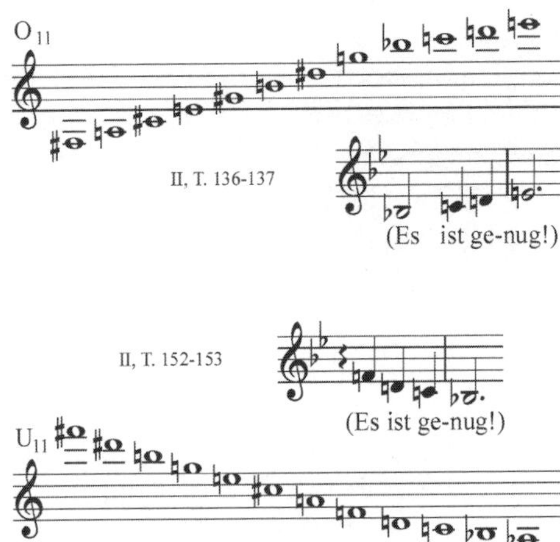

Neben dem Bachschen Choral am Ende des zweiten Satzes integriert Berg kurz vor dem Schluss beider Sätze ein weiteres externes Zitat, das er beim ersten Auftreten als "Kärntner Volksweise" markiert. Redlich identifiziert den Liedtypus als der Gattung des "stilisierten Jodlers" zugehörig.[6] Allerdings scheint er die Quelle nicht gekannt zu haben und wie Reich nicht von einem Zitat einer existierenden Melodie, sondern vielmehr von einer Nachempfindung ähnlicher Weisen aus der Feder Bergs auszugehen.

Tatsächlich handelt es sich um eine frech-fröhliche Volksweise aus drei zweizeiligen Strophen, die jeweils einen Halbsatz im Kärntner Dialekt mit der Lautnachahmung "tridie ritulie" ergänzen. Der Text handelt von einem Vogel im Zwetschgenbaum, der einen jungen Mann weckt und so daran hindert, "im Bett der Mizzi" zu verschlafen.[7]

[6]Vgl. Redlich, *op. cit.,* S. 379.

[7]Der von Douglas Jarman vorgeschlagenen Deutung dieses Liedzitats, Berg habe hier in einem sekundären Programm des Violinkonzertes zugleich an seine Teenager-Liebschaft mit einem Dienstmädchen erinnern wollen, kann ich nichts abgewinnen. Es erscheint mir undenkbar, dass Berg ein so ernstes Thema wie Manons tragische Krankheit und Tod mit einer derart oberflächlichen Anspielung hätte paaren wollen. (Vgl. D. Jarman, "Alban Berg, Wilhelm Fliess, and the Secret Programme of the Violin Concerto", in ders., Hrsg., *The Berg Companion* (Boston: Northeastern University Press, 1990), S. 181-194 [188-189].

I – *Andante / Allegretto*

Innerhalb des 103-taktigen *Andante* legt die Entwicklung des Metrums – zehn 4/4-Takte + neunzig 2/4-Takte + zwei 3/8-Takte – einen Bauplan aus Einleitung, Hauptteil und kurzer Codetta nahe. Die Überschrift in T. 1, "Introduktion (10 Takte)", verstärkt diesen Eindruck. Mit seiner thematischen Anlage und der Notierung seiner Tempi unterläuft Berg jedoch diesen Bauplan zugunsten einer Bogenform. Den entscheidenden Hinweis liefert die Überschrift in T. 84: "Tempo I (♩ = ca. 56)". Diese Angabe stellt das Anfangstempo (T. 1: ♩ = 56) wieder her und markiert somit ein die Introduktion spiegelndes, ihr im Umfang ähnliches abschließendes Rahmensegment: 10 x 4/4 ≈ 18 x 2/4 + 2 x 3/8).

Mit einer Fußnote, die Berg der Metronomangabe über T. 84 anhängt, spezifiziert er zudem: "Die neuen Achtel entsprechen [...] den letzten Sechzehnteln des vorhergegangenen *Calandos*". In Verbindung mit dem reprisenartigen "Tempo I" macht die Anweisung einer Verdopplung der Bewegung deutlich, dass Berg an eine Tempostaffelung dachte, wie er sie explizit dem Finalsatz seiner *Drei Orchesterstücke* zugrunde gelegt hatte. Ein implizites "Tempo II" lässt sich dem mit T. 38 beginnenden *a tempo, un poco grazioso* zuordnen, das in T. 42 nach *poco rit.* und in T. 54 nach einem kontrastierenden *un poco più animato* jeweils mit "*a tempo (grazioso)*" wiederhergestellt wird. Das deutlich langsamere "Tempo III", von dessen *calando*-Verklingen aus die Musik nach Bergs Vorstellung das in T. 84 markierte "Tempo I" durch Verdopplung erreicht, ist vermutlich mit dem *molto più tranquillo* in T. 77 anzusetzen.

Die thematische Anlage unterstreicht diese Einteilung und modifiziert sie zugleich, insofern die frei spiegelbildliche Entsprechung neben den beiden oben genannten Rahmenabschnitten zwei nach innen anschließende Segmente einbezieht, während das derart umschlossene Satzzentrum zwei thematisch parallele, aber in Tempo und Ausdruck diametral entgegengesetzte Entwicklungen enthält.

Das eröffnende Rahmensegment ist also zweiteilig. Im ersten Segment, der "Introduktion", alternieren Klarinetten und Harfe mit der Solo-Violine in sanft auf und ab wogenden Arpeggien mit Exzerpten aus Transpositionen der Zwölftonreihe. Die Arpeggien entwickeln sich, wie oben gezeigt, von der Quintenschichtung über die vier 'Dreiklangsterzen' zur Kombination der Molldreiklangsterzen und -quinten, bevor sie zur Quintenschichtung zurückkehren. Parallel dazu verläuft die tonale Ankerung von *b* und *g* (T. 1-4) über *f* (T. 5-8) zurück zu *b* und *g* (T. 9-10). Erst der Abschlusston der Introduktion in T. 11 legt *g* als primären Grundton nahe.

Im zweiten Segment führt Berg zwei jeweils zweiteilige Motive ein. Das erste besteht in der Hauptstimme aus einer ganztaktig ruhigen, aber großintervallischen und *espressivo* markierten Basswelle, deren Töne durch die homophone Synkopenkette der Fagotte und Bratschen zur Reihe auf *g* ergänzt werden. (Der im Motiv selbst fehlende zwölfte Ton *f* folgt verspätet im chromatischen Aufstieg leiser Septsprünge eines Horns, einer Nebenstimme zum zweiten Motiv.)

Violinkonzert I: Die Basswelle mit Synkopenkette

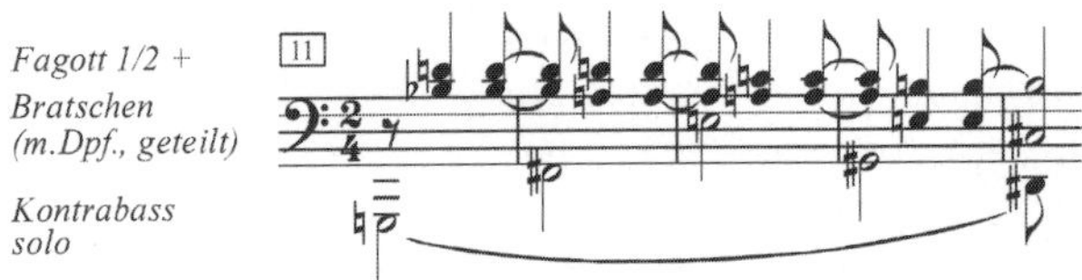

Im zweiten Motiv präsentiert die Solo-Violine die "Himmelsleiter", wobei sie ihren leisen, gleichmäßigen Aufstieg nur einmal durch eine Synkope verzögert. Hier fehlt der Zielton nicht, im Gegenteil: Die Zwölftonfolge wird ausdrucksvoll ergänzt. Beim ersten Ergänzungsschritt handelt es sich um den im weiteren Verlauf des Satzes wiederholt charakteristisch variierten 'oktavierten Halbton': ein exzentrisches Intervall, das sich als große Sept, verminderte None oder sogar, wie hier beim ersten Mal, als eine um zwei Oktaven gespreizte fallende Sekunde präsentieren kann. (Eine weitere fallende Sekunde folgt beim ersten Einsatz des Motivs als einfacher Schritt, wird jedoch später nicht aufgegriffen.) Auch diese zweite thematische Komponente wird begleitet von der homophonen Synkopenkette, zu der sich nacheinander die vier Hörner vereinen.

Violinkonzert I: Das Himmelsleitermotiv mit 'oktaviertem Halbton'

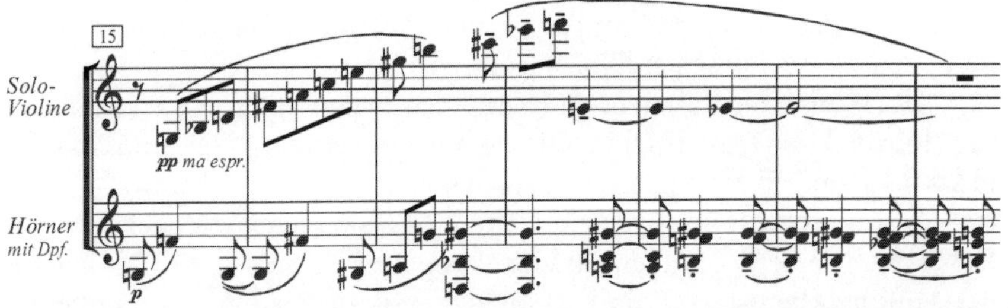

In den verbleibenden Takten folgt eine erste Verarbeitung der Motive und ihrer Bausteine. Die Basswelle erklingt im selben langsamen Tempo über *c* (T. 21-24) und, variiert und rhythmisch diminuiert, über *h* (T. 32-34), in den Trompeten und Posaunen begleitet von der homophonen Synkopenkette, die nach kurzer Pause variiert in den Klarinetten und zuletzt in den Hörnern aufgegriffen wird. Das Himmelsleitermotiv bleibt anfangs in der Solo-Violine, die es zunächst in der untransponierten Umkehrung zitiert (U_0: T. 24-27). Es folgt eine verkürzte Variante in Fagott und Celli sowie in T. 34-37 eine gegenläufige Paarung mit rhythmischer Beschleunigung. Hier setzt Berg mit O_{11} über U_{11} die Halbtontranspositionen ein, mit denen er gegen Ende des Werkes den Bachschen Choral verbindet. Es scheint, als wolle er schon hier, beim vorläufigen Abschluss des ersten Motivs, tonsymbolisch auf die Resignation und Ergebung anspielen, mit der dieser "Engel" letztlich dem bevorstehenden Lebensende begegnen wird.

Neu ist in dieser Verarbeitung die Abtrennung und Spiegelung der Himmelsleitermotiv-Ergänzung. Berg markiert diese von der Flöte eingeführte und unmittelbar von der Violine imitierte Figur mit "*p delicato*".

Violinkonzert I: Die gepaarte *delicato*-Figur

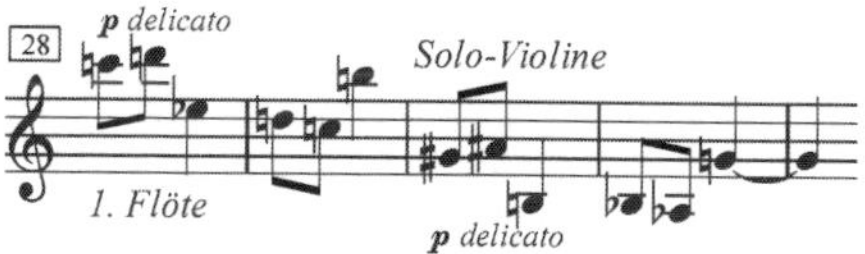

Nach einem Rallentando mit abschließendem Zäsurzeichen folgt das Zentrum des *Andante* mit den zwei parallelen Entwicklungen. Zunächst entwickelt die Solo-Violine aus dem wiederholt abgespaltenen Endglied der Umkehrung des Himmelsleitermotivs ein aus Vordersatz und gespiegeltem Nachsatz gebildetes *grazioso*-Thema:

Violinkonzert I: Das *grazioso*-Thema der Solo-Violine

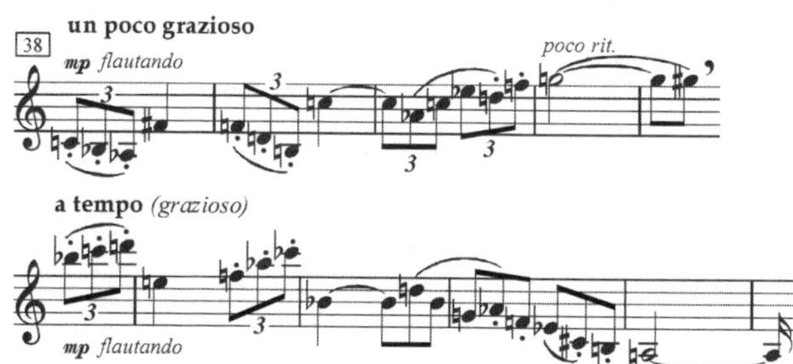

Als wollte sie der fahlen "Flötenton"-Farbe etwas Robusteres gegenüberstellen, fügt die Solo-Violine sogleich ein kontrastierendes, sowohl im Tempo (*un poco animato*) als auch in den Notenwerten beschleunigtes und zu *forte* und *fortissimo* verstärktes zweites Thema hinzu. Der Aufbau mit hier zweitaktigem Vordersatz und gespiegeltem Nachsatz entspricht dem des *grazioso*-Themas. Vertikal wird die Kontur durch eine (im Beispiel nicht gezeigte) freie Imitation der 1. Flöte und der 2. Geigen ergänzt, horizontal durch eine freie Fortspinnung in den 1. Geigen und Bratschen.

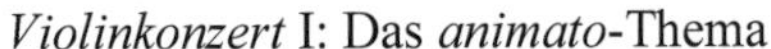

Violinkonzert I: Das *animato*-Thema

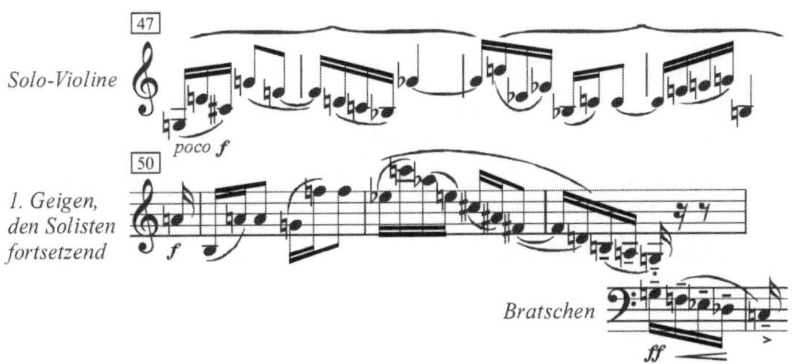

Zum Abschlusston der Bratschen setzt die Wiederholung der beiden Themen ein. Für das *grazioso*-Thema in den Celli (T. 54-62) reduziert Berg die Bewegung noch einmal auf das zu Beginn des *Andante*-Zentrums geltende Tempo II. Allerdings ertönt die nun eine Oktave tiefer liegende Kontur von Beginn an im *forte* und zudem intensiviert mit verdoppelten und imitierten Fragmenten in den anderen Streicherstimmen sowie leisen Echo-Fragmenten in der Solo-Violine.

Für das *animato*-Thema, das sich im Horn mit Fortsetzung in der Trompete anschließt, schreibt Berg bei beschleunigtem Tempo (*un poco più mosso*) doppelt langsame Notenwerte, so dass die Diskrepanz zwischen der thematischen Kontur der Bläser und der Virtuosität in der Solo-Violine wächst. Erst in den drei Schlusstakten des Abschnitts gibt das Tempo wieder nach (*calmando e rit.*), während gleichzeitig die Solo-Violine ihr fünfmal aus der Tief aufsteigendes *gis-h-dis* vom *ff* zum *p* diminuiert und von der Sechzehntelsextole zur Achtelduole verlangsamt.

Der abschließende Rahmen beginnt im stark verlangsamten Tempo III (*molto più tranquillo*) mit der Umkehrung der gepaarten *delicato*-Figur, hier in der gedämpften Posaune. Die Antwort der Solo-Violine leitet mit einer abwärts stürzenden Terzenkette ins Himmelsleitermotiv über, das – nun reich umspielt – zum Grundton *g* zurückführt. Diese die Takte 28-37 frei krebsförmig spiegelnde Passage ist gekennzeichnet durch ausgedehnte, am Schluss stark verlangsamende Tremolo-Kissen (Solo-Violine T. 77-78, Celli T. 79-83), aus deren Ende Berg, unterstützt durch Harfenarpeggien, eine konventionelle Kadenz bildet: F-Dur – C-Dur – g-Moll.

Die ersten zehn Takte des Codetta-Segmentes erinnern an die Basswellen vor dem Hintergrund homophoner Synkopenketten, bevor in den letzten zehn Takten sinkende Parallelen von Holzbläsern und Harfe im Wechsel mit den tiefen Streichern die Quintenschichtungs-Arpeggien der Introduktion aufgreifen.[8] Während die drei Geigenstimmen chromatisch umspielend die Töne des Dur/Moll-Dreiklanges auf *g* in den Vordergrund rücken, zielen die Arpeggien auf dessen Dominantdreiklang über *d* und bilden damit einen tonalen Übergang zum *Allegretto*, dessen Beginn die tiefen Streicher mit in *d* ankernden Pizzicati markieren.

Das *Allegretto* ist als Scherzo mit zwei "Trios" (Bergs Bezeichnung) nach dem Bauplan einer fünfteiligen Bogenform mit Coda angelegt. Bei ihrer Einführung sind die Segmente A, B und C ihrerseits bogenförmig; erst die Wiederaufnahmen von B und A zeigen sich deutlich verkürzt.

T. 104-136	137-154	155-166	167-172	173-214	213-257
A	B	C	B'	A'	Coda
"Scherzo"	"Trio I"	"Trio II"	"Trio I"	"Scherzo"	

Berg bezeichnet auch hier die thematischen Komponenten mit Adjektiven, die Manon musikalisch charakterisieren. In Segment A stellt er sie mit zwei Motiven als fröhlich tändelnd ("*scherzando*") und heimatverbunden ("wienerisch") sowie mit einer rhythmisch schwingenden Figur als bodenständig ("*rustico*") vor. Der Umfang der Komponenten nimmt sukzessive ab, vom zweitaktigen *scherzando*-Motiv (mit Imitation und eintaktiger, ebenfalls imitierter Fortspinnung) über das eintaktige "wienerische" Motiv mit Imitation zur halbtaktig sequenzierten *rustico*-Figur.

Violinkonzert I: Zwei Motive und eine Figur in der "Scherzo"-Eröffnung

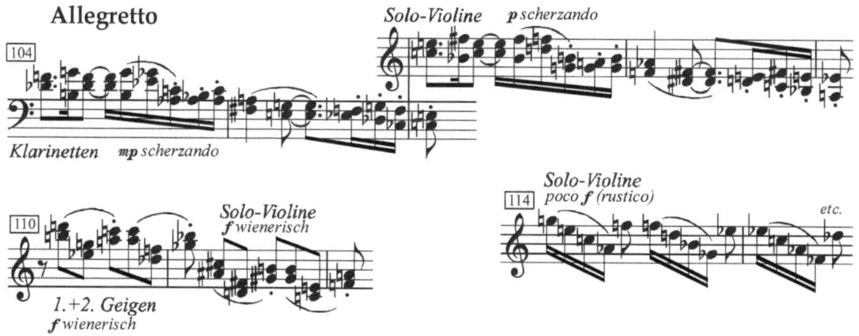

[8]Vgl. Englischhorn/Klarinetten/Harfe T. 94-95: *e-[b]-fis-cis|cis-fis-h-e*, Bratschen T. 96-97: *c-g-d-a|a-d-g-c*, Bassklarinette/2. Fagott/Harfe T. 98-99 über *as*, Celli T. 100-101 sowie Bassklarinette/Harfe T. 102-103 über *d*.

Wie das Beispiel zeigt, sind die beiden Motive als (teils umspielte) Terzenparallelen konzipiert, die ihre Abschlussterz jeweils an die Imitation oder Fortspinnung weitergeben und so einen farblich changierenden Klangfluss erzeugen.

Im Zentrum von Segment A betont die Solo-Violine Manons ruhiges und zartes Wesen ("*tranquillo, dolcissimo*) mit einem Thema, das ähnlich dem *grazioso*-Thema im *Andante* aus Vordersatz und gespiegeltem Nachsatz besteht und durch seine auftaktigen Dreitonwiederholungen besticht.

Violinkonzert I: Manons *dolcissimo*-Thema

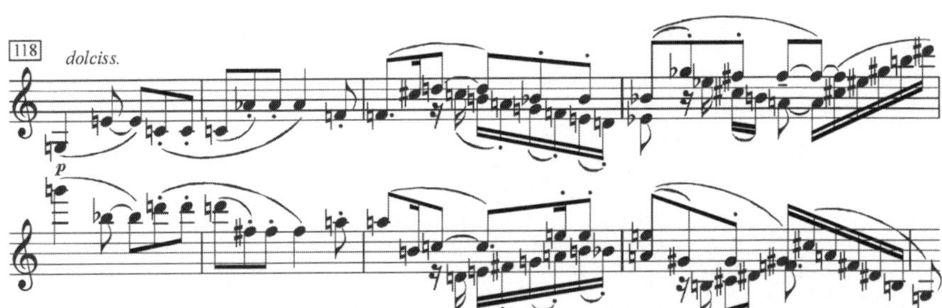

Im Anschluss an dieses Thema ertönt eine erweiterte Wiederaufnahme des "wienerischen" Motivs,[9] kurz darauf gefolgt vom *scherzando*-Motiv ohne Imitation oder Fortspinnung. Die Brücke zwischen beiden bildet die hier durch die Oktaven fallende *rustico*-Figur und, kontrapunktisch dazu, ein neues Motiv der Klarinetten, in dem Berg den variierten Himmelsleiter-Aufstieg mit oktavierten Ganztonschritten und auftaktiger Dreitonwiederholung ergänzt. Das Motiv ist in allen beteiligten Stimmen als "keck" bezeichnet und bildet wohl einen weiteren Manon charakterisierenden Wesenszug ab.

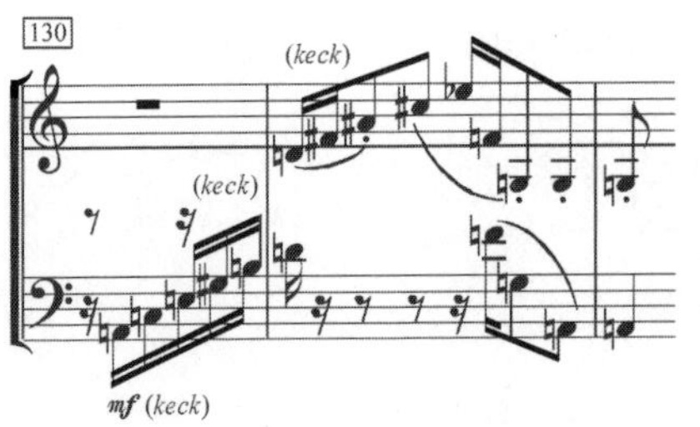

Violinkonzert I: Das "kecke" Motiv

Den wenig später erfolgenden beschleunigten Übergang zu Segment B (Bergs "Quasi Trio I") spielen Solo-Violine und Celli mit Varianten der Arpeggien vom Beginn des Satzes.

[9]Vgl. T. 126-130: originaler Rhythmus in Flöten/Oboen mit Imitation der Solo-Violine, weiter auf die Hälfte verkürzt und intervallisch modifiziert, zuletzt in diminuiertem Rhythmus verdichtet.

Die Komponenten dieses ersten "Trios" sind in Stimmung und Klang deutlich unterschieden. Das mit *energico* bezeichnete viertaktige Thema der hohen Streicher ertönt über einer Basskontur mit prominenten Haltepunkten, die durch Läufe in Fagottstaccati und Bogenholzschlägen der Celli verbunden sind. Die Geigen und Bratschen beginnen mit Dur- und Molldreiklängen, die in chromatisch fallenden Schritten durch große Sexten auf- und abwärts schwingen,[10] während die Basshaltepunkte ein Segment des Quintenzirkels durchmessen: *es – gis* (= *as*) – *des – fis* (= *ges*).

Violinkonzert I: Das emphatische *energico*-Thema

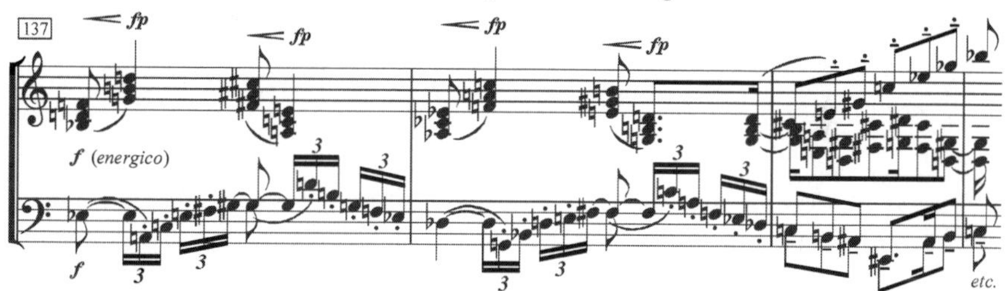

Die Nahtstelle zur von zwei tiefen Klarinettenstimmen und Cello-Pizzicati begleiteten variierten Imitation in der Solo-Violine wird in den gedämpften Trompeten und Posaunen überbrückt mit einem "*ritmico*" markierten Motiv aus drei jambischen Punktierungspaaren, das gleichfalls überraschend tonal konzipiert ist. Die eröffnenden zwei Akkordpaare setzen die Quintenzirkelschritte der vorausgehenden Basshaltepunkte fort (vgl. Fis-Dur – h-Moll – e-Moll – a-Moll), bevor das dritte Akkordpaar über einen Nonakkord zum Ausgangsdreiklang (enharmonisch als Ges-Dur) zurückkehrt. Ein in späteren Einsätzen des Motivs oft fehlender siebter Akkord fällt mit dem Beginn der Quinttransposition des *energico*-Themas zusammen.

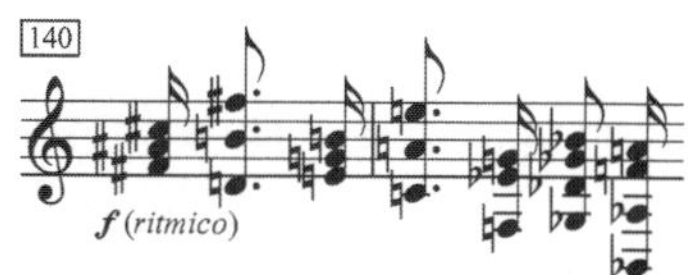

Violinkonzert I: Das *ritmico* Motiv

Dieses ausgelassen hüpfende Motiv erklingt nach dem verlängerten Ende der Themenimitation gleich viermal, im Wechsel von Trompeten mit Posaunen und Hörnern mit hohen Streichern. Es wird abgerundet von einer Wiederaufnahme des *energico*-Themas (Solo-Violine mit Fagotten und nun gestrichenen Celli). Danach geht die Musik bei allmählicher Beruhigung ins *Meno mosso* von Segment C – Bergs "Trio II" – über.

[10] Die Vorhalt- und Durchgangsnoten der 2. Geigen sind hier im Interesse der Übersichtlichkeit weggelassen.

Das *Allegretto*-Zentrum ist mit zwölf leisen Takten der Ruhepol des Abschnitts. Zwei Flöten präsentieren einen thematischen Viertakter in träumerischem Charakter mit zahlreichen fallenden Halbtönen. Bratschen und Celli unterlegen ein sanftes Gewebe in einer Komplementärrhythmik, die fast alle Taktschwerpunkte im 6/8-Metrum meidet – ein Muster, das zuletzt auch die Flöten aufgreifen.

Violinkonzert I: Das träumerische Duett

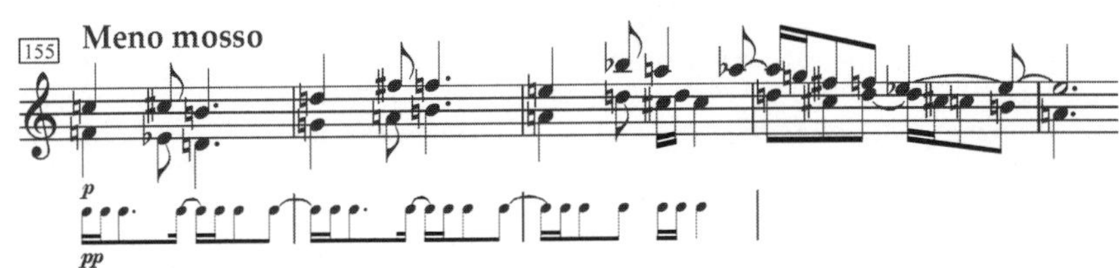

Das fallende Schlussglied der zwei Flöten wird fünfmal imitiert, zuletzt von der Solo-Violine, die darauf das "kecke" Motiv aus dem Scherzo zitiert und so unterstreicht, das beide im selben Rhythmus enden. In den letzten vier Takten von "Trio II" beteiligen sich immer mehr Instrumente am träumerischen Motiv. Dabei spielt die Solo-Violine die zuvor ruhigen Oberstimmensegmente anfangs *dolcissimo flautando* im höchsten Register verbunden mit fallenden Terzenketten, während die Zweitstimme vom Saxophon über die Oboe zur Klarinette wechselt und die Harfe mit einer chromatisch steigenden Linie für Zusammenhalt sorgt.

In den Segmenten B' und A' überrascht Berg mit unerwarteten Klangkombinationen: Die schwingenden Sexten des *energico*-Themas ertönen einstimmig in der Tuba; darüber zitiert die Solo-Violine die zuvor begleitende Basskontur und lässt sie in immer neu aufsteigenden Terzenketten ausklingen, bevor sie am Beginn von A' das *scherzando*-Motiv der Klarinetten als leise Nebenstimme mit einer fallenden Ganztonleiter untermalt.

Damit unterbricht Berg die 'Reprise'; die Imitation des *scherzando*-Motivs sowie dessen Fortspinnung fehlen zunächst. Auch weicht das bisher durchgehende 6/8-Metrum einem 3/8-Takt, den Berg – seinen Zusatz "wie ein Walzer" betonend – mit einigen leisen "humb-da-da"-Takten in den Celli begleitet und mit einer neuen, das ursprüngliche "wienerische" Motiv ersetzenden Flötenfigur schmückt. Es folgt eine Verwandte der dortigen Überleitung, dann die "*rustico*"-Figur und zuletzt eine sehr freie Variante des *dolcissimo*-Themas.[11] Schließlich fügt die Solo-Violine verspätet die zuvor ausgelassene Imitation des *scherzando*-Motivs hinzu, dessen freie

[11] Für diese Folge vgl. besonders den Part der Solo-Violine in T. 188-207 mit T. 112-124.

Modifikationen Zeugnis ablegen von der Vielfalt dessen, was die Komponente "inzwischen erlebt hat".[12]

Zum Zielton des zuletzt vom Vorbild abweichenden Nachsatzes setzt das 1. Horn mit einer tonalen Liedkontur ein, die erst allmählich in den Vordergrund treten soll. Wie Herwig Kraus zeigt, handelt es sich dabei nicht, wie Redlich vermutete, um eine Nachempfindung Bergs, sondern um einen originalen zweistimmigen Volksliedsatz über ein "Vöglein".[13]

Die "Kärntner Volksweise"[14]

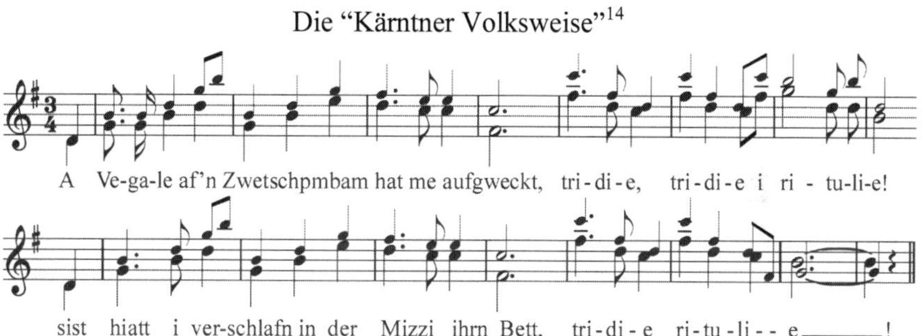

Violinkonzert I: Bergs pastoraler Ländler

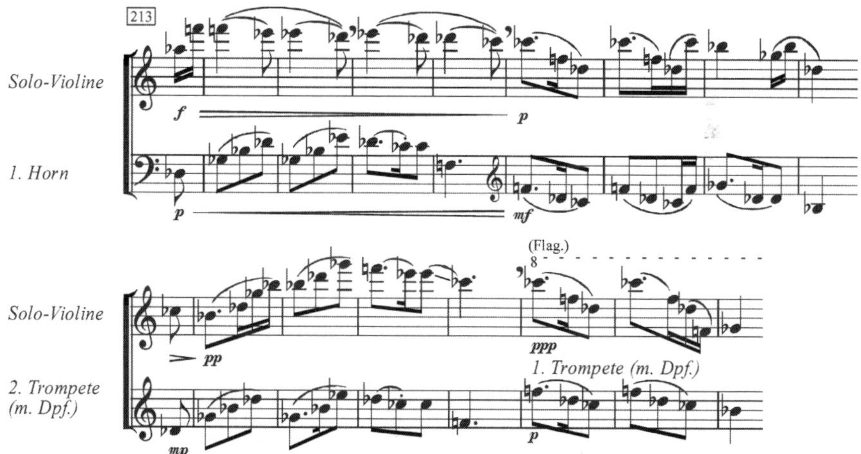

[12]Berg laut Helmut Schmidt-Garre, "Berg als Lehrer", in *MELOS* 22 (1955), S. 40.

[13]Herwig Kraus, "Die Kärntner Volksweise aus Alban Bergs Violinkonzert", in *Musikerziehung* (1969/1970), S. 117-118. Vgl. Reich, *op. cit.,* S. 170, und Redlich, *op. cit.,* S. 379.

[14]Der Satz findet sich in der schon 1892 erstmals erschienenen, 1932 von Universal Edition nachgedruckten Liedersammlung *Wulfenia-Blüten: Einige fünfzig Lieder und Jodler aus Kärnten. Im Volke gesammelt von Karl Liebleitner.*

Berg zitiert den zweistimmigen Satz mit tongetreuer Haupt- und variierter Nebenstimme, wenn auch in einem deutlich ruhigeren als dem volkstümlichen Jodlertempo – *come una pastorale* heißt es in der Partitur – und in einer um einen Halbton abgesenkten Transposition.

Dass Berg die "Kärntner Volksweise" ebenso wie den Bachschen Choral als Fremdzitate behandelt, zeigen nicht zuletzt die unterlegten Harmonien. Die Anlage seiner sehr besonderen Zwölftonreihe – Josef Rufer spricht vom Paradigma einer "tonal gefärbten" Reihe[15] – erlaubt es Berg, die Ländlermelodie mit von der Harfe lautenartig arpeggierten, die Volkstümlichkeit unterstreichenden Dur-, Moll- und Septakkorden zu begleiten. Diese Akkorde harmonisieren allerdings die schlicht kadenzierende Weise nicht im konventionellen Verständnis einer Tonalität. Vielmehr unterlegt Berg der in Ges-Dur zitierten Melodie eine Akkordfolge, die zwar mit der Dominante Des-Dur beginnt, diese jedoch als Neapolitaner von C-Dur umdeutet und über G-Dur auf *c* zielt, den Tritonus von *ges*. Entsprechend ertönt zur Es-Dur-Reprise der Volksweise im *Adagio*-Abschnitt von Satz II die Pseudokadenz B-Dur–E-Dur–A-Dur.[16] Visuell auffällig in den Fremdzitaten ist zudem, dass Berg den der Zwölftonkomposition geschuldeten Einzeltonvorzeichen in den melodietragenden Instrumenten jeweils in Klammern die konventionellen Tonartsignaturen vorausschickt.[17]

Das Volksliedzitat läutet die Coda des Satzes ein. Deutlicher als in anderen Werken unterstreicht der Strukturbegriff hier das Wesen des abschließenden, 44 Takte umfassenden Segmentes als eines Anhanges, der einer bereits gerundeten Satzstruktur hinzugefügt wird, da seine emotionale Aussage Neues beizutragen vermag. Dabei trifft hier nicht nur thematisch zu, was Wilhelm Seidel im Artikel "Coda" des MGG gleichnishaft konstatiert, wenn er schreibt: "Die Coda zählt ebensowenig zum Corpus eines Musikstücks wie der Schwanz zum Corpus eines Pferdes."[18] Berg betont die prekäre Verbindung zwischen "Corpus" und "Coda" mit einer schier

[15] Josef Rufer, *Die Komposition mit zwölf Tönen* (Kassel: Bärenreiter, 1952), S. 97.

[16] Vgl. Harfe + tiefere Streicher in I, T. 218-228 bzw. II, T. 204-214.

[17] Vgl. in Satz I zum Ges-Dur-Zitat des Kärntnerliedes die 6♭-Signatur in 1. Horn (T. 213), Solo-Violine (T. 218), 2. Trompete (T. 221) und 1.Trompete (T. 226), jeweils gefolgt von Auflösungszeichen am Zitatende; in Satz II zum B-Dur-Zitat des Bachschen Chorals die 2♭-Signatur in Solo-Violine und Klarinetten (T. 136 bzw. 142, hier ohne spätere Aufhebung); und zum Es-Dur-Zitat des Kärntnerliedes die 3♭-Signatur in 1. Klarinette/1. Horn und Solo-Violine (T. 204 bzw. 208), jeweils am Ende des Zitates aufgelöst.

[18] Vgl. den Artikel "Coda" in *Musik in Geschichte und Gegenwart* (Kassel: Bärenreiter, 1995), Band II.

unerhörten Polytonalität. Die Solo-Violine, die unmittelbar zuvor noch das vom Grundton *g* umschlossene *tranquillo*-Thema umspielt hat, verirrt sich im vierten Takt von dessen Nachsatz und rettet sich in die Umspielung eines aufsteigenden F-Dur-Dreiklanges.[19] Derweil erreichen Bassklarinette und Streicher in chromatischen, von Imitationen der Solo-Violine unterbrochenen Gängen einen es-Moll-Dreiklang. Darüber tritt sehr allmählich die Ges-Dur-Kontur des Kärntnerliedes in den Vordergrund, während die Harfe, nachdem sie zuvor noch den es-Moll-Dreiklang der Streicher aufgegriffen hatte, die volkstümlich schlichte Weise mit den oben erwähnten kadenzierenden Dreiklängen unterlegt, die dessen Dominante Des-Dur immer wieder zum Tritonus *c* umleiten.

Aus dem Ges-Dur/C-Dur-Querstand, der das Zitat beschließt, schälen sich die 1. Geigen mit der Umkehrung von Manons "keckem" Motiv heraus, das die Solo-Violine sogleich in seiner ursprünglichen Richtung aufgreift und crescendierend zum *ff* verlängert. Wechselnde Streicher unterlegen das Motiv mit dem typischen Quintsprung der "humb-da-da"-Figur, die Berg beim Wechsel zum 3/8-Takt eingeführt hatte. In einem "*a tempo, ma quasi Stretta*" markierten Sechstakter greifen sodann zwei Gruppen der Blechbläser, alternierend und dann sogar in Engführung überlappend, mit vier Einsätzen das dreiklangsbasierte, ausgelassen hüpfende "*ritmico*"-Motiv auf,[20] bevor Pauke und Harfe mit den tiefen Blechbläsern und Streichern die Punktierungskette verlängern und dabei an Segmente der Zwölftonreihe annähern. Aus dieser Verlängerung erhebt sich eine Klangfarbenkontur aus Tuba, Posaune und Trompete mit einer Erinnerung an das "kecke" Motiv, dem sich die Solo-Violine einen Takt später wie im Kanon anschließt. Sie ist es, die dabei erstmals wieder zur in *g* ankernden Urform der Reihe zurückkehrt.

Ein durch Zäsuren abgetrennter Einschub mit einer hemiolischen Akkordwiederholung in vier Holzbläsern und vier Hörnern initiiert den Schlussakkord, in den erst im letzten Takt auch die Streicher einstimmen. Über dem tiefen *g* in Kontrafagott, Tuba und Kontrabässen klingt der erste Satz von Bergs *Violinkonzert* auf einem g-Moll-Dreiklang mit großer Sept aus – der Vertikalisierung von Ton 1-2-3-4 der untransponierten Reihe.

[19]Vgl. unter Bergs Anweisung "zweitaktig" T. 208 (*f*), 210 (*a*), 212 (*c*) und 214 (*f*).

[20]Wie zuvor fällt das Motiv in tonalen Dreiklängen durch den Quintenzirkel und kehrt zuletzt zum (hier von Moll zu Dur aufgehellten) Ausgangsklang zurück; vgl. T. 240-242, Hörner: as-Moll, des-Moll, fis-Moll, h-Moll ... As-Dur; T. 241-243, Trompeten/Posaunen: h-Moll, e-Moll, A-Dur, d-Moll ... H-Dur; T. 242-244, Hörner: es-Moll, As-Dur, Des-Dur, ges-Moll ... Es-Dur; T. 243-245, Trompeten/Posaunen: fis-Moll, h-Moll, E-Dur, A-Dur ... Fis-Dur.

II – *Allegro / Adagio*

Den Übergang vom Ende des ersten Satzes zum Beginn des zweiten gestaltet Berg tonal zwingend. Obgleich das *Violinkonzert* nicht als durchkomponiertes Werk angelegt ist und kein *attacca* die Pause zwischen den Sätzen auf ein Minimum begrenzt, könnte die Verknüpfung kaum enger sein. Die Reihe O_0, mit deren Tönen 1-4 die Coda des *Allegretto* endet, wird im Eröffnungstakt des *Allegro* ergänzt, indem das zweite Reihendrittel mit seiner Terzenkette in Form zweier aufsteigender Sexten erklingt und der Ganztonzug des dritten Viertonsegmentes so permutiert ist, dass er diesen Sextenaufstieg fortsetzt. In den Streicherpizzicati verstummen diese Intervalle zwar sofort, doch in den Bläsern stützen die jeweils im *sffz* angestoßenen Sexten der Reihentöne 5-12 – in Willi Reichs Einführung der “wilde Aufschrei des Orchesters”– als kumulierter Klang den Einsatz der Solo-Violine.

Erst nachdem das Soloinstrument über einer g-Moll-Bestätigung in Harfe und Paukenwirbel den Akkord der Töne 1-4 aufgegriffen hat, zieht sich der vertikalisierte Reihenrest in den Blechbläsern zum *ppp* zurück. Zugleich vollzieht die momentan alles überstrahlende Solo-Violine eine ‘Reihenmodulation’, indem sie ihr *fis*, Ton 4 in der bislang herrschenden Reihe O_0, zu Ton 4 des Krebses der Dominanttransposition (K_7) umdeutet. Während sie dann mit den Tönen 5-12 dieser neuen Reihe die gestaffelt aufsteigenden Sexten der Tutti-Eröffnung imitiert, crescendieren die vereinten Holzbläser noch einmal zu einem kurzen, im *sffz* sehr heftigen Unisono-*cis*, dem Dominantton des Drehpunkttones *fis*. Erst dann fügt die Violine auch das erste Reihendrittel von K_7 hinzu.

Violinkonzert II: Satzübergang und Reihen-Modulation

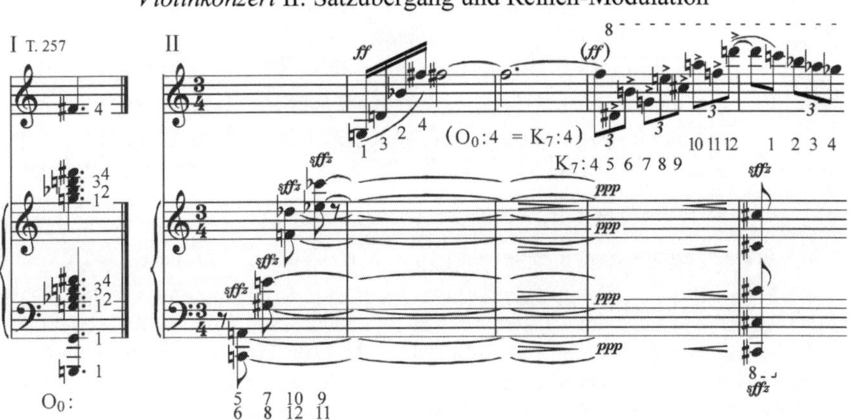

In zwei unbegleiteten *rubato*-Takten führt die Solo-Violine sodann mit einem dreieinhalboktavigen Abstieg unter dem Oberstimmenquintfall *e–a–d–g* zum Grundton zurück. Dabei zeigt sich, dass Berg in diesem *Allegro* in dreierlei Weise experimentiert: in der Textur mit einer Neuinterpretation der Solokadenz als einer Art *recitativo accompagnato*, in der Thematik mit Mustern und Motiven, die vor allem rhythmisch oder gestisch bestimmt sind, und in der tonalen Gestaltung mit der Gegenüberstellung von Vierton-Exzerpten aus unterschiedlichen Reihentransformationen.

Im *a tempo* von T. 7 ist es die Solo-Violine, die das erste rhythmische Muster des *Allegro* initiiert, einen Zweitakter mit zwei tonal freien aber rhythmisch und gestisch identischen Abläufen. Ausgangspunkt sind die drei Leere-Saiten-Quinten der Violine: *g/d* (T. 7), *d/a* (T. 9) und *a/e* (T. 11). Sie werden im jeweils ersten Takt ergänzt von einem synkopischen es-Moll-Dreiklang, der durch die Oktaven aufsteigt, sowie einer leisen fünftönigen Staccatofigur der zwei Fagotte und Celli. Im zweiten Takt folgt eine aufgeregte 32stel-Kette der Violine über einem schweren Legatodreischritt der tiefen Streicher, der in der Synkope der folgenden Variante endet.[21]

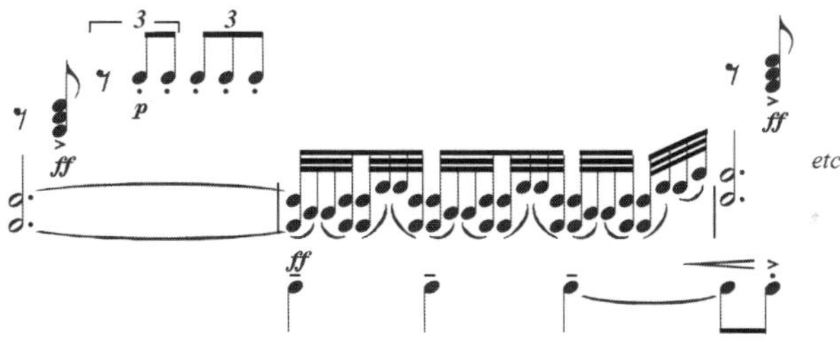

Violinkonzert II: Das erste rhythmische Muster

In der folgenden Überleitungspassage entwickelt die Solo-Violine ihre 32stel-Kette zu einer Umspielung der Ganztöne *es/des* und *c/d/e* weiter, die Celli führen im Ganztonpendel ein auskomponiertes Accelerando ein, das von zwei Hörnern imitiert und viel später – vor dem Hintergrund von Bergs viertönigen Reihenexzerpten aus der Introduktion des ersten Satzes[22] – auch von der Violine aufgegriffen wird, und zwei Holzbläser verlängern die Staccatofigur der Fagotte in doppelter Geschwindigkeit, zuletzt ebenfalls

[21] Reihentechnisch spielt die Solo-Violine in T. 7 die Quint aus Ton 1 und 3, im es-Moll-Dreiklang vervollständigt durch Ton 2 und 4 (*b* und *ges*) und in den 32steln von T. 8 verlängert zu 1-2-3-4 (+ zuletzt 5). Die Fagotte fügen Ton 5-9 hinzu und die tiefen Streicher Ton 10-12.

[22] In den gestaffelten Vier-Terzen-Aufstiegen der Trompeten/Posaunen (T. 19_2-20_1), der Holzbläser und hohen Streicher (T. 20), der Trompeten/Posaunen (T. 20_3-21_2) und der Flöten/Klarinetten (T. 21) spielt Berg kreativ mit Kombinationen der Exzerpte 1-3-5-7 und 2-4-6-8, die er zuerst nur einer, dann verschiedenen Reihentranspositionen entnimmt.

imitiert von der Violine. Den erneut fast dreieinhalboktavigen Abstieg, mit dem die Violine in das folgende, erneut von einem rhythmischen Motiv bestimmte Segment überleitet, komprimiert Berg mittels Ganztongruppen in einen einzigen Takt.

Dieser zweite Rhythmus – Reich legt nahe, dass er als Leitmotiv für Manons Kampf gegen ihre Krankheit und damit als eine Art "Leitrhythmus" gehört werden darf – ist metrisch auf je einen Takt im herrschenden 3/4-Metrum beschränkt. Seine Originalform ist charakterisiert durch eine als Pendel angelegte Punktierungsgruppe mit einem *fp*-Synkopenakzent auf Schlag "2" und ein meist von einer anderen Instrumentengruppe initiiertes Crescendo zum *sfz* auf der Sechzehntelsynkope nach Schlag "3".

Das Motiv ertönt zwanzigmal in direkter Folge, gefolgt von mehreren zunehmend schwächeren Echos. Mittels *a tempo . . . rit.* und Zäsurzeichen markiert Berg zwei Tutti-Segmente. Im Viertakter von T. 23-26 steigen Holzbläser und Hörner crescendierend in die Höhe, unterstrichen von den Trommeln. In den folgenden acht Takten beteiligen sich alle tiefen Holz- und Blechbläser sowie die Streicher mit einer Pizzicatoverstärkung der Sechzehntelsynkope an einem mächtigen, durchgehenden Crescendo, wobei die ursprüngliche Gestik im sechsten und achten Takt zugunsten einer von den hohen Holzbläsern und Streichern verstärkten, linear in Terzen fallenden Dreiklangskette unterbrochen ist.

Violinkonzert II: Der Leitrhythmus des Überlebenskampfes

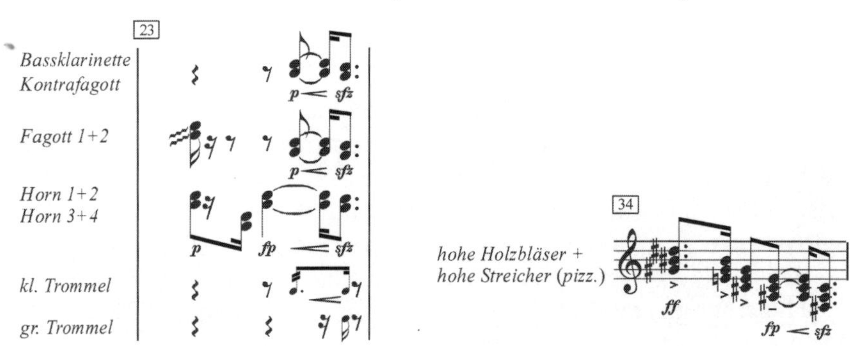

Die Solo-Violine begleitet im ersten Segment sehr zurückhaltend, crescendiert dann jedoch synchron mit dem Orchester bis zum *molto f*, bevor sie nach einem gemeinsamen *più rit.* und implizitem *subito p* selbst das Symbol des Kampfes übernimmt, unterstützt nur von einer Unisonokontur der tiefen Holzbläser. In sieben Takten mit drei- bis vierstimmigen Akkorden steigert sie dieses Symbol der verzweifelten Auflehnung gegen

Krankheit und Tod bei immer breiterem Tempo (*Pesante, sempre più pesante . . . , ritenuto, largo*) erneut zum *fortissimo*. Erst die krönende Komplementärvariante in T. 42, in der sie den Leitrhythmus nach ihrem vierstimmigen Akkord auf dem Taktschwerpunkt an die Trompeten und Posaunen weiterreicht, verklingt abrupt zur Sechzehntelsynkope im *ppp* und einem anschließenden *morendo* der Solistin.

Die Musik dieser zwanzig Takte scheint der Verzweiflung des jungen Mädchens angesichts der lebensbedrohenden Infektion Ausdruck zu verleihen. Mit den Orchesterinstrumenten wehrt sich zunächst ihr Körper, in der Übernahme durch die weitgehend allein kämpfende Violine dann auch ihre Seele. Indem sich die akkordische Variante des Leitrhythmus von dichter Dreistimmigkeit zu vierstimmigen Schichtungen in zweieinhalb Oktaven überspannender weiter Lage spreizt, wird die ganze Wucht dieses aussichtslosen Kampfes spürbar. Der faktische Kollaps im letzten Takt deutet einen ersten Zusammenbruch der Abwehrkräfte an.

Im Zentrum des als A B A'-Form strukturierten *Allegro* ertönen verschiedene Echos aus dem ersten Satz wie Erinnerungsfragmente aus einem Traum. Zuerst zitieren Flöte und Oboe die erste Phrase des "träumerischen Duetts" aus dem Trio II des *Allegretto*, eine große Sext höher transponiert und in doppelt langsamen Notenwerten.[23] Harfe und Solo-Violine setzen Nachklänge an den Leitrhythmus dagegen, der jedoch schrittweise seine Prägnanz einbüßt.[24] In einen kumulierten Liegeakkord aller Holzbläser hinein spielt die Solo-Violine sodann eine Variante des "kecken" Motivs, das als Wesenszug Manons schon im Scherzo eingeführt, aber ebenfalls im Trio II aufgegriffen wurde,[25] als wollte sie betonen, dass die Kranke durchaus noch Widerstandskräfte mobilisieren kann. Hier im Zentrum des *Allegro*, unter der Nachwirkung des vehementen Kampfes gegen die Krankheit, klingt das Motiv jedoch doppelt langsam und dazu quälend verfremdet durch erst nachschlagende, dann parallele großen Septen. Da überrascht es kaum, dass sowohl sein Abschlussintervall als auch dessen Wiederholung nach zwei umspielenden Takten von Hörnern, Streichern und beiden Trommeln recht nachdrücklich mit dem Leitrhythmus des Aufbegehrens der Kranken beantwortet wird.[26]

[23]Vgl. II, T. 44-52_1 mit I, T. 155-159_1; siehe dazu das Notenbeispiel auf S. 174 oben.

[24]Ein mit Vorschlaggruppe eingeleiteter Harfenton initiiert den Rhythmus, den die Solo-Violine weiterführt. Die mit *sfp* hervorgehobene Sechzehntelsynkope ist intakt in T. 44, rhythmisch geglättet in T. 46 und ihrer Synkopenfunktion beraubt in T. 48.

[25]Vgl. II, T. 54-57 mit I, T. 130-132 bzw. 161-162.

[26]Vgl. II, T. 57, 59-60: Streicher, Trommel + (Sechzehntelsynkope) Holzbläser/Tamtam.

Aus der nachklingenden großen Sept der Solo-Violine schält sich im folgenden *tranquillo* eine einsam wirkende zwölftönige Kontur der Solo-Violine heraus. Jede ihrer fallenden Viertongruppen wird zwei Oktaven tiefer leise verdoppelt, bleibt jedoch bis auf diesen Unisono-Schatten unbegleitet. Ähnlich manchen Episoden aus Fieberträumen hat diese Passage einen hellseherischen Aspekt: Indem die Violine hier prominent und unwidersprochen die Halbtontransformation U_{11} spielt, die Berg im *Adagio* dem abschließenden "Es ist genug" des Bachschen Chorals unterlegt, nimmt die tonale Gestaltung wie in einer Ahnung, dass der Kampf gegen die Krankheit wohl nicht zu gewinnen ist, die erst am Ende des Konzertes erreichte Ergebung in das Unvermeidliche voraus.[27]

Im *a tempo (rubato)* nimmt die Solo-Violine einen zweiten Anlauf, um zum Ruhepol des "träumerischen Duetts" zurückzufinden. Umspielt mit Leere-Saiten-Pizzicati beginnt sie mit *c-cis-h*, der Dreitongruppe, die in Satz I, T. 155 die Oberstimmenkontur initiiert. Sie verliert sich jedoch in einer fallenden Sequenzenkette, die (wie auch die Imitation der Bratschen) auf dem Grundton *g* abbricht.[28] Vor weiteren Leere-Saiten-Pizzicati bestärkt in hoher Lage eine Vorausnahme von "Es ist genug", dem rhythmisierten Ganztonaufstieg aus dem Beginn des Bachschen Chorals, die zuvor angeklungene Resignation.[29] Es folgen verschlungene zweistimmige Gewebe, die nur an ihren Haltepunkten von einzelnen Streichergruppen ergänzt werden. Sie steigern sich über *poco animando* und *stringendo* zu kurzfristiger Brillanz, bevor sie unter Bergs Anweisung *calmando* mit einem vierfachen *f-ges-e*, einer neuen Transposition der Dreitongruppe aus der Oberstimme des "träumerischen Duetts", ausschwingen.

Noch ein drittes Mal versucht die Solo-Violine, mit der Erinnerung an das tröstliche Motiv aus frohen Tagen die Erfahrung der bedrohlichen Krankheit im Traum zu verarbeiten. Diesen letzten Anlauf gestaltet Berg als einen Höhepunkt der Komplexität. Gänzlich allein gelassen kämpft sich die Solistin durch einen vierstimmigen Kanon mit Einsätzen im Abstand fallender Quinten. Abgesehen von einer einzigen, dem Vier-Saiten-Arpeggio geschuldeten Oktavierung[30] und dem Ersatz langer Notenwerte durch Tonwiederholung oder angedeutetes Weiterklingen ist die polyphone Stimmführung konsequent, wie die Umschrift auf zwei Systeme zeigt:

[27]Vgl. II, T. 61-62, mit Bergs Bemerkungen zur Verwandtschaft des Chorals mit seiner Reihe in Reich, *op. cit.*, S. 173 sowie das Notenbeispiel auf S. 166 oben.

[28]Vgl. II, T. 64-67, Violine: *c—cis-h—c-b-h-a-b-as—a-g—* , Bratschen: *b-h-a-b-as-a-g*.

[29]Der Ganztonzug erklingt hier im höchsten Register mit den Tönen 9-12 aus O_0.

[30]Siehe das *-Zeichen im folgenden Notenbeispiel.

Violinkonzert II: Die "träumerische Kontur" im vierstimmigen Kanon

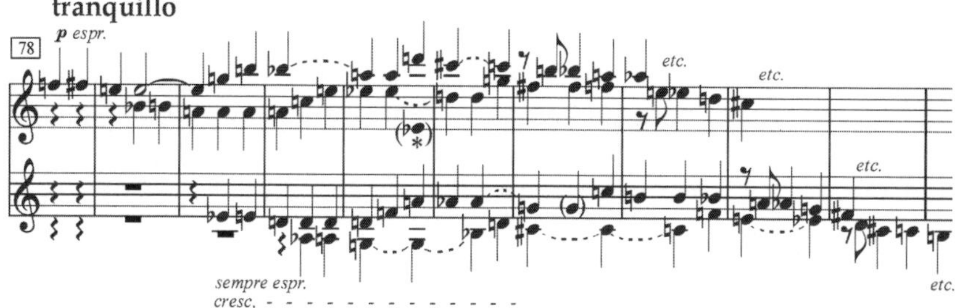

Nach zwei Fortspinnungstakten erreicht die Solo-Violine wieder ihren Ausgangspunkt: die Leere-Saiten-Kurve *g-d-a-e-e-a-d-g*. Zwei Klarinetten fallen mit einem Terzenarpeggio aus dem Beginn der Reihe O_0 ein, bevor die Solistin die restlichen Töne der Grundreihe im zweistimmigen Spiel ergänzt. Danach leiten Solo-Violine und Klarinetten in zwei weiteren Takten in den Reprisenabschnitt des *Allegro* über.

Der wiederholten Ankerung dieser Fiebertraummusik im primären Grundton *g* stellt Berg in A' eine Betonung des sekundären Grundtones *b* gegenüber. Dies erreicht er vor allem mit dessen Dominantton *f*, der den Abschnitt fast durchgehend als Bassorgelpunkt durchzieht.[31] Schon vor dem Eintritt des Orgelpunktes nimmt der erste Takt des Abschnitts mit einem Terzenaufstieg durch die Töne 2-12 der Reihentransposition auf *f* diesen Ankerton voraus. Thematisch rekapituliert Berg die Musik um Manons Kampf gegen ihre Krankheit fast vollständig, wenn auch in vertauschter Reihenfolge der Segmente.

	T. 96-103	T. 104-110	T. 111-118	T. 119-124
≈	T. 1-6	T. 35-46	T. 23-34	T. 15-22

Es fehlt der Achttakter T. 7-14 mit dem ersten rhythmischen Muster. Ihn ersetzt mit großer Wucht eine an die Reprisensegmente anschließende elftaktige Codetta. Dieser *molto pesante* überschriebene "Höhepunkt" des *Allegro* (Bergs Bezeichnung) verlängert den Leitrhythmus in Form einer von Pauken, Trommel und Tamtam verstärkten *fff*-Akkordwiederholung zahlreicher von Streicherpizzicati verstärkter Bläser mit einem Absturz zum *sffzp* der Sechzehntelsynkope. In dieser Form ertönt der Leitrhythmus viermal vollständig und viermal in zunehmender Ermattung, mit immer

[31]Vgl. tiefe Holzbläser/Tuba T. 97-104, dazu tiefe Streicher T. 100-101, Pauke T. 100-109, tiefe Holzbläser T. 109-111, Pauke/Cello T. 111-114, Cello/Bass T. 115-121, tiefe Holzbläser/Pauke T. 121-124, alle tiefen Instrumente (nacheinander aussetzend) T. 125-136.

kürzerem Beginn, in fallender Abfolge und bei schrumpfendem Absturzintervall langsamer und leiser werdend. Zwischen diese Sequenzen setzt Berg in einigen Holzbläsern mit Harfe, tiefen Streichern und Solo-Violine einen Seufzer. Dieser ist in fünfoktaviger Parallele aus dramatisch aufschießender großer None und fallender großer Terz gebildet und anfangs ebenfalls *ff* markiert. Im Verlauf des fünfstufigen Abstiegs wird er von der Solo-Violine mit Terzpendeln verdichtet, die ebenfalls erschlaffen.

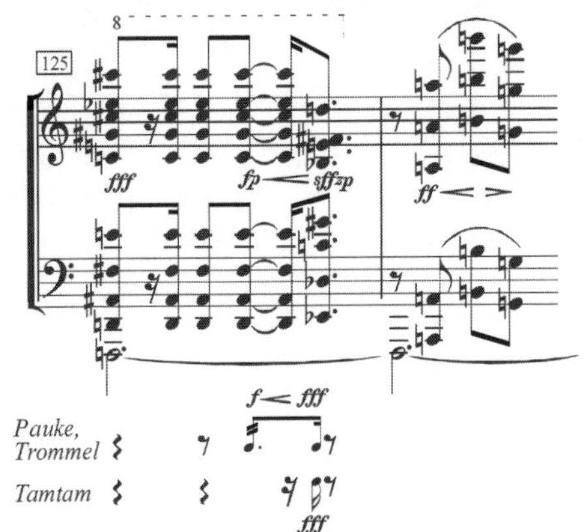

Violinkonzert II: Codetta mit Leitrhythmus und Seufzer

Die Solo-Violine allein initiiert die dritte Schicht dieses Segmentes. Sie stellt den Leitrhythmus-Sequenzen allmählich wachsende aufsteigende Ganztonzüge gegenüber. Sobald diese die Viertönigkeit erreicht haben, gesellt sich eine Solobratsche dazu, die den Zug bald übernimmt, ihn dann rhythmisiert und zuletzt zu einem Vor-Echo des Choralbeginns gestaltet.

Violinkonzert II: Der allmähliche Übergang zum Choralbeginn

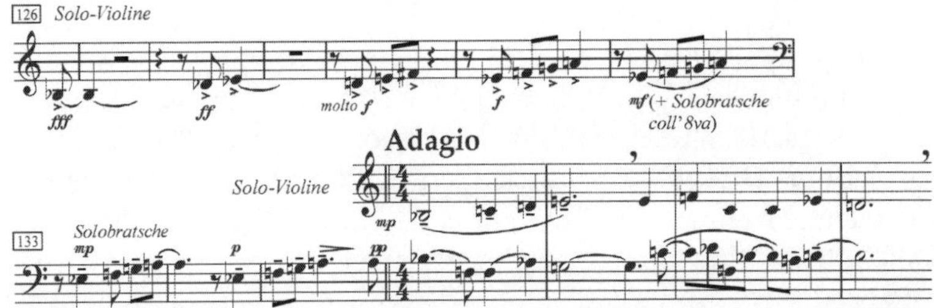

Sanfter als mit diesem Übergang vom Höhepunkt der Auflehnung gegen die tödliche Krankheit zum "Es ist genug" der spirituellen Ergebung in das allzu frühe Todeslos kann Musik die Einwilligung ins menschliche Sterben nicht darstellen.

Die zweite Hälfte des zweiten Satzes steht ganz im Zeichen der Akzeptanz des unvermeidlichen Todes. Die ersten 62 und die letzten 17 Takte sind bestimmt von Bergs Adaptation des Chorals, mit dem Johann Sebastian Bach seine Kantate "O Ewigkeit, du Donnerwort" beschließt. Dieser Choral kam Bergs Intention im Schlussglied seines *Violinkonzertes* in gleich mehrfacher Hinsicht entgegen.

Da ist zunächst der Text. Er geht zurück auf den evangelischen Kirchenlieddichter und Prediger Franz Joachim Burmeister (1633-1672), der das mehrstrophige Lied 1662 unter dem Titel "Über die Sehnworte des Elias" für die Rubrik "Vorbereitung auf den Tod" in evangelischen Gesangbüchern verfasste. Als biblische Grundlage dienten ihm die Worte des Propheten Elija, der in 1. Könige 19,4 seinen Tod herbeisehnt mit den Worten: "Es ist genug; Herr, nimm nun mein Leben". Jede Strophe in Burmeisters Gedicht beginnt mit der Zeile "Es ist genug" und endet ebenso oder in leichter Abwandlung.[32] Die von Bach und, nach ihm, von Berg übernommene Strophe verbindet die Bitte eines Menschen an Gott, vom Joch des Lebens befreit zu werden, mit der Zuversicht, dass damit der Weg zum Himmel offen ist und die Welt und ihr Jammer zurückgelassen werden. Sie lautet, in der von Berg modifizierten Orthografie und Interpunktion:

> Es ist genug! Herr, wenn es dir gefällt,
> so spanne mich doch aus!
> Mein Jesus kommt: nun gute Nacht, o Welt!
> Ich fahr' in's Himmelshaus.
> Ich fahre sicher hin mit Frieden,
> mein großer Jammer bleibt darnieden.
> Es ist genug.

Der Komponist Johann Rudolph Ahle (1625-1673), der wiederholt mit Burmeister zusammenarbeitete, vertonte den Text noch im Jahr seiner Entstehung. Bereits auf ihn geht der Beginn mit dem Ganztonaufstieg zur leittonartig erhöhten vierten Stufe, die Wiederholung der Schlusszeile, die Gliederung der ersten ursprünglich sechs Verse in zwei Doppelphrasen von 16 + 16 und 9 + 9 Silben sowie deren antiphonale Vertonung im Wechsel von hohen und tiefen Stimmen zurück.

Bach übernahm Ahles Kontur, die Gliederung und die Wiederholung der Schlusszeile. Er adaptierte jedoch den Rhythmus und reicherte die Harmonie an, indem er u.a. die erhöhte vierte Stufe um die übrigen vier tonartfremden Töne ergänzte, so dass sein Satz alle zwölf Halbtöne enthält.

[32] Fünf dieser Strophen finden sich online unter https://www.evangeliums.net/lieder/lied_es_ist_genug_so_nimm_herr_meinen_geist.html (aufgerufen 10/2024).

Violinkonzert II: Die Vorlagen des Chorals "Es ist genug"

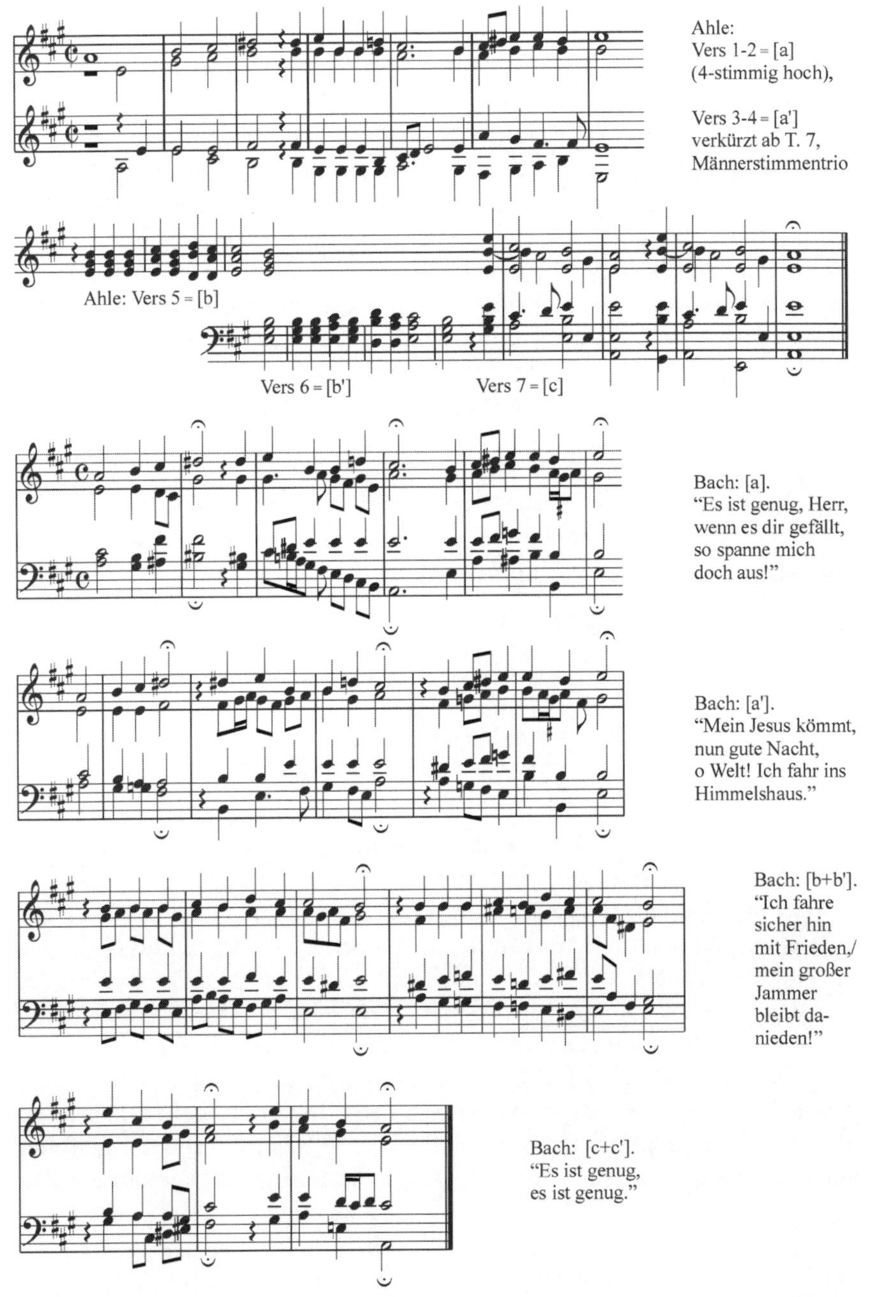

Berg übernimmt für das nach B-Dur transponierte Lied Ahles Idee der antiphonalen Anlage, wobei er den Wechsel um Gegensätze der Textur und Tonalität erweitert. Die Solo-Violine spielt Vers [a] und [b] im tiefen Register, umgeben von und ergänzt zu Varianten der Zwölftonreihe, die im Gestus an das Himmelsleitermotiv anknüpfen. Eine Oktave höher antworten vier Klarinetten mit [a'] und [b'] in Bachs homophonem Satz. In Vers [c] vereinigen sich Soloinstrument und Klarinetten zum direkten Wechselspiel, wobei das Bläserquartett die alterierten Harmonien der vierstimmig arpeggierenden Violine wiederholt zugunsten von Bachs Harmonisierung korrigiert.[33] Wie schon im ersten Satz des Konzertes markiert Berg die melodischen Komponenten mit charakterisierenden Adjektiven, wobei er in [a] und [a'] sogar die Teilsegmente differenziert. Dies sieht so aus:

Violinkonzert II: Bergs Adaptation des Chorals "Es ist genug"

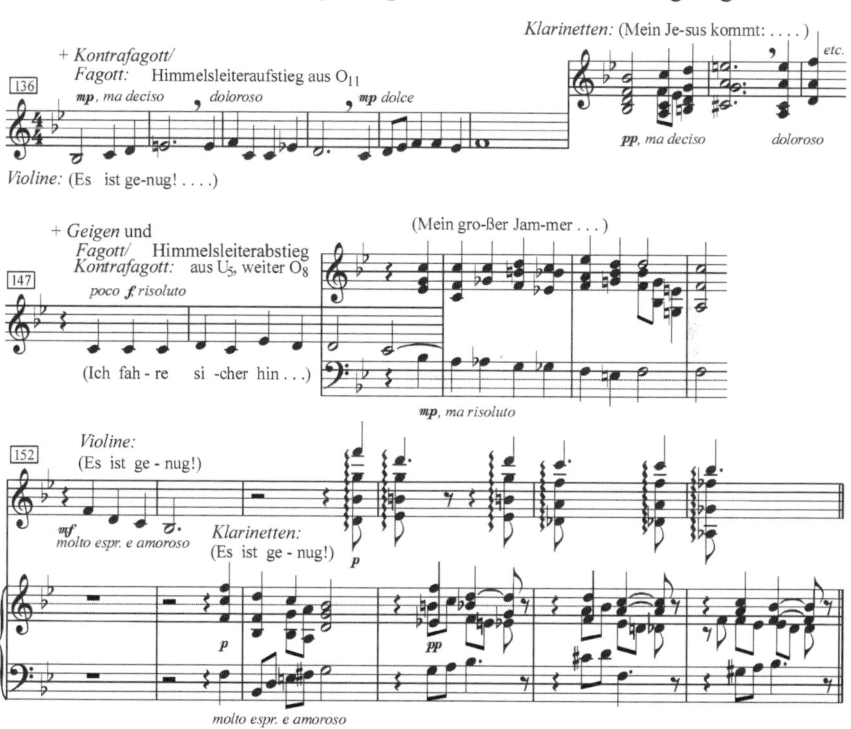

[33]Genauer: In Bergs [a'] (T. 142-147) spielen die Klarinetten Bachs [a] mit Schlussvariante in Stimme 2 und 4; in Bergs [c'] (T. 153-154) zitieren sie Bachs [c + c'], d.h. die Wendung erst zum Trugschluss, dann zur Tonika. Zu den Details von Bergs Reiheneinbindung der Violintöne vgl. Jarman, *The Music of Alban Berg*, S. 143, Notenbeispiel 179.

In der ersten seiner drei Choralvariationen (T. 158-177) verbindet Berg die Idee der antiphonalen Präsentation der Choralphrasen mit der Tritonus-Transposition, die er, anfangs verstärkt als zweistimmiger Kanon, der Choralgrundtonart vorausschickt. Den Übergang leistet die Verlängerung des Ganztonabstiegs im abschließenden "Es ist genug!" (T. 156-157), dessen *d-c-b* ein solistisches Cello mit einem durch die Oktaven fallenden *gis-fis-e* ergänzt. Auf diesem *e* setzen die gedämpften Celli mit Phrase [a] ein, von der Harfe im Abstand eines Taktes auf der Quint imitiert. Phrase [a'] folgt auf dem Choralgrundton *b* in der 2. Posaune. Das Muster wiederholt sich im zweiten Phrasenpaar mit [b] in Tritonustransposition in der 1. Posaune gefolgt von [b'] zusammen mit der Bassklarinette auf dem Grundton. Auch der Schluss mit dem absteigenden "Es ist genug" ertönt zunächst über dem Zielton *e* (1. Posaune und Celli) und erst dann über *b* (strahlend in den nun mit der Solo-Violine vereinten Geigen).

Den oben beschriebenen zentralen Choralphrasen [a'], [b], [b'] und [c] stellt die Solo-Violine das gegenüber, was Reich (nach Bergs Vorgabe) als "Klagegesang" bezeichnet. Dieser windet sich von der leeren g-Saite in die Höhe bis zum drei Oktaven höheren *fis*, in drei Schüben von *pp* bis *molto f* crescendierend, wobei die Sequenzierungsintervalle denen des Chorals entsprechen.[34] Die zwischen zahlreichen Synkopen metrisch scheinbar frei verlaufende Kontur kreist um drei wiederkehrende Bausteine: den steigenden Ganztonzug aus dem Choralbeginn [x], die in einem (meist ganztönigen) 'Seufzer' endende Drei- oder Viertonkurve [y] und verschiedene Varianten des ursprünglich oktaviert fallenden Halbtones mit Tonwiederholung aus Manons "keckem" Motiv [z] .

Violinkonzert II: Der Klagegesang der Solo-Violine

164 *pp molto espr. e cantabile*

molto f e espr. (amoroso)

[34]Vgl. T. 164 von *g*, T. 170 von *cis* (= Tritonus), T.173 von *fis* (= Quart).

Überleitend münden die Solo-Violine sowie die Posaune und die Bratschen mit Imitationen von [c] in den Choralgrundton *b* ein, während Saxophon und 1. Klarinette den vollständigen Ganztonabstieg von *d* nach *e* aus dem vorausgegangenen Übergang zitieren. Darauf folgt die zweite Variation als vielfältige Spiegelung der ersten: Ihre Kontur ist umgekehrt, die tonale Ankerung im antiphonalen Wechselspiel vertauscht, und statt eines Kanons auf der Oberquint in Phrase [a] ist es hier Phrase [a'], die im Abstand eines Taktes imitiert wird, und zwar auf der Unterquint und mit Parallelverstärkung beider Stimmen.

Violinkonzert II: Die Choralphrasen in Variation II

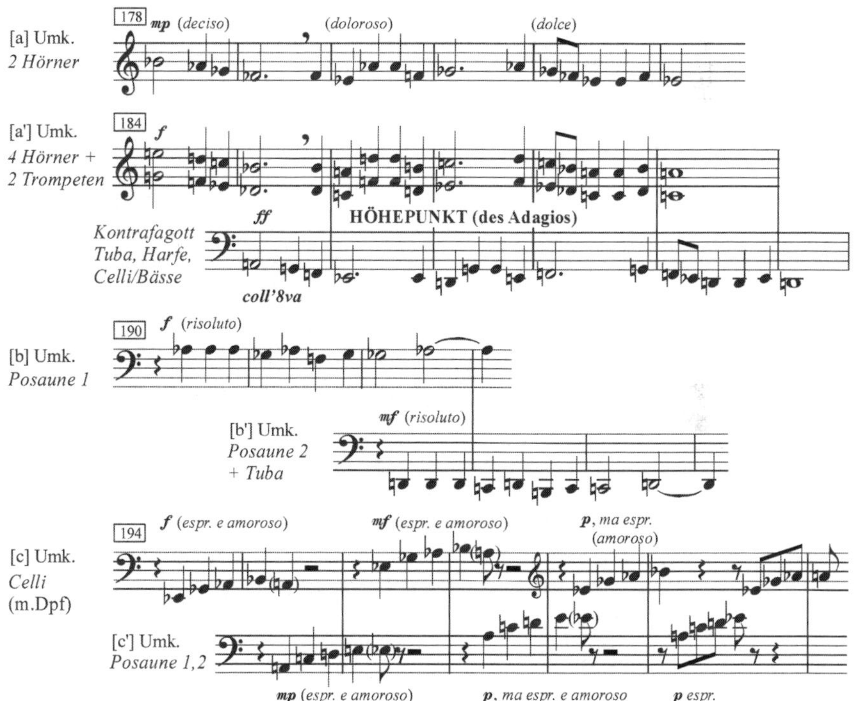

Über diesen antiphonalen Phrasen steigt erneut der Klagegesang der Solo-Violine in drei Schüben in die Höhe, wobei die zuvor meist ganztönig konvexen Kurvenfiguren jetzt konkav und zur Chromatik verdichtet sind (*g-fis-as* etc.). Zugleich wächst die Unterstützung der Solistin: Ihrer Klage hatten sich bereits in Variation I nacheinander einzelne 1. Geigen im Unisono angeschlossen; in Variation II folgen ab Phrase [a'] alle 2. Geigen und im *ff*-Höhepunkt kurz sogar die Bratschen.

Im Verlauf dieser Kombination aus Todesakzeptanz und letzter Klage hat Berg das Tempo schrittweise reduziert, von *di nuovo Adagio* zu Beginn der Variation über *poco a poco calmando* in den [b]-Phrasen bis zu *Molto tranquillo* in den Echos des abschließenden "Es ist genug". Schon in deren Mitte (ab T. 198) ruft die Solo-Violine die absteigende Kontur in Erinnerung, mit der sie im ersten Konzertsatz das "Kärntnerlied" begleitet hatte.[35] Die Celli reagieren mit beschleunigten und tonal alterierten Verlängerungen der Choralschluss-Echos, die schließlich in die Ländlermelodie einmünden – "Wie aus der Ferne (aber viel langsamer als das erstemal)". In den folgenden zehn Takten übernehmen verschiedene Bläser und Streicher den zweistimmigen Liedsatz, von der Harfe wie im Vorbild begleitet mit pseudovolksliedhaften Klampfendreiklängen, die dem Es-Dur der Melodie die Schritte einer A-Dur-Kadenz unterlegen.

Im Rallentando zur "quasi a tempo I" markierten Coda verbindet die Posaune die Quinten der beiden Dreiklänge mit dem Ganztonzug *b-c-d-e* und antizipiert damit den Beginn der dritten Choralvariation. Hier setzt Berg die Melodie-Phrasen [a] und [b] homophon, weicht jedoch mit vielen Verfremdungen und wiederholten Querständen von Bachs Harmonisierung ab. Die Solo-Violine stimmt über dem Choralgrundton *b* zunächst eine neue Variante ihres Klagegesanges an, ergänzt dann den abschließenden f-Moll-Dreiklang der Phrase [b] mit einer Kurve durch die zugehörige Transposition der Zwölftonreihe[36] und initiiert zuletzt – nun *Molto adagio* – den Choralschluss *f-d-c-b*, den die Blechbläser in zwei tieferen Oktaven imitieren. Darunter spielen solistische Streicher, aus der Tiefe in immer höhere Regionen aufsteigend, verschiedene Transpositionen der originalen Reihe, die wie das Himmelsleitermotiv in T. 27 und 37 des Kopfsatzes mit Ton 4 verlängert sind und einmal auch dessen rhythmische Gestalt annehmen.

Zuletzt fallen die Hörner mit der Umkehrung der Choralphrase [a] zum *g*, und die 1. Geigen bestätigen "wie aus weiter Ferne" den primären Grundton mit einer Leere-Saiten-Arpeggiokurve. Doch Harfe und Bläser setzen, ihrerseits leise durch die Oktaven aufwärts springend, den aus g-Moll und B-Dur zusammengesetzten Vierklang *b/d/f/g* dagegen. Zuletzt verlängern – wie schon zu Anfang dieses Kapitels erwähnt – auch die Kontrabässe den Quintenfall der Geigen bis zum Choralgrundton *b*, dem sekundären Ankerton des Werkes. So endet das Violinkonzert bitonal, wie es begonnen hat.

[35] Vgl. Solo-Violine II, T. 200-201 *d-c, c-b* mit I, T. 214-215 *f-es, es-des*.

[36] T. 222 aus O_{10}, Bläser/Streicher *es + f/as/c* = Ton 12+1-2-3, Violine Ton 9 - - - 4 - - - 11.

Die musikalische Darstellung eines erschütternden Schicksals

Bergs *Violinkonzert* ist trotz seiner Durchdringung mit dodekaphonen Strukturen gut zugänglich und zutiefst ergreifend. Dazu tragen wesentlich die beiden externen Zitate bei, die mit ihrem diametralen Gegensatz von übermütiger Ländler-Fröhlichkeit und ernster Auseinandersetzung mit dem Ende des Lebens zwei Eckpunkte des angedeuteten Geschehens markieren: die Charakterisierung Manons vor dem Ausbruch ihrer Krankheit und ihre spätere Einstimmung in den unabwendbaren Tod.

Die zitierten Komponenten sind im Original unzweideutig tonal. Berg bricht deren traditionelle Harmonisierung einerseits durch vertikale Gegenüberstellung mit querständigen Begleitharmonien bzw. einen horizontalen Wechsel mit dodekaphoner Polyphonie. Anderseits spiegelt er deren tonale Bindung in seiner für dieses Werk entworfenen Zwölftonreihe mit ihrer Zusammensetzung aus Terzenaufbau und Ganztonzug sowie, vor allem, in der Wahl nicht eines, sondern zweier Ankertöne: *g* und *b*.

Dabei ist es erhellend, dass er (in seinen durch Willi Reich übermittelten analytischen Erläuterungen) *g* als Grundton seiner Reihe angibt, das Werk jedoch tatsächlich über *b* beginnen und enden lässt. Die Klammer, die die Klarinetten und die Solo-Violine in T. 1-2 mit der Paarung der Quintenkurven erst über *b*, dann über *g* eröffnen, schließt sich zum ersten Mal am Ende der zehntaktigen "Introduktion" mit der Wiederaufnahme dieses Schrittes in Richtung auf den Grundton *g*. Auch die nur angedeutete zweite Schließung dieser Klammer am Ende des *Andante* mit den Leere-Saiten-Arpeggien der Bratschen über *c* und der Celli über *d* bezieht sich (subdominantisch/dominantisch) auf den primären Grundton *g*. Die dritte und letzte Rahmenkomponente in Form einer Leere-Saiten-Arpeggienkurve jedoch, die in den Schlusstakten des Konzertes erklingt, spiegelt die ursprüngliche Abfolge und endet mit dem Basston *b*, dem sekundären Ankerton.

Wie die Musik zeigt, präsentiert Berg den Charakter des unbeschwerten jungen Mädchens zunächst tatsächlich als in *g* ruhend und wählt diesen Ton wohl schon deswegen als primären Grundton seiner Reihe und seines Werkes. Im ersten Satz nimmt Manons erstes musikalisches Emblem, das Himmelsleitermotiv, von *g* seinen Ausgang, ebenso wie dessen unmittelbar folgendeUmkehrung, und die Wiederaufnahme durch die Solo-Violine als Abschluss des ersten *Andante*-Segmentes endet mit einem der Reihe hinzugefügten *g*. Beidseitig umrahmt von diesem Grundton sind im Zentrum des

Andante das *animato*-Thema und im Hauptsegment des *Allegretto* das *dolcissimo*-Thema; auch das mit "keck" bezeichnete führende Motiv im zweifachen "Quasi Trio" durchläuft gleich zweimal die in *g* endende Reihentransposition, mit Hervorhebung des Grundtones durch eine übermütige Tonwiederholung. Im zweiten Satz dagegen herrschen eindringlich der Ankerton *b* und die Tonart B-Dur, hier nicht durch häufige punktuelle Wiederaufnahme, sondern durch ihre schiere, Unabwendbarkeit signalisierende Dauer: Der 39-taktige Bass-Orgelpunkt *f* im Reprisensegment des *Allegro* bereitet als Dominante den Boden für die insgesamt 79 Takte des Chorals mit drei Variationen.[37]

Eine dritte Paarung elementarer musikalischer Eindrücke kontrastiert das fröhliche junge Mädchen mit der verzweifelt kämpfenden Kranken. Manons ursprünglich heiter-gelassene Teilhabe am Leben ihrer Umgebung drückt sich gleich viermal aus durch eine Klangfarben-Paarung der Solo-Violine mit den Klarinetten. Schon in der Introduktion sind es drei Klarinetten, die (zusammen mit der Harfe) das Leere-Saiten-Arpeggio der Solo-Violine mit einer eigenen Quintenkurve vorausnehmen und diesen Dialog durch die ganzen zehn Takte aufrecht erhalten. Zu Beginn des *Allegretto* führen dieselben drei Klarinetten das *scherzando*-Thema ein, das sie dann an die Solo-Violine weitergeben. Das als "keck" markierte Motiv, das erstmals in den drei Klarinetten ertönt, wird in derselben Form nur einmal, und zwar von der Solo-Violine, aufgegriffen. Im zweiten Satz dann kehrt sich diese Abfolge um: In den drei Phrasen des Chorals führt jeweils die Solo-Violine, beantwortet von vier Klarinetten. Durch die im Verlauf des Konzertes immer vertrauter wirkende Klangfarbenpaarung vermittelt Berg ein Gefühl von Geborgenheit.

Eine diametral gegensätzliche Stimmung erzeugt Berg mit dem unnachgiebigen und in seiner Wiederholungsdichte verstörenden Rhythmus, der den Kampf der Kranken gegen die letale Infektion erlebbar macht. Das eintaktige rhythmische Muster mit dem verzweifelt wirkenden Nachdruck seiner zwei Synkopen ertönt in den Rahmensegmenten des *Allegro* insgesamt 42mal in voller Länge und weitere sechsmal als um seinen Anfang verkürzter, aber nicht weniger bedrückender Nachklang.

[37]Douglas Jarmans Bemerkung zur tonalen Ankerung des Chorals ist mir unverständlich. Er schreibt (*The Music of Alban Berg.*, S.102): "In the Bach harmonization which Berg uses, the chorale starts in B flat major and ends in G minor." Das ist jedoch nicht korrekt; das Klarinettenquartett beginnt in T. 142 und endet in T. 157 jeweils in B-Dur. Auch in den Variationen spielt g-Moll nirgends eine herausragende Rolle.

Aus Bergs Verteilung und Gewichtung dieser Embleme erklärt sich der auch von Hörern empfundene starke Gegensatz der beiden Sätze des Werkes. Der Anmut und Vielfarbigkeit, mit der die unbeschwerte Manon im ersten Satz durch einen Strauß ganz unterschiedlicher Motive, Themen, Rhythmen und tonalen Ausrichtungen charakterisiert wird, stellt die Musik im zweiten Satz vor allem drei Komponenten gegenüber: einen Rhythmus, einen ungewöhnlich ausgedehnten V-I-Kadenzschritt im Bass und die insgesamt viermal erklingende Phrasenfolge des Chorals. In den vierzig zentralen Takten des Satzes,[38] die zu dem von Berg markierten "Höhepunkt" führen, erzeugt die Musik mit der Insistenz des erneut aufgegriffenen Leitrhythmus parallel zur Prominenz des Bass-Orgelpunktes ein eindrucksvolles Abbild der existentiellen Krise.

Erst in der Coda löst Berg die Spannung zwischen dem Kampf gegen die Krankheit und der frommen Einwilligung in den herannahenden Tod, indem er dem dreimal durch die Oktaven fallenden "Es ist genug!" aus der Schlusszeile des Chorals drei durch die Oktaven steigende Einsätze des Himmelsleitermotivs gegenüberstellt. Die Musik öffnet so den Blick für den Tod als versöhnlichen Abschluss eines allzu früh endenden Lebens und deutet in anrührender Weise einen Aufstieg von Manons Seele in jenseitige Gefilde an.[39]

[38]Dieses Zahlenspiel wird nicht zuletzt aufgrund des großen Tempounterschiedes von *Allegro* und *Adagio* nicht wirklich erlebbar, ist jedoch in der Partitur unzweideutig: Die 40-taktige Gegenüberstellung von Leitrhythmus und Orgelpunkt wird umrahmt von zwei Passagen – T. 1-95 und T. 136-230 – mit dem identischen Umfang von je 95 Takten.

[39]Vgl. T. 222-228, Solo-Kontrabass: O_7 (1-12+4), Solo-Cello: O_6 (1-12+4), Solo-Bratsche O_5 (1-12+4), Solo-1.Geige: O_7 (2-12+4; Ton 1 in Hörnern), Solo-Violine: O_2 (9+11+1-12).

Illustrationen

Musikbeipiele

Diagramme

Texte

Abbildungen

Bibliografie

Adorno, Theodor W., *Alban Berg* In *Gesammelte Schriften* 16 [Musikalische Schriften I-III]. Frankfurt: Suhrkamp, 2003, S. 85-96.

—, *Berg. Der Meister des kleinsten Übergangs*. Frankfurt: Suhrkamp, 1977. Auch: *Gesammelte Schriften* 13 [Die musikalischen Monographien]. Frankfurt: Suhrkamp, 2003.

Archibald, Robert Bruce, *Harmony in the early works of Alban Berg*. Cambridge, MA.: Harvard University Press. 1965.

Berg, Erich Alban, *Alban Berg – Leben und Werk in Daten und Bildern*. Frankfurt: Insel 1976.

Borries, Melchior von, *Alban Bergs "Drei Orchesterstücke op.6" als ein Meisterwerk atonaler Symphonik*. Weimar: Verlag und Datenbank für Geisteswissenschaften, 1996.

Boynton, Neil, "Kompositionsverfahren 1923-6: Das *Kammerkonzert* und die *Lyrische Suite*", in A. Pople, Hrsg., *Alban Berg und seine Zeit*, 2000, S. 241-260.

Bruhn, Siglind, *Die musikalische Darstellung psychologischer Wirklichkeit in Alban Bergs Wozzeck*. Frankfurt: Peter Lang, 1986.

Carner, Mosco, *Alban Berg. The Man and The Work*. London: Duckworth 1975.

Congdon, David, "Composition in Berg's Kammerkonzert", in *Perspectives of New Music* 24/1 (1985), S. 234-269.

Covach, John, "Balzacian Mysticism, Palindromic Design and Heavenly Time in Berg's Music," in S. Bruhn, Hrsg., Encrypted Messages in Alban Berg's Music. New York: Garland, 1998, S. 5-29.

Dahlen, Brenda, " 'Freundschaft, Liebe und Welt': The Secret Programme of the Chamber Concerto", in D. Jarman, Hrsg., *The Berg Companion*. Boston: Northeastern University Press, 1990, S. 141-180.

DeVoto, Mark, "Alban Bergs Drei Orchesterstücke op. 6: Struktur, Thematik und ihr Verhältnis zu Wozzeck" in Rudolf Klein, Hrsg., *Alban Berg Studien* II (Wien: Universal Edition, 1981), S. 97-106.

—, "Alban Berg's 'Marche Macabre'," in *Perspectives of New Music* 22/1-2 (1983/4), S. 386-447.

Floros, Constantin, *Alban Berg – Musik als Autobiographie*. Wiesbaden: Breitkopf & Härtel, 1992.

—, *Alban Berg und Hanna Fuchs: Briefe und Studien*; *Erstveröffentlichungen*. Wien: Österreichische Musikzeitschrift, 1995.

—, "Das Kammerkonzert von Alban Berg. Hommage à Schönberg und Webern". in Heinz-Klaus Metzger und Rainer Riehn, Hrsg., *Musik-Konzepte* 9: Alban Berg Kammermusik II. München: edition text + kritik, 1979, S. 63-90.

Hall, Patricia, "Der Schaffensprozess von *Wozzeck* und *Lulu*. Ein Blick auf Bergs atonale Methode", in A. Pople, Hrsg., *Alban Berg und seine Zeit*, 2000, S. 231-240.

Hailey, Christopher, Hrsg., *Alban Berg and His World*. Princeton, NJ: Princeton Univ. Press, 2010.

Headlam, Dave, *The Music of Alban Berg*. New Haven: Yale University Press, 1996.

Headlam, Dave, "The Derivation of Rows in *Lulu*", in *Perspectives of New Music* 24/1 (1985), S. 198-233.

Jarman, Douglas, *Alban Berg: Lulu* [Cambridge Opera Handbook]. Cambridge: Cambridge University Press, 1991.

—, "Alban Berg, Wilhelm Fliess, and the Secret Programme of the Violin Concerto", in D. Jarman, Hrsg., *The Berg Companion*. Boston: Northeastern University Press, 1990, S. 181-194.

—, *Alban Berg: Wozzeck.* Cambridge: Cambridge University Press, 1989.

—, "Geheime Programme", in A. Pople, Hrsg., *Alban Berg und seine Zeit*. Laaber: Laaber-Verlag, 2000, S. 216-230.

—, " 'Remembrance of Things that are the come': Some Reflections on Berg's Palindromes", in C. Hailey, Hrsg., *Alban Berg and His World* (Princeton, NJ: Princeton University Press, 2010), S. 195-222.

Jarman, Douglas, *The Berg Companion.* Basingstoke: Macmillan, 1989.

—, *The Music of Alban Berg*, Berkeley: University of California Press, 1985.

Klein, Rudolf, Hrsg., *Tagungsbericht, Alban-Berg-Symposion Wien 1980.* Wien: Universal Edition, 1981.

Knaus, Kordula, *Gezähmte Lulu: Alban Bergs Wedekind-Vertonung im Spannungsfeld von literarischer Ambition, Opernkonvention und "absoluter Musik".* Freiburg i. Br.: Rombach, 2004.

Knaus, Herwig und Wilhelm Sinkovicz, *Alban Berg. Zeitumstände – Lebenslinien.* Salzburg: Residenz-Verlag, 2009.

Kolleritsch, Otto, Hrsg., *50 Jahre Wozzeck von Alban Berg* [Studien zur Wertungsforschung Band 10]. Wien: Universal Edition, 1978.

König, Werner, *Tonalitätsstrukturen in Alban Bergs Oper „Wozzeck".* Tutzing: Schneider, 1974.

Lonitz, Henri, Hrsg., *Theodor W. Adorno: Briefe und Briefwechsel 1925-1935*, Bd. II. Frankfurt: Suhrkamp, 1997.

Lorković, Radovan, *Das Violinkonzert von Alban Berg: Analysen, Textkorrekturen, Interpretationen.* Winterthur: Amadeus, 1991.

Meier, Barbara, *Alban Berg: Biographie.* Würzburg : Königshausen & Neumann, 2018.

Metzger, Heinz-Klaus und Rainer Riehn, Hrsg., *Musik-Konzepte* 4: *Alban Berg Kammermusik I.* München: edition text + kritik, 1981.

Metzger, Heinz-Klaus und Rainer Riehn, "Statt eines Nachworts zur Kontroverse", in *Musik-Konzepte* 9*: Alban Berg Kammermusik II.* München: edition text + kritik, 1979, S. 8-10.

Morgan, Robert T., "The Eternal Return: Retrograde and Circular Form in Berg", in David Gable et al., Hrsg., *Alban Berg: Historical and Analytical Perspectives.* Oxford: Clarendon Press, 1991, S. 111-149.

Müller, Ingo, *Lulu. Literaturbearbeitung und Operndramaturgie: Eine vergleichende Analyse von Frank Wedekinds Lulu-Dramen und Alban Bergs Oper Lulu im Lichte gattungstheoretischer Reflexionen.* Freiburg i. Br.: Rombach, 2010.

Perle, George, "Representation and Symbol in the Music of *Wozzeck*", in *Music Review* 33 (1971), S. 281-308.

—, *The Operas of Alban Berg* I: *Wozzeck*. Berkeley, CA: University of California Press, 1980.

—, *The Operas of Alban Berg* II: *Lulu*, Berkeley, CA: University of California Press, 1985.

Pernye, András, "Alban Berg und die Zahlen", in *Studia Musicologica Academiae Scientiarum Hungaricae* 9. Budapest: Akadémia Kiadó, 1967, S. 141-161.

Petersen, Peter, *Alban Berg: Wozzeck. Eine semantische Analyse unter Einbeziehung der Skizzen und Dokumente aus dem Nachlass Bergs* [*Musik-Konzepte Sonderband*]. München: text + kritik, 1985.

Pople, Anthony, *Berg: Violin Concerto*. Cambridge, England: Cambridge University Press, 1991.

Pople, Anthony, Hrsg., *Alban Berg und seine Zeit*. Laaber: Laaber-Verlag, 2000.

Puffett, Derrick, "Berg, Mahler und die *drei Orchesterstücke* op. 6", in A. Pople, Hrsg., *Alban Berg und seine Zeit*, 2000, S. 153-193.

Rauchhaupt, Ursula von, *Schönberg, Berg, Webern: die Streichquartette der Wiener Schule. Eine Dokumentation [Briefe, Aufsätze, Vorträge, Bilder, Skizzen]*. München: Ellermann, 1971.

Redlich, Hans Ferdinand, *Alban Berg. Versuch einer Würdigung*. Wien: Universal Edition, 1957.

Reich, Willi, *Alban Berg: Bildnis im Wort*. Zürich: Arche, 1959.

—, *Alban Berg. Leben und Werk*, Zürich: Atlantis Verlag, 1963, Nachdruck München: Piper, 1985.

Reich, Willi, Hrsg., *Alban Berg, mit Bergs eigenen Schriften und Beiträgen von Theodor Wiesengrund-Adorno und Ernst Krenek*. Wien: Reichner, 1937.

Reiter, Manfred, "Die Zwölftontechnik in Alban Bergs Oper *Lulu*", [*Kölner Beiträge zur Musikforschung* 71]. Regensburg: Bosse, 1973.

Rode, Susanne, *Alban Berg und Karl Kraus: Zur geistigen Biografie des Komponisten der "Lulu"*. Frankfurt: Peter Lang,1988.

Schmalfeldt, Janet, *Berg's Wozzeck: Harmonic Language and Dramatic Design*. New Haven: Yale University Press, 1983.

Schneider, Frank, Hrsg, *Alban Berg: Glaube, Hoffnung und Liebe. Schriften zur Musik*. Leipzig: Reclam, 1981.

Simms, Bryan R., *Alban Berg: A Guide to Research*. New York: Garland, 1996.

Steindorf, Eberhard, *Alban Berg – Kammerkonzert*. (Programmheft Städtische Staatskapelle Dresden. 1996.

Stephan, Rudolf, *Alban Berg, Violinkonzert (1935)*. München: Fink, 1988.

Taylor, Michael, "Musical Progression in the 'Präludium' of the Three Orchestral Pieces op. 6", in Douglas Jarman, Hrsg., *The Berg Companion*. Basingstoke: Macmillan, 1989, S. 123-139.

Index

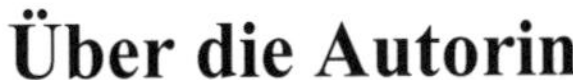

Über die Autorin

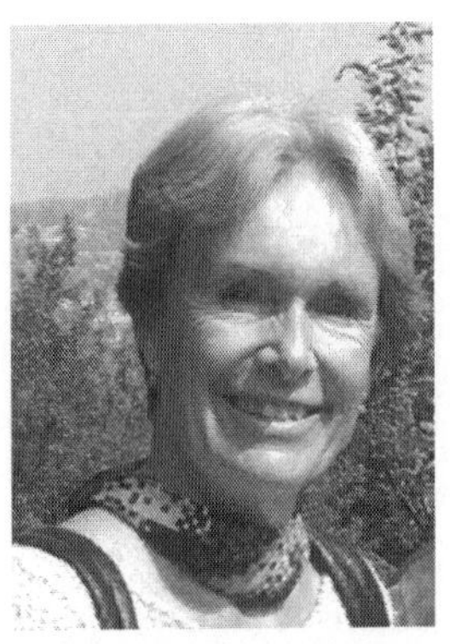

Siglind Bruhn, Musikwissenschaftlerin und Konzertpianistin, forscht als Life Research Associate seit 1993 am Institute for the Humanities der University of Michigan/Ann Arbor. In über 40 Buchmonografien erläutert sie Musikwerke des 20. und 21. Jhdts. Für den amerikanischen Verlag Pendragon Press betreute sie 2000-20 die Buchreihe “Interplay: Music in Interdisciplinary Dialogue”. Sie war *chercheur invité* an der Pariser Sorbonne (2003-08), Distinguished Senior Research Fellow am Zentrum für Kunst und Christentum der Universität Kopenhagen (2002-10) und Gastprofessorin an den polnischen Musikakademien von Krakow und Katowice (2014-18).

Buchpublikationen der letzten zwanzig Jahre in deutscher Sprache:

- Buchtrilogie zum Werk von Maurice Ravel (2021-22): I – Ravels Klaviermusik, II – Ravels Lieder und Opern, III – Ravels Orchester- und Kammermusik
- « Dunkel ist das Leben ». Liedsinfonien zur Vergänglichkeit von Mahler bis Penderecki (2020)
- Buchtrilogie zum Werk von Claude Debussy (2017-19): I – Debussys Klaviermusik und ihre bildlichen Inspirationen; II – Debussys Vokalmusik und ihre poetischen Evokationen; III – Debussys Instrumentalmusik im kulturellen Kontext
- Henri Dutilleux. Jede Note auf der Goldwaage gewogen (2016)
- Aribert Reimanns Vokalmusik (2016)
- Schönbergs Musik 1899-1914 im Spiegel des kulturellen Umbruchs (2015)
- Europas klingende Bilder (2013)
- Die Musik von Jörg Widmann (2013)
- Buchtrilogie zum Schaffen Paul Hindemiths (2009-12): I – Hindemiths große Bühnenwerke; II – Hindemiths große Vokalwerke; III – Hindemiths große Instrumentalwerke
- Buchtrilogie zur musikalischen Symbolsprache Olivier Messiaens (2006-08): I – Messiaens musikalische Sprache des Glaubens; II – Olivier Messiaen, Troubadour; III – Messiaens ‘Summa theologica’
- Christus als Opernheld im späten 20. Jahrhundert (2005)
- Das tönende Museum (2004)

Zu anderen Themen erschienen in englischer Sprache zuletzt:

- Frank Martin’s Musical Reflections on Death (2011)
- The Musical Order of the World: Kepler, Hesse, Hindemith (2005)
- Saints in the Limelight: Representations of the Religious Quest on the Post-1945 Operatic Stage (2003)
- Musical Ekphrasis: Composers Responding to Poetry and Painting (2000)
- Musical Ekphrasis in Rilke’s *Marienleben* (2000)